디자인씽킹, 경영을 바꾸다

GROWTH

디자인씽킹,
경영을 바꾸다

비즈니스는 왜 디자인을 필요로 하는가

진 리드카, 팀 오길비 지음 | 김형숙, 봉현철 옮김

우리는 기업이나 공공기관 등 조직이 처하거나 처할 수 있는 여러 문제들을 함께 고민하고 그 해결방법을 찾을 수 있도록 도움을 주고 있다. 그런데 최근 조직의 관리자들을 만나 보면 많은 이들이 혁신 피로감에 지쳐 있는 것을 느끼게 된다. 사회 전반적으로는 '창의적인 생각', '창조적인 혁신'이 앞으로 다가올 미래의 먹거리를 결정할 것이라며 성장 동력을 찾기 위해 분주히 움직이고 있지만, 지금까지 일하던 방식으로 하다 보니 잘되지 않는 것이다.

지금까지 우리가 일하던 방식은 창의력을 발휘해 미래의 상을 그려내기보다 과거의 자료를 논리적으로 분석해 미래를 '정확히' 예측하는 것이 중요했다. 이런 환경에서 일하다 보면 미리 예측되지 않은 어떤 문제가 생길 경우 길을 잃고 헤맬 수밖에 없다. 아무리 창조와 혁신을 추구하려 하고, 미국이나 중국의 선도기업들을 벤치마킹하고자 해도 기존의 비즈니스 사고방식으로는 어려움이 따를 수밖에 없는 것이다.

결국은 생각의 틀을 바꿔야 한다. '최고의 해답' 하나를 입증하기 위해 논리적이고 합리적으로 분석하던 비즈니스씽킹에서 '더 나은 해답'을 향해 반복적으로 시도하는 디자인씽킹으로 사고를 전환해야 하는 것이다. 우리는 지난 10년 간 조직이 직면한 수많은 프로젝트를 코칭하면서 때로는 비즈니스씽킹보다 디자인씽킹이 더 도움이 되는 경우를 보아왔다. 그리고 이 책은 그러한 경험이 바탕이 되어 "어떻게 혁신해야 하는가"에 대한 구체적 길잡이가 되어줄 수 있겠다는 확신이 들어 번역하게 된 것이다.

번역을 할 때마다 느끼는 것이지만, 번역은 정말 만만한 작업이 아닌 것 같다. 그럼에도 불구하고 이 책을 국내에 소개하기로 한 우리의 결정은 참 잘한 일이었다고 생각한다. 책을 읽다 보면 느끼겠지만 이 책은 디자이너들이 일을 해나가는 직관적이고 참신한 창작과정을 디자인과 관련한 경험과 지식이 없는 사람들이 쉽게 이해하고 따라할 수 있도록 구조화된 프로세스로 풀어썼다. 즉 이제까지 베일 속에 가려져 있던 천재 디자이너들의 고민과 작업의 과정을 4단계로 나누고 각 단계마다 쉽게 배워 활용할 수 있는 10가지의 도구와 기법을 매우 간결하고 깔끔하게 설명하고 있다. 뿐만 아니라 문화인류학적 접근법인 에스노그라피, 컨셉트 개발, 프로토타이핑, 고객과의 공동창조 등 디자인 고유 영역의 도구들은 물론이고, 이러한 디자인 프로세스가 기업의 프로젝트 관리 프로세스와 조화를 이룰 수 있도록 보조도구들까지 친절하게 안내하고 있다.

전문가의 영역이라고 여겨졌던 '디자인'이라는 고도의 행위가 이토록 명확한 프로세스와 실용적인 도구들로 구조화될 수 있었던 것은 이 책의 저자들이 경영전략과 경영혁신 분야의 베테랑들이기 때문이다. 진 리드카 Jeanne Liedtka는 국내에는 아직 잘 알려지지 않았지만 콜롬비아 대학의 교수이자 경영전략 분야의 저명한 학자이며 팀 오길비Tim Ogilvie는 다양한 실무 경험과 이론을 겸비한 전문가로, 이 책에는 저자들이 실제로 추진했던 디자인 프로젝트들이 자세히 소개되어 있다.

우리가 이 책을 소개하고 싶었던 또 하나의 이유는 '디자인적 사고'이라는 제목이 붙은 여러 권의 책을 읽어보고 나서 얻은 판단 때문이다. 적어도 우리가 섭렵한 도서를 기준으로 볼 때, 기존의 책들은 디자인적 사고가 경영에 접목되는 것의 중요성은 충분히 설득해내고 있었지만 실무(책임)자들이 '디자인적 사고'의 철학과 콘셉트로 자기 회사의 당면 과제를 해결할 수 있게 구체적인 절차와 방법은 제공하고 있지 못했다. 바로 그런 목마름을 해결해 줄 수 있는 책이 이 책이라고 판단했던 것이다.

서두에 언급한 것처럼 이 책의 번역 작업은 녹록치 않았다. 특히 저자들의 문체가 매우 간결하고 함축적인 단어를 많이 쓰는 편이어서 의역을 최소화하면서도 저자들의 의도를 최대한 정확히 전달하는 일이 힘들었다. 번역을 도와 우리의 부담을 현격하게 줄여준 이형진 실장님과 능숙한 솜씨와 재치로 우리의 원고가 독자에게 쉽게 읽힐 수 있도록 편집과 출판을 도와준 초록비책공방 윤주용 대표님, 그리고 독자의 입장에서 초고를 읽고 귀중한 피드백을 해주신 한국액션러닝협회 김종근 부회장님과 전북대학교 대학원 권성주 선생님께 이 자리를 빌어 감사의 말씀을 전한다.

　모쪼록 이 한 권의 책이 개인과 조직이 고민하고 해결하고자 하는 과제를 보다 창의적으로 해결하는 데 기여하기를, 그리고 이를 통해 우리 사회가 보다 살기 좋은 곳으로 발전하길 두손 모아 기원한다.

2016년 6월
김형숙, 봉현철

Contents

일러두기
옮긴이 주는 페이지 하단에 각주로 처리하였습니다.

SECTION 1:
디자인씽킹은 왜 필요한가

CHAPTER 01:
왜 디자인인가

어떤 관리자에게든 디자인은 필요하다. 디자인 없이 성장할 수 있는 사업은 없다. 그런데 여기서의 디자인은 무엇을 의미할까? 애플의 창조서비스 그룹을 맡고 있는 팀 브레넌^{Tim Brennan}은 디자인에 관해 설명해달라고 하자 다음과 같은 그림으로 그려냈다.[1]

이 현명한 정의가 주장하는 바를 그대로 받아들인다면, 디자인은 그냥 마법이다. 오직 용감한 자와 명석한 자만이 감히 발을 들여놓으려 할, 완전히 불가사의 상태인 신비로운 무인지대다. 저 많은 급커브에서 똑바른 길을 찾아주는 정규 과정이 존재할 수 있다는 생각은 조롱 받기 딱 좋다. 어느 누구든 자신의 사업에서 아이팟에 필적할 만한 제품을 발견하고 싶어하겠지만, 생각만으로는 특히 비즈니스 모델로는 그런 혁신과 성장을 절대 이끌어낼 수 없다. 아무리 원점으로 되돌아가 성장의 촉매로 사용할 만한 특효약(엑셀 시트와 시장조사 보고서)을 눈이 빠져라 들여다보더라도 말이다.

그렇다고 디자인을 바라보는 애플의 관점에 마음 상할 필요는 없다. 사실 디자인에는 아주 많은 의미가 담겨있다. 그리고 지금부터 이야기할 '디자인적 사고 과정', 즉 디자인씽킹 프로세스Design Thinking Process는《오즈의 마법사》의 도로시가 집에 돌아가기 위해 구해야 했던 마법 지팡이보다는 처음부터 신고 있었던 빨간 구두에 더 가깝다고 보면 된다.*

누구에게나 디자인적 사고 능력은 있다. 다만 사용하는 방법을 모를 뿐이다. 어느 조직에서든 혁신의 선두주자를 찾아 살펴보면, 진작부터 디자인적 사고를 하고 있었을 가능성이 크다.

이 책을 읽고 있는 당신이 프로젝트를 책임지고 있는 매니저라면 지금부터 소매를 걷어붙일 준비를 하자. 디자인적 사고(이하 디자인씽킹)는 실제로 문제를 해결하는 체계적 접근법이다. 고객의 관점에서 출발하여 고객들에게 더 나은 미래를 만들어줄 가능성을 찾는 작업이다. 처음부터 익숙해질 만큼 수월한 일은 아니지만, 초자연적인 힘이 필요할 만큼 힘든 일 역시 아니다. 집에서 따라해도 될 정도로 안전하기도 하다. 그리고 이미 디자인의 시대가 도래하지 않았는가.

애플의 성공과 그에 대한 높은 평가 때문이 아니더라도 디자인씽킹은

---

* 일정 과정을 거쳐서 얻게 되는 능력 또는 결과물이 아니라, 개인의 머릿속에 갖춰진 기본 내지 소양이라는 의미다.

최근 들어 급격히 관심이 높아졌다. 왜냐하면 우리는 새로운 도구상자, 생산성을 극대화하고 그 과정을 재설계하기 위한 도구^{tool}을 찾고 있기 때문이다. 경쟁의 규모는 더 커졌다. 인터넷과 네트워크의 발달은 지식을 한곳에 쟁여둘 수 없게 만들었다. 창의성은 어디에서 오는가에 관한 우리의 시야는 넓어지고 있다. 뇌에 관한 새로운 사실이 속속 밝혀지고 있고, 다양한 인지방식이 서로 다른 환경에서 어떻게 작동되는지도 학습하고 있다. 결국 포스트잇과 화이트보드를 포함해서 디자인이 가미된 도구는 아주 단순하고 흔한 것이 되었다.

디자인씽킹 프로세스가 성장과 혁신에 미치는 영향은 종합적 품질관리 Total Quality Management, TQM**가 품질에 미치는 영향과 견줄 수 있다. 갈구하던 뭔가를 실현할 수 있게 하는 도구와 과정을 관리자의 손에 쥐어준다는 점에서 말이다.

관리자 혹은 매니저가 디자인씽킹 프로세스를 배울 수 있는가, 혹은 배워야만 하는가에 대해서는 디자이너들 사이에서도 '뜨거운 감자'다. 이 문제는 사실 디자인을 어떻게 정의하느냐가 핵심 쟁점인데, 자신의 역할에 위협을 느끼는 디자이너들은 관리자가 디자인을 충분히 습득할 수 있다는 주장에 발끈하며 그들이 오랜 기간 특화된 훈련을 받았다는 점을 강조한다. 또한 관리자가 그들을 단순 디자이너로 간주하게 되면 숙련된 디자이너가 만든 작품의 진가가 훼손될 것이라 우려한다. 이런 걱정은 심각하게 받아들일 필요가 있다. 그래서 우리는 '디자인'과 '디자인씽킹'을 구분

** TQM은 단순히 제품과 서비스 품질만을 관리하는 것이 아니라 기업 활동 전반, 다시 말해 생산과정이나 직원 교육, 기업문화 개선, 지속가능경영 환경 조성, R&D 등 전사적 관점에서 모든 요소의 품질을 관리하려는 접근법을 말한다.

해야 한다.

　재능 있는 디자이너는 자신의 미적 감수성을 시각화하거나 현지화하거나 패턴화하는 등 관리자를 포함한 대부분의 사람들이 생각조차 해보지 못한 영역과 디자인을 결합시킨다. 그러나 우리의 관심 사항은 그러한 재능이 타고난 것인지, 아니면 강의실에서의 훈련에 의한 것인지 알고자 하는 것이 아니다. 비즈니스가 성장하는 데 있어 바로 그 재능이 문제 해결을 위한 체계적 접근법을 갖추었는지 아닌지에 더 큰 관심이 있다. 이것이 바로 우리가 원하는 디자인적 사고, 즉 디자인씽킹의 정의이며 그래서 일반인도 충분히 배울 수 있다고 하는 것이다.

　다른 과정과 마찬가지로 디자인씽킹 프로세스 역시 저마다 다른 재능과 능력을 지닌 사람들에 의해 다양한 수준에서 실행된다. 여기서 한 가지 궁금한 점은 디자인씽킹 프로세스가 보통 수준의 관리자를 애플의 수석 디자이너인 조나단 아이브^{Jonathan Ive}처럼 변신시킬 수 있을까 하는 것이다. 그건 동네 테니스장 코치에게 자신을 서리나 윌리엄스^{Serena Williams*}로 만들어 달라고 하는 것과 다름없다. 그러나 디자인씽킹 프로세스가 자신의 경기력을 스스로 향상시킬 수 있게 해주느냐고 묻는다면, 그건 얼마든지 가능하다. 그리고 어느 관리자든 디자인씽킹 프로세스를 거치고 나면, 조나단 아이브처럼 일하는 사람들과 어깨를 나란히 할 수준까지 성장한다고 확신한다. 그보다 더 중요한 점은 성장에 도전하는 접근법에 관한 새로운 도구 상자를 얻게 된다는 점이다.

　이 책은 '디자인'을 추상적 개념에서 실용적이고 일상적인 도구로 변환

---

* 2015년 4대 그랜드슬램 대회 중 세 개를 석권한 현 여자 프로 테니스의 독보적인 최강자이자 세계 랭킹 1위

함으로써 디자인씽킹 프로세스에 관해 알기 쉽게 설명해주는 것을 목표로 한다. 세부적으로 말하자면, 첫째 비즈니스적 시각과 비즈니스 용어를 활용해서 디자인이란 단어를 알기 쉽게 설명한다. 둘째 디자인씽킹과 수익성 있는 성장과의 신비로운 연결고리를 벗겨낸다. 셋째 프로젝트 관리를 위한 보조도구들이 모두 갖춰진 체계적 과정을 소개한다. 넷째 디자인적 사고를 전통적인 비즈니스 마인드와 결합해서 자신의 비즈니스가 수익성 있는 성장에 도달하는 능력을 강화할 열 가지 도구를 가르쳐준다. 그 과정에서 데이브 제럿처럼 디자인에 관한 훈련을 전혀 받지 않았지만, 자신의 조직에서 혁신과 성장을 유도하는 데 디자인적 사고, 즉 디자인씽킹을 활용해온 사람을 더 많이 소개할 것이다. 디자인에 대한 열정이 있는 간호사 크리스티 주버Christi Zuber나, 처음에는 정치공학을 전공하는 대학생이었으나 나중에는 경영학 석사(이하 MBA) 학위 과정을 마치고 미국 퇴직자협회American Association of Retired Persons(이하 AARP)에서 청장년층이 더 좋은 재정적 선택을 하도록 도와주는 (그리고 베이비 붐 세대가 실직 상태인 그들의 자녀를 부양할 수 있도록 돕는) 다이앤 타이Diane Ty 같은 사람들이다. 그러니 이제 도로시처럼 빨간 구두에 발을 끼워 넣고 움직여보자.

만약 관리자가 디자이너처럼 생각했더라면?

만약 관리자가 조금 더 디자이너의 방식에 가깝게 생각한다면 무슨 일이 벌어질까? 다음 세 가지를 주목해보자. 바로 공감능력과 창의력, 그리고 반복실행이다.

디자인은 '공감능력'에서 출발한다. 디자인하려는 대상에 깊이 있는 이해를 확립한다는 의미다. 디자이너처럼 생각하는 관리자는 전적으로 고객의 입장에서 고민한다. 물론 우리는 '고객 중심적 사고'가 무엇을 뜻하는지 이미 잘 알고 있다. 그러나 여기서 강조하려는 핵심은 그보다 더 깊고 인간적이라는 것이다. 고객을 판매의 대상, 나이와 소득 수준, 혼인 상태 등 인구통계의 조합으로 보지 않고, 실질적인 문제를 가진 실존하는 사람으

DESIGN THINKER:
데이브 제럿

디자인적 사고, 즉 디자인씽킹이 얼마나 널리 퍼져있는지 생각해보자. 오늘날 넘쳐나는 회계사와 세무사를 떠올려보면 쉬울 것이다. 아직도 어떤 상황인지 감이 안 오는가?

미국 내에서 가장 큰 회계법인 중 하나인 크로우 호워스Crowe Horwath의 공동 경영자 데이브 제럿Dave Jarrett과 처음 만났을 때 그가 물었다. "회계법인 경영자가 되는 방법에 관한 농담을 들어본 적 있나요?" 그런 농담은 못 들어봤다고 하자 그는 진지한 표정으로 이렇게 말했다.
"이 자리보다 더 좋은 스카우트나 헤드헌팅 제의를 한 번도 못 받아야 되죠."
데이브 제럿은 1975년 크로우 호워스에 입사해 20년간 회계감사 및 세무 전문가로 일을 해왔다. 또한 지난 10년 동안 그는 회사의 인적·물적 역량과 시장 인지도, 매출과 수익성 등을 강화할 목적으로 솔루션을 개발해왔다. 그리고 자신이 어떻게 해야 할지 잘 알고 있었다.

" 사람들은 디자인씽킹에 대해 지레 겁을 먹어요.
우리 같은 보통사람이 할 수 있는 것과는 사뭇 다른 기술이 결합되어 있는 것처럼 여기기 때문이죠.
디자인하면 떠오르는 생각이 패션이고, 심지어 나는 같이 입는 옷의 코디도 해본 적이 없으니 그럴 수도 있죠.
그러나 우리가 정말 노력해야 할 점은 바로 그거예요.
구매자가 갖고 싶도록 하는 방법을 확실히 만들어내는 것.
그게 중요합니다. "

로 '인식'한다는 의미다. 다시 말해서 고객이 원하는 바를 감정적인 면과 이성적인 면에서 깊숙이 이해하는 것이다. (집사 역할에 가장 잘 어울리는*) 배우 스티븐 프라이Stephen Fry는 애플의 수석 디자이너 조나단 아이브를 취재한 뒤, 애플의 최근 제품에 관한 기사를 써서 이렇게 〈타임지〉에 실었다.

> "잠시 생각해보자. 우리는 인간이다. 우리의 첫 번째 반응은 계산에 의해서가 아니라 느낌에 의해서 지배된다. 아이브와 그의 팀이 완벽히 이해하고 있었던 사실은 매일 몇 시간씩 자신의 주머니에 넣거나 손에 쥐고 다니는 물건을 가졌다면, 그 물건과의 관계는 매우 깊고, 인간적이고, 감정적일 수밖에 없다는 것이다."[2]

　훌륭한 디자인은 영감을 준다. 그래서 우리를 감성으로 붙잡아둔다. 비즈니스 현실에서 가장 슬픈 사실 중 하나는, 우리는 대개 평범한 정도에 안주해버린다는 것이다. 고객에게 또는 직원에게 영감을 주는 건 고사하고 감정적으로 관계를 맺으려는 시도조차 하지 않는다. 하지만 훌륭한 디자인과 그저 괜찮은 정도의 디자인 중에서 우리에게 더 훌륭한 무언가를 전달해주는 것은 단연코 전자이다.

　샌프란시스코 만灣 다리와 금문교The Golden Gate Bridge의 차이점을 생각해보자.[3] 샌프란시스코 만 다리는 물 위를 가로지르는 경로를 제공한다. 이는 금문교도 마찬가지다. 하지만 금문교라는 이름은 감정을 불러일으키고

---

* 집사 이야기가 나오는 이유는 영국에서 P. G. 우드하우스의 소설인 《지브스&우스터》로 동명의 드라마 시리즈가 1990년대에 만들어졌는데, 이때 겸손한 척하는 집사 지브스 역을 스티븐 프라이가 연기했기 때문이다.

상징적이고 매혹적이기까지 하다. 금문교는 시드니 오페라하우스The Sydney Opera House와 같은 그 지역의 상징물이 되었다. 자신의 회사에서 내놓은 신 제품 중에 그런 반응을 자아내는 것이 과연 몇 개나 되는가? 너무 적지 않은가?

또한 디자인은 '창작invention'의 과정이기도 하기 때문에 디자이너처럼 생각하는 관리자는 자기 스스로를 '크리에이터(창조자)'로 여긴다. 우리는 '경영의 예술과 과학'에 관해 이야기할 때 주로 과학과 관련된 측면에만 관심을 집중해왔다. 디자인을 심각하게 받아들이는 태도는 과학자가 할 수 있는 것과 디자이너가 할 수 있는 것 사이의 차이점을 인정한다는 정도였다. 과학자는 이미 존재하는 무언가를 설명하기 위해 오늘을 조사하는 반면, 디자이너는 현재 존재하지 않는 무언가를 새로 만들어내기 위해 내일을 고안한다. 회사가 성장하려면 현재와는 다른 무언가를 창조해야 한다. 하지만 강력한 미래가 분석을 통해 발견되는 경우는 드물다. 월트 디즈니Walt Disney가 말했듯이, 강력한 미래는 "처음에는 마음속에서, 그 이후에는 행동하는 동안" 창조된다. 분석의 역할을 부정하는 것은 아니지만 그 목표가 '성장growth'일 때는 창작의 프로세스보다 부차적일 수밖에 없다.

카네기 멜론 대학 디자인학부Carnegie Mellon's School of Design의 전임 학장 리처드 뷰캐넌Richard Buchanan이 말했듯이, 훌륭한 디자인은 제약과 우연성, 그리고 가능성이 교차하는 지점에서 생겨난다. 이 세 가지 모두 혁신적이고 우아하며 기능적인 디자인을 창조하는 데 중심이 되는 요소들이다.[4] 그러나 그 시작점이 어디인가는 매우 중요하다. 관리자들은 비즈니스의 성장과 관련된 대화를 제약사항에서부터 시작하려는 경향이 있다. 예산의 제약, 실행 용이성의 제약, 월 스트리트 금융권의 영향을 받는 분기 실적 등이 그것이다. 결과적으로 관리자들은 오늘을 살짝만 비틀어서 내일을 위한 디자인을 구성한다. 하지만 훌륭한 디자인이라면 "만약 무엇이든 가능하다면?"이라는 전혀 다른 질문에서부터 시작되어야 한다. 성장이 창작과 관련 있다면, 그리고 각종 제약에 관한 고정관념이 우리의 상상력을 일정 범위로 묶어두고 있다면, 결국 그 너머를 보는 것이 최우선이어야 한다는 뜻이다.

미국 최고의 공공장소 중 하나인 뉴욕 센트럴 파크New York's Central Park의 디자인을 생각해보자. 1857년 이 공원에 관한 계획을 수립하기 위해 미국에서 최초로 전국 조경디자인 공모전이 열렸다. 그런데 모든 응모자 중 오직 단 한 팀, 프레데릭 로우 올름스테드Frederick Law Olmsted와 칼버트 복스Calvert Vaux만이 디자인의 필수요건을 갖췄다. 공원이 주는 '걷는 곳'의 느낌을 손상하지 않으면서도 도시를 가로지르는 차량 통행은 허용하게 할 방법! 이는 공모전에 응모했던 다른 모든 참가자가 해결이 불가능하다고 생각했던 문제지만, 올름스테드와 복스는 공원이 2차원적 공간이라는 고정관념을 뛰어넘을 수 있었기에 성공할 수 있었다. 이들은 공원을 3차원적으로 상상했고, 지표면 2.5미터 아래에 네 개의 도로를 그려냈다.

끝으로 디자인은 최종적인 해결방안을 찾을 때까지 대안 모색의 과정을 수없이 반복할 준비가 되어 있어야 한다. 그래서 디자이너처럼 생각하는 관리자는 자신을 학습하는 사람으로 여긴다. 관리자 대부분은 일직선의 선형적straightforward 문제 해결 방법론을 배운다. 문제를 정의하고, 다양한 해결책을 찾아보고, 각각을 분석해서 그중 하나, 즉 올바른 한 가지를 고르는 방식이다. 반면 디자이너들은 관리자처럼 조급해하지도 않지만 해결책을 찾았다 해도 그리 낙관적으로 보지 않는다. 그들은 새로운 것을 창작하려면 계속해서 시도해야 하고, 공감은 어렵게 쟁취해야 한다는 것을 알고 있다. 그래서 이들에게 중요한 과업은 바로 학습이다.

이케아^{IKEA}에 관해 생각해보자. 잉바르 캄프라드^{Ingvar Kamprad}가 이 사업을 처음 시작했을 때, 그는 그저 일반적인 가구 사업가였다. 처음부터 혁신적인 방법을 준비해서 시작한 것이 아니다. 현재 이케아의 비즈니스 모델을 구성하고 있는 거의 모든 요소들, 즉 전시장(쇼룸)과 카탈로그를 함께 배치하는 홍보 전략이나 납작 포장에 담은 조립식 가구, 고객이 통로를 따라 다니면서 직접 물건을 골라 담는 방식 등은 오랜 기간 그때그때 시급한 문제들을 마치 실험을 하듯 대응하는 과정에서 생겨난 것이다. 예를 들어 이케아의 핵심 전략 중 하나인 '고객이 직접 고르는 방식'은 매장 직원이 충분치 않던 탓에 불만에 가득 찬 고객들이 직접 창고로 몰려갔던 사건에서 얻은 아이디어였다. 이 점포 관리자는 고객이 주도적으로 결정하는 방식의 장점을 깨달았고, 이것이 다른 점포에서도 유용할 거라고 판단해 제안한 것이다.

"모든 문제를 하나의 가능성으로 간주하라."는 말은 캄프라드가 입버릇처럼 하는 말이다. 디자인을 함에 있어 그는 처음부터 통제 하에 '제대로 돌아가게 하는 것'에 초점을 두지 말고, 학습하며 문제가 발생할 때마다 그 안에서 기회를 찾고 대응하는 데 초점을 두라고 강조했다.

앞서 소개한 훌륭한 공원과 상징적인 교량, 혁신적인 비즈니스 모델 등은 하나같이 디자인의 기본원칙을 따르고 있다. 지레 걱정하던 각종 제약조건이 가능성을 막아버리지 않도록 하고, 진정으로 고객의 입장에서 생각하려 노력하며, 완벽함보다 기회를 추구하자는 기본원칙 말이다. 이 책에서는 이런 열망을 현실로 만들 때 활용할 수 있는 일련의 프로세스와 도구를 제공하고자 한다.

우리 두 저자는 아주 다른 환경에서 지냈지만, 약 10년 전쯤부터 디자인의 매력에 푹 빠졌고, 이 책을 쓰기에 이르렀다. 진 리드카Jeanne Liedtka는 전략 컨설턴트이자 '유기적 성장organic growth'을 전공하는 교수로서 비즈니스 전략 분야에 매진하고 있었다. 팀 오길비Tim Ogilvie는 시스템 엔지니어와 개인 사업가를 거쳐 혁신 기업의 공동 창업자로 일하고 있었다. 우리는 둘 다 디자이너로 훈련 받은 적이 없다. 이렇게 함께 디자인에 관해 이야기할 수 있었던 것은 전적으로 토마스 제퍼슨Thomas Jefferson 덕분이다. 그를 소개한다. (오른쪽 박스 참조)

디자인과 비즈니스 : 천상의 조합일까, 최악의 상극일까?

전통적인 '비즈니스적' 접근법과 '디자인적' 접근법은 차이가 크다. 그래서 이 둘의 조합은 상호보완 관계

DESIGN PROJECT:
버지니아 대학교의 토마스 제퍼슨

팀 오길비의 모교이자 지난 20년간 진 리드카의 학문적 본거지였던 버지니아 대학교University of Virginia는 우리 두 사람을 디자인의 세계로 안내해준 곳이다. 이 학교의 설립자인 토마스 제퍼슨은 미국 제3대 대통령이자 독립선언문The Declaration of Independence을 직접 쓴 사람이다. 그는 공교육에 관한 열정으로 평생을 이를 위해 노력했고, 생애 마지막 10년은 버지니아 대학교 설립에 헌신했다. 그는 버지니아 대학교를 "내 노년의 취미이자… 조국에 바칠 수 있는 마지막 봉사"라고 하면서 학교 건물과 운동장을 건축하는 것부터 교과과정을 선택하고 교수진을 선발하는 것까지 학교의 설계와 실행에 관한 모든 일을 직접 챙겼다. 그가 사랑했던 이 '학문의 도시'에 오랫동안 산 사람이라면 누구든지 제퍼슨이 버지니아 대학교를 설계할 때 이용했던 디자인씽킹의 위력에 감동 받지 않을 수 없을 것이다.

모든 훌륭한 디자인씽킹 프로세스가 그러했던 것처럼 버지니아 대학교 또한 도전과 믿음에서 시작했다. 여기서 '도전'은 미합중국 첫 세대 리더들이 건네준 깨지기 쉬운 민주주의를 어떻게 하면 잘 보존할 수 있을까에 관한 것이다. 그는 교육받은 유권자만이 올바른 선택을 한다고 믿었다. 제퍼슨에게 민주주의와 교육 간의 연결고리는 명확했다. 깨어있는 시민이 없다면 미합중국을 지탱하는 자치정부의 희망도 없다고 본 것이다.

사실 오늘날에 와서 보면, 제퍼슨의 천재성은 주로 그가 만든 건축물의 아름다움에서 찾을 수 있다. (이 건축물에 관한 영감은 거의 대부분 16세기 이탈리아의 건축가인 팔라디오^{Palladio}로부터 얻은 것들이다.) 하지만 제퍼슨의 진정한 천재성은 그가 창조해낸 공간(물리적 공간과 정신적 공간 모두)의 힘과 공간 디자인의 목적에서 발견할 수 있다. 즉 무엇을 위해 그 공간을 디자인했는지를 아주 명확히 인식하는 능력에서 찾아볼 수 있다. 제퍼슨은 교수진과 학생이 파트너가 되어 민주주의에 필요한 학습 방식을 추구할 수 있도록 '수직적 관계를 없앤 커뮤니티'에 중점을 두어 캠퍼스를 디자인했고, 그 결과 작은 건물들이 오밀조밀 중심을 둘러싸고 배치되었다. 귀족사회가 아닌 민주주의를 지향하는 만큼 교과과정은 식물학이나 농업과학 등과 같은 새로운 '과학' 및 '실용' 분야가 포함되었다. 그가 표방했던 학생자치는 이 새로운 대학교를 운영하는 원칙이 되었다.

제퍼슨이 디자인한 것은 빌딩 이상의 가치를 지닌다. 이는 교육적 경험, 그것도 아주 특별한 종류의 경험을 의미한다. 건축에서부터 교과과정, 그리고 교수 임용과 행정 운영에 이르기까지 버지니아 대학교에 관한 모든 디자인씽킹 프로세스는 제퍼슨이 창조하고자 했던 교육 철학을 그가 품었던 이미지로 형상화하는 과정이었다. 바로 민주주의를 위한 교육 말이다. 다른 모든 훌륭한 디자인과 마찬가지로 버지니아 대학교의 캠퍼스는 지금까지도 학생과 교수 모두에게 매 순간 영감을 주고 있다.

가 되거나 최악의 상극이 될 수 있다. 자석 양 극단이 서로 끌리거나 밀어내는 것처럼 말이다. 이 둘은 마법이 되거나 악몽이 되거나 둘 중 하나다.

소비재 산업에 속해 있는 기업이 직면한 난제 하나를 골라 도전 과제로 정하고 이를 해결해보기로 하자. 그 과제는 '10년 후에 일어날 소매시장의 환경변화와 이에 대한 대응방안'이다. 학생들로 구성된 두 개의 팀이 이를 파헤쳐보기로 했다. 한 팀은 MBA를, 다른 한 팀은 디자인을 공부하는 학생으로 구성되었다. 각 팀은 어떤 방식으로 이 과제에 접근할까?

MBA 팀은 시장 환경 내의 트렌드를 사회적, 기술적, 환경적, 정치적 측면에서 조사하는 일부터 시작할 공산이 크다. 이들은 분석가의 보고서를 읽고 해당 산업 전문가를 인터뷰하고 우수한 소매점과 경쟁업체를 벤치마킹할 것이다. 이들은 예측치와 투자수익률$^{Return On Investment, ROI}$과 순현재가치$^{Net Present Value, NPV}$를 포함해 완벽한 추진 전략과 실행계획을 수립할 것이다. 그리고 이 모두를 파워포인트 프레젠테이션 파일에 담아올 것이다.

그렇다면 디자인 팀은? 디자인 팀은 과제를 아주 다른 방식으로 접근할 것이다. 이들도 비슷하게 트렌드 분석부터 시작할지 모르겠다. 그러나 그 자료를 엑셀 시트로 만드는 대신, 미래에 실현 가능한 시나리오를 개발하는 데 사용할 것이다. 이들은 매장을 돌아다니면서 쇼핑 경험에 초점을 두고 고객과 매장 직원들과 이야기를 나눌 것이다. 몇 가지 유형의 가상 인물을 창조해서 시나리오를 만들고 향후 10년 간 벌어질 가상 인물들의 삶의 변화와 그에 따른 구매 습관의 변화를 그려낼 공산이 크다. 동료 학생을 초대해서 무료로 피자를 제공하고 '미래의 소매점'에 관한 아이디어 발굴 회의를 개최할지도 모르겠다. 시나리오와 가상 인물을 시작점으로 해서 군집 단위로 만들어갈 것이고, 최종적으로는 해결책이 아니라 유형화할 수 있는 몇 가지 콘셉트를 도출해서 실제 고객과 관련자들의 피드백을 얻으려 할 것이다.

두 팀이 보여준 행동과 결과물 등에서의 명백한 차이는 접근방법의 기저를 이루는 핵심 가설과 의사결정 동인Decision driver이 근본적으로 다르기 때문에 나타난다. 비즈니스적 사고Business thinking(이하 비즈니스씽킹)는 합리성과 객관성을 토대로 한다. 여기서의 의사결정 동인은 냉철하고 분명하며 경제적인 논리에 바탕을 둔다. 현실은 정확하고 수치로 측정이 가능하다. 누구나 받아들여야 할 '사실'이 존재하고 답은 '옳다' 또는 '그르다'로 나눌 수 있다.

반면 디자인씽킹Design thinking은 복잡다단한 인간의 경험을 의사결정 동인으로 사용한다. 진정한 합리성은 망상에 불과하다고 생각한다. 디자이너에게 현실은 언제나 그 안에 살고 있는 사람들에 의해 만들어지는 것이다. 이 세상의 의사결정은 논리보다는 감정에 의해 내려지며, 욕구는 논리적 근거보다 더 강력한 동기를 부여한다고 생각한다. 이 세상에는 오직 각자가 인식하는 '사실'이 존재할 뿐이며, 답은 '더 좋다'나 '더 나쁘다'가 된다.

간략히 정리하자면, MBA 전공자들은 트렌드 자료를 분석하고 디자이너들은 구매자의 경험을 관찰한다. 그러나 이 비대칭성이 가져오는 결과는 매우 크다. 심지어 각 접근법이 의존하는 가장 중요한 가치마저도 극단으로 나뉜다. 그리고 이는 질서정연함과 복잡다단함의 대결구도와도 깊은 관련이 있다. 프록터앤갬블^{Procter&Gamble}(이하 P&G)의 한 부사장은 이를 두고 이렇게 표현했다.

> "P&G는 짧고 간결한 대화를 좋아하지만, 디자인을 수용하려면 애매하고 복잡한 대화를 편하게 할 수 있어야 합니다."

경영진이 질서와 통제에 가치를 두려는 모습은 흔히 볼 수 있는 일이다. 그리고 그런 가치를 실현하기 위해 조직을 구조화하기도 한다. 예를 들면 미국 의료기기 제조기업인 애보트^{Abbott} 사는 사훈 자체가 '업무를 계획하고 그 계획대로 업무를 진행하자'이다. 이런 사실에 놀라지 말자. 큰 조직을 운영하고 있고, 조심스럽게 예측했던 분기 실적을 달성해야 할 책임이 있는 사람이라면 이런 방식을 기대하기 마련이다. 이들은 애매모호하고 불확실한 상태를 불편하게 생각한다. 예측 가능한 상황을 간절히 바란다. 하지만 단언컨대 혁신은 복잡다단하고 때로는 비효율적이다. 이에 관해서는 돌려 말할 방법이 없다. 이런 점에서 디자이너가 지닌 애매모호함

과 불확실성은 상상의 나래를 마음껏 펼칠 수 있는 최적의 조건이나 마찬
가지라 할 수 있다. MBA형 관리자는 '독보적인' 선도 기업이 오늘날 무엇
을 하고 있는지를 연구하고 경쟁자들을 벤치마킹한다. 반면 디자이너형 관
리자는 미래 시장의 몇 가지 유형을 가정해보고 그 속에서 벌어질 일들을
마음속으로 그려본다.

이러한 핵심가치와 가설에서의 차이는 도구와 실행 과정의 차이로 이어
진다. 뿐만 아니라 때로는 사람들끼리의 충돌로 이어지기도 한다. 비즈니
스씽킹은 분석적인 접근법을 선호한다. 의사결정 과정은 '올바른' 해답에
도달하는 '증명'을 요구하는 것이므로 MBA형 관리자는 여러 가지 사례를
투자수익률과 파워포인트를 활용해 만든다. 이와 반대로 디자인씽킹은 폭
넓은 계획을 시도해보는 것을 선호하고 접근법 역시 극도로 실험에 치중
한다. 그래서 디자이너형 관리자는 점차 '더 좋은' 해답에 도달하려면 자신
이 만든 여러 대안을 가지고 실험을 반복하는 과정이 필요하다고 여긴다.
종이나 스티로폼, 영상 등을 이용해 시제품을 만들어보는 이유다.

끝으로 MBA형 관리자들은 회사의 사명 선언문과 같은 추상적인 개념
또는 "지난번에 주문 받은 것들은 납품 완료했는가?"와 같이 매우 구체적
인 사실에 관해 이야기하기를 좋아한다. 반면 디자이너형 관리자들은 시간
이나 단계에 구애받지 않고 실험과 시행착오를 끝없이 반복한다. 다시 말
해서 현실에 적용할 수 있는 대안을 찾을 때까지 추상과 실존 사이의 다양
한 수준을 계속해서 넘나들고, 큰 그림과 구체적인 부분 사이에서 끊임없
이 앞뒤로 움직인다. 이들은 관념 속에 머물러 있는 엑셀 시트와 사명 선언
문보다는 아이디어를 실제처럼 느끼게 하는 모형과 시제품 만들기를 좋아
한다. 지금까지의 내용을 요약하면 다음 표와 같다.

	비즈니스씽킹	디자인씽킹
기본 가정	합리성, 객관성 현실은 고정적이며 양적 측정이 가능하다.	주관적 경험 현실은 사회적으로 구성된다.
방법론	'최고'의 해답 하나를 입증하기 위한 분석	'더 나은' 해답을 향해 반복적으로 시도하는 실험
과정	계획 세우기	실행하기
의사결정 동인	논리, 수치 모형	감정적 직관, 실험 모형
가치	통제와 안정성을 추구 불확실성을 불편해함	참신함을 추구 그대로 머물러 있는 상태를 싫어함
관심의 수준	추상적 또는 매우 구체적	추상적인 단계와 매우 구체적인 단계 사이에서 반복적으로 이동함

마치 '화성에서 온 비즈니스와 금성에서 온 디자인' 같은 느낌이 들지 않는가? 그런데 우리는 어째서 이 둘을 함께 엮으려는 것일까? 그 이유는 양 극단의 다른 많은 사례와 마찬가지로, 이 둘이 서로에게 도움을 줄 수 있기 때문이다.

이제 신비한 오즈의 나라는 없다

빠르게 변화하고 미래를 예측하기가 점점 더 어려워지는 오늘날에는 비즈니스에도 디자인과 같은 접근법이 필요하다. 그것은 지금부터 설명할 디자인씽킹과 비즈니스씽킹의 네 가지 차이점 때문에 그렇다.

DESIGN PROJECT:
미스터리와 퍼즐

by 제레미 알렉시스^{Jeremy Alexis}, 디자이너 겸 일리노이 공과대학 교수

사람들이 디자인씽킹이 무엇인지 물을 때마다 나는 항상 랜드 코퍼레이션^{Rand Corporation}의 정책 분석가인 그레고리 트레버튼^{Gregory Treverton}을 떠올린다. 그는 다음과 같이 말했다.

"문제의 유형은 두 종류로 나뉩니다. 하나는 '미스터리', 또 다른 하나는 '퍼즐'이죠. 이 중 퍼즐은 때와 장소에 맞춰 적당한 수준의 자료가 제공되고 그 자료에 쓰인 의미를 파악할 수만 있다면 풀 수 있는 문제입니다."

그가 퍼즐형 문제의 사례로 든 것은 '오사마 빈 라덴^{Osama Bin Laden} 찾기'였다. 이러한 문제는 GPS의 협조만 있다면 충분히 풀 수 있다.

또 다른 문제 유형인 미스터리는 자료도 없고, 문제를 풀기 위한 자료 공개의 수준도 존재하지 않는다. 사실 자료가 과하게 많이 주어진 것일 수도 있다. 그 모든 자료를 어떻게 해석하느냐가 오히려 더 중요하다. 시스템 사고가 필요하며, 프로토타이핑^{Prototyping}과 파일럿 테스트^{Pilot Test}가 필요한 매우 어려운 문제다. 하지만 이는 디자이너들이 가장 능숙한 분야라고 할 수 있다.

트레버튼이 제시한 전형적인 미스터리형 문제의 사례는 '이라크 재건 문제'다. 이 문제를 쉽게 해결하는 데 도움이 될 만한 자료는 하나도 없다. 그저 다양한 방법을 시도하고 실험하고 해결책을 향해 앞으로 움직이는 것뿐이다. 절대 충분한 정보도, 정확한 정보도 얻을 수 없다. 그저 현재 가진 것들의 의미를 해석하는 과정에 최선을 다해야 한다. 그렇기 때문에 미스터리는 디자이너를 흥분시킨다.

비즈니스 방법론은 파워포인트 보고서와 각종 분석자료, 통계적으로 유의미하다고 판명된 설문조사 결과 등으로 어떤 아이디어든 실제로 만들어낼 수 있다고 믿는다. 목표가 점진적 개선이라면 효과적일 수 있는 믿음이다. 그러나 조금 더 획기적인 무언가를 원한다면, 현장에 나가 스스로 가치 있는 무언가를 찾고 경험을 쌓아야 한다. 변호사는 자신이 해답을 모르는 질문은 하지 않는다는 오래된 유머가 있다. 디자이너는 정반대다. 이들은 답을 모르는 질문만 던진다. 같이 일하는 사람들로부터 아이디어를 빨아들이는 스펀지 같은 사람이 되고 싶어 한다. 비효율성과 애매모호함은 모두 디자인 과정에 포함되는 조건이다. 성찰과 의견 조율에 투여할 시간도 필요하다. 이는 훌륭하고 새롭고 원대한 아이디어를 얻기 위한 핵심이다. 그리고 이는 전체 과정을 비효율적으로 만드는 원인이기도 하다. 그러므로 과정을 벗어나지 않는 선에서 한 발짝 물러나 무엇을 창조할 것인지 찾아보고 미처 알아내지 못한 연결고리는 없는지 생각해보는 시간을 갖는 것이 중요하다. 의견 불일치를 위한 시간 또한 필요하다. 올바른 디자인씽킹은 서로 다른 종류의 생각을 하나로 모으는 것이기 때문이다.

만약 효율성을 원한다면 똑같은 방식으로 생각하는 사람들만 골라 모으면 된다. 아마 빠르게 의사결정에 도달할 수 있을 것이다. 업무시간의 80%는 그렇게 일해도 좋다. 하지만 위력적이고 혁신적이며 창조적인 무언가가 필요한 나머지 20%의 시간 동안은 애매모호한 상황을 견뎌내야 할 필요도 있다.

첫째, 디자인씽킹은 행동에 관한 사항인 반면 비즈니스씽킹은 말잔치로 끝나는 경우가 허다하다. 모든 계획과 분석과 통제에도 불구하고, 그 미사여구들을 결과로 변환하는 동안의 비즈니스 실행 과정은 그리 인상적이지 않다. 이에 관해 연구했던 교수들은 새로운 전략이 보고서에서 약속했던 결과를 실제로 달성할 확률이 10%에서 60% 사이의 어디쯤이라고 추정했다.[5] 추정치의 최고점이라 해도 그다지 높은 성과를 거뒀다고 하긴 어렵지 않은가. 예를 들어 회사의 사명 선언문을 작성하는 일과 같이 시간과 노력의 상당량을 잡아먹는 작업은 실망스러운 결과를 낳을 때가 많다. 최근한 다국적 연구에 의하면, 조사 대상이던 300개 이상의 회사 중 82%가 사명 선언문을 갖추고 있었다. 하지만 그 사명 선언문이 일상의 비즈니스 현실과 조금이라도 관련 있다고 생각하는 관리자는 채 절반도 되지 않았다.[6]

공허한 외침은 그것이 무엇이든 실제의 행동으로 이어지기가 어렵다. 큰 조직에서는 특히 더 그러하다. '고객 중심적'이 되라고 말해놓고 출장 예산은 삭감한다든지, 리스크를 감수하도록 요구해놓고 실수에 대해서는 가차 없이 처벌한다든지, 의욕에 가득찬 성장 목표를 설정해놓고 그 목표에 달성하기 위해 지원하는 것은 고작 엑셀로 만든 각종 분석 자료뿐인 경우가 그러하다. 현실은 그런 방식으로는 돌아가지 않는다. 새로운 결과를 얻으려면 새로운 도구가 필요하다. 그런 면에서 디자인씽킹은 말잔치를 청산하고 실제 행동으로 옮겨가게 하는 실질적인 도구가 될 수 있다.

둘째, 디자인씽킹은 사물을 실제로 느끼는 방법을 알려준다. 반면 오늘날 비즈니스에서 통용되는 미사여구 대부분은 이를 실행에 옮겨야 하는 사람들에게 잘 와 닿지 않는 경우가 허다하다. 경영진은 재화를 살 수도 있고 팔 수도 있다. 재능 있는 사람을 고용할 수도 있고 월 스트리트와 직접 대화할

수도 있다. 그러나 그들은 아주 많은 도움을 받지 않고서는 조직을 변화시
킬 수 없다. 회사가 추구하는 비전과 전략에 몰입하여 실행하게 하려면 구
성원들에게 그것이 실질적으로 와 닿아야 하지만, (심리학자인 윌리엄 제임스
가 100년도 더 전에 지적했듯이) 어떤 일이 사람들에게 와 닿으려면 그 일 자
체가 재미있게 느껴져야 하는 동시에 자신에게 중요한 의미가 있다고 느
껴야 한다. 그냥 말로 들려주어서는 소용없다. 직접 경험하게 해야 하는 것
이다. 관리자가 추상적 개념의 대명사라 할 수 있는 엑셀 파일을 보여주는
동안 디자이너는 이야기를 풀어놓는다. 우리는 디자이너로부터 배울 점이
많다. 청중의 이목을 끌고 그들을 경험하게 하고 미래를 느끼도록 이야기
하는 방법 등등. 디자인 회사에 다니는 사람이 만든 프레젠테이션 자료를
찾아보고 그것이 지금의 회사가 억지로 보도록 강요하는 파워포인트 파일
과 어떻게 다른지 비교해보자. 더 이상 왈가왈부하지 않겠다.

**셋째, 디자인씽킹은 불확실성에 대처하기 적합하고, 비즈니스씽킹의 분
석에 대한 집착은 안정되고 예측 가능한 세계에 잘 들어맞는다.** 오늘날 안정
되고 예측 가능한 세계에 살고 있는 사람은 없다. 우리에게 퍼즐 형태의 문
제를 주곤 했던 세상은 이제 미스터리 형태의 문제를 권하고 있다. 그리고
어제에 관한 자료 중에는 내일의 미스터리를 해결하는 데 사용할 만한 것
이 전혀 없다. 이미 언급했듯이 규모가 큰 조직은 안정을 유지하고 통제가
용이하도록 설계되어 있고, 새로운 생각과 시도에 거부감을 갖는 사람들
로 가득 차 있다. 이들은 새로운 것을 시도하고자 하는 소수의 사람에게 해
결방안, 즉 새로운 아이디어가 타당하다는 증거를 제시하고 시행착오 없
이 초기 단계부터 제대로 실행할 것을 요구한다.

그러나 디자이너들은 그런 기대를 전혀 하지 않는다. 그들에게 불확실

성은 모유나 마찬가지다. 그 덕분에 무럭무럭 잘 자란다. 실험에 대한 열정과 실패를 참아내는 인내심도 함께 성장한다.

디자인은 계속해서 다음 단계로 나아가게 하고 더 많은 혼돈 상태를 허용한다. 그래서 관리자들은 불확실성을 부정하거나 맞서 싸우려 하지만, 디자이너들은 이를 받아들여 미래의 그림에 몰두하는 것이다. 물론 모든 관리자가 다 그러는 것은 아니다. 우리가 유기적 성장에 성공한 관리자들을 연구한 바에 의하면 이들에게는 불확실성에 대한 디자인 지향적인 태도가 뚜렷하게 보였다.

디자이너가 관리자와 다른 점은 '어설픈 용기'가 있다는 것이 아니라 매우 신뢰할 만한 프로세스가 있다는 점이다. 최근 한 디자이너가 우리 저자들에게 이런 이야기를 한 적이 있다.

> "디자인 과정에서 겪을 수 있는 난관을 극복할 수 있을지 확신이 서지 않을 때는 나 자신에게 이렇게 말합니다. '나는 프로세스를 믿어. 전에도 여러 차례 나를 놀라게 했잖아. 이번에도 틀림없이 잘 될 거야.'라고 말이죠."

복잡다단한 세상에서 이러한 긍정적인 태도는 부정적인 태도보다 분명 더 바람직하다. 그러나 성장을 위해서는 용기와 긍정적인 태도 이상의 무언가가 필요하다. 그래서 디자이너들은 불확실성을 적극적으로 관리할 수 있는 저니매핑Journey Mapping이나 프로토타이핑prototyping 등과 같은 도구를 발전시켜왔다.

넷째, 디자인씽킹은 제품과 서비스를 구매하는 주체가 인구통계학적 데

이터를 기반으로 세분화된 '타깃시장'이 아니라 '인간'이라는 사실을 이해한다. 인간의 존재가 '요구^{Needs}'라는 개념에 가려져서 보이지 않게 되는 현상은 비즈니스씽킹에서 쉽게 나타나는 일이다. 즉 개인 각각의 현실과 니즈는 표로 작성되고 카테고리로 묶이고 카테고리별 선호도로 표현되지만, 그 과정에서 니즈에 대한 진정한 이해는 점차 희미해져 정확하게 표현되지 못하는 것이다. 하지만 소비자들의 행동에 영향을 미치는 이 복잡한 니즈야말로 그 어떤 경제 논리보다 훨씬 더 필요한 일이지 않은가. 디자이너들은 이것을 어느 누구보다 잘 이해하고 있다. 이들은 사람과 사람의 니즈를 관찰하고 이해하는 방법을 완벽히 터득하고 있다. 반면 관리자들은 그 시간 대부분을 평가하는 방법을 배우는 데 사용한다. 이는 새로운 통찰력을 불러일으키는 공감능력이 거의 작용하지 않는 활동이다. 그래서 이들은 창조보다 평가

DESIGN PROJECT:
유기적 성장을 일으키는 촉매자

지난 4년 동안 진^{Jeanne}이 속한 연구팀은 성숙기에 접어든 산업에서 유기적 성장을 달성했던 관리자들을 분석했다. 연구진은 관리자 50명을 연구 대상자로 선별하고, 일부 회사는 직접 방문까지 하며 이들이 어떻게 유기적 성장을 일으켰는지 자세하게 파헤쳤다. 그리고 이런 사람을 '촉매자'라고 명명했다. 그들은 마치 화학 촉매제처럼, 그들이 없었다면 발생하지 않았을 일을 빠르게 진행되도록 유도했다. 그들이 보여준 가장 중요한 특징은 불확실하고 자원이 제한된 비즈니스 환경에서 노련하게 바른 길을 찾아가는 능력이었다. 그들은 우리에게 성장에 관한 소중한 교훈을 다음과 같이 전해주었다.

기회를 포착하기 위해 멀리 광범위하게 찾아다닐 필요가 없다. 기존 고객을 위해 더 높은 가치를 창조해서 고객과의 관계를 강화할 기회는 바로 우리 앞에 있다. 우리는 그저 고객을 이해하기 위해 그들을 잘 지켜볼 필요가 있을 뿐이다.

성공을 위해 크게 베팅할 필요가 없다. 거액의 판돈은 종종 실패의 원인이 되기도 한다. 적은 자본을 빠르게 움직이는 법을 배우고, 배우고, 또 배워야 한다.

속도를 높인다. 속도에 대한 집착은 놀라우리만치 강력한 긍정적 결과를 가져온다. '평상시처럼 행동하자'라는 무기력함을 극복하는 것은 그 자체로도 대단한 성과다.

를 훨씬 더 잘하는 것이다. 메이요 클리닉^{Mayo Clinic}의 앨런 던컨^{Alan Duncan} 박
사의 말을 들어보자.

> "디자인씽킹이 메이요 클리닉에 도입되기 전까지 우리 직원들은 무언가
> 새로운 콘셉트가 제시되었을 때 단점을 보완하기보다는 흠집을 내는 데
> 더 능숙했습니다."[7]

　지금까지 언급한 모든 이유를 근거로 디자인씽킹의 매력에 사로잡혀 정
상적인 비즈니스 활동을 비난할 수도 있다. 그러나 비즈니스가 왜 지금의
모습을 하고 있고, 현재 나타나는 행동들을 해야만 하는가에 관해 똑바로
인식하는 것 또한 매우 중요하다. 관리자는 인적 자원을 관리하는 역할을
한다. 그러므로 전략적 투자를 결정하기 위한 주의 깊은 분석 과정은 언제
나 바람직하며, 본래 성향이 그런 쪽인 사람에게는 그런 일을 하는 것이 적
합하다. 즉 조직 내에서 비즈니스씽킹 성향의 사람들이 혁신의 속도를 늦
출 수도 있지만, 신중한 의사결정에서는 그런 비즈니스적 사고방식이 중
요한 역할을 하는 것이다. 파생상품 같은 금융수단에 대해 그토록 기발하
고 창의적인 주장을 펼치는 월 스트리트 금융 전문가들의 말을 듣고 있노
라면 리스크를 싫어하는 이들을 사랑할 만도 하지 않는가?
　'새로운 것의 창조'와 지금까지 노력하여 이룬 '최고 상태의 유지' 사이,
그리고 '새로운 비즈니스 혁신'과 '건실한 비즈니스의 지속' 사이에는 피
할 수 없는, 하지만 건전한 의미에서의 긴장이 존재한다. 우리는 지금의 관
리자에게 기존에 쓰던 방식을 모두 포기하고 완전히 새로운 기법을 도입
하라고 설득하는 것이 아니다. 다만 이런 긴장을 효과적으로 관리하는 방

관리자가 꼭 알아야 할
완전히 잘못된 진실 6가지

MBA 과정의 유익함을 떠나, 관리자들은 전문가라면 지켜야만 한다고 하는
금언을 꼭 따르려는 경향이 있다. "상사와의 긴밀한 소통을 우선시하라."거나
"때로는 승인을 요구하는 것보다 용서를 비는 것이 더 낫다." 등과 같은
격언이 그것이다. 안타깝게도 오랫동안 믿어왔던 교리 중 일부는
더 이상 통하지 않는다. 다음은 프로페셔널한 관리자의 삶을 더 힘들게 하는,
널리 퍼져 있는 잘못된 진실 여섯 가지다.

잘못된 진실 1:
해답을 모르는 질문은 하지도 마라

이 격언은 재판 전문 변호사들 사이에서 통
용되다가 비즈니스 세계로 퍼져나갔다. 똑똑
해 보이는 것은 경력관리와 몸값 향상에는
도움이 될 수 있을지 모르지만, 성장의 기회
는 유도신문과 미리 준비한 답으로 쉽게 얻
어지는 것이 아니다. 성장의 선도자에게 어
울리는 금언은 이렇게 바뀌어야 한다.

>> 모르는 상태에서 시작하라.

잘못된 진실 2:
크게 생각하라

경영자들은 언제나 어떤 비즈니스가 올인해
도 될 만큼 충분히 매력적인가를 고민한다.
하지만 정말 큰 사업 기회는 대개 작은 것에
서 시작해서 점차 탄력이 붙어 완성된다. 이
베이[eBay]가 등장했을 때 어땠는가?(온라인 경

매라고?) 페이팔[PayPal]이 등장했을 때는?(온라
인에서 대금 결제를?) 사업 초창기의 페덱스
[FedEx]는 그저 틈새시장을 공략하는 회사처럼
보였다. 성장의 기회를 거머쥐려면 인간의
내면 깊은 곳에 숨겨진 니즈를 발견해서 비
즈니스와 연결해야 한다. 그런 의미에서 성
장의 선도자에게 어울리는 금언은 이렇게 바
뀌어야 한다.

>> 사람들이 진정 필요로 하는 것을 충족
시키는 데 집중하라.

잘못된 진실 3:
아이디어만 좋다면 돈은 알아서 따라
온다

관리자들은 종종 재원이 없는 아이디어를
무시하거나 만만하게 본다. 아이디어가 좋으
면 그 자체의 장점만으로도 투자를 끌어들일
수 있지 않겠느냐고 생각하기 때문이다. 좋
은 아이디어에 관한 진실 중 하나는 그 아이

디어가 정말 좋은지 아닌지 우리는 모른다는 것이다. 오직 고객만이 안다. 지메일$^{G-mail}$은 얼마나 터무니없어 보였는가? 공짜 이메일을 제공하는 대신 인공지능 소프트웨어가 개인 메시지를 보게 하고 사용자의 명백한 관심에 맞춘 광고를 뿌려주는 방식이었으니 말이다. 도대체 누가 여기에다 돈을 찔러 넣을 생각을 했겠는가 말이다. (물론 구글은 했다.) 그런 면에서 성장의 선도자에게 어울리는 금언은 이렇게 바뀌어야 한다.

≫ 적당한 사람들과 적절한 아이디어에 종자돈을 투자하라. 성장은 따라올 것이다.

잘못된 진실 4:
두 번 재고 한 번에 잘라라

이 격언은 운영계획을 수립하는 상황 등에서는 여전히 유효하다. 그러나 보이지 않은 미래를 창조하는 동안에는 이리저리 재보고 비교할 사항이 그리 많지 않다. 측정이 불가능한 것들을 측정하는 데 시간을 쏟으면 일시적으로 마음은 편할 수 있지만, 리스크를 그리 많이 줄여주지는 못한다. 성장의 선도자에게 어울리는 금언은 이렇게 바뀌어야 한다.

≫ 적은 자본을 빠르게 회전시켜라.

잘못된 진실 5:
대담하고 결단력 있게 행동하라

과거에는 비즈니스를 비유해서 표현할 때 가장 많이 쓰였던 비유^{Metaphor}가 스포츠나 전쟁과 같은 경쟁 상황이었다. 1980년대와 1990년대에 유행했던 '기업간 인수합병$^{M\&A}$'이라는 단어에는 점령과 정복의 이미지가 담겨있다. 이와는 대조적으로 유기적 성장을 위해서는 보살핌과 직관, 그리고 불확실성에 대한 인내가 훨씬 더 많이 필요하다. 이런 상황에서 거칠고 대담한 말투는 우리가 제안하는 금언에 한참 못 미쳐 보인다.

≫ 다양한 대안을 탐색하라

잘못된 진실 6:
해결방안을 자신있게 주장하라. 자신이 믿지 않는 것은 아무도 믿지 않는다

미래를 창조하는 데 있어, 그 길이 올바른 길인지 어떻게 확신하는가. 해결방안에 관해서는 조금 냉소적이 되어도 괜찮다. 하지만 가치 있는 문제에 집중하고 있다는 점은 잊지 말자. 그리고 정해진 시간 내에 활용할 만한 해결책을 찾을 때까지 자신의 방법을 반복하자. 여기서는 디자인씽킹 기반의 금언 두 가지를 제안한다.

≫ 가치 있는 고객의 문제를 고르라.
≫ 다른 사람들이 타당성을 검증하게 하라.

법을 익혀야 한다고 말하는 것이다. 오늘날 조직이 처한 문제는 분석적 접근법이 나빠서 생긴 것이 아니다. 그보다는 조직이 사용하는 방식이 분석적 접근법밖에 없어서 생긴 것이다. 마치 망치를 든 어린아이가 눈에 들어오는 모든 것을 못 대가리로 인식하듯이 말이다.

불확실한 오늘날의 세상에서 미래를 창조하려면 다양한 도구가 담긴 도구상자가 필요하다. 다시 말해 창업과 성장에 맞춘 '디자인'이라는 망치와 이미 자리 잡은 비즈니스를 더 안정적으로 운영하도록 도와주는 '분석'이라는 드라이버가 함께 구비되어야 한다. 서로 의사소통할 수 없는 사람들을 함께 모아 싸움을 붙이면서 두 가지의 상반된 조합을 마구 휘두르라는 이야기가 아니다. 디자인씽킹 프로세스를 자연스럽게 받아들이는 관리자가 일부 있기는 하지만, 관리자들 대부분이 그렇지 않은 것 또한 사실이다. 그리고 그 이유 중 하나는 성장과 필연적으로 공존하는 불확실성에 직면했을 때, 관리자는 말 그대로 엉뚱한 행동을 하도록 길들여져 있기 때문이다.

지금까지 관리자들은 '크게 생각하고 작은 부분에 시간을 낭비하지 말라'는 말을 들어왔다. '새로운 아이디어의 가치는 과거 자료를 근거로 입증하라'는 말이나 '소규모 실험에 참여할 고객들을 찾아 돌아다닐 시간에 회의실에 앉아 파워포인트로 전략을 작성하라'는 말도 들어왔다. 왜일까? 다시 말하지만 과거 관리자들의 사고방식이나 업무방식은 예측 가능하고 통제할 수 있는 것들을 다루는 데 맞춰져 있기 때문이다.

지금의 관리자에게 필요한 것은 오래된 좌뇌의 도구상자를 제거하고 그 자리에 우뇌를 이식하는 일이 아니다. 이미 가지고 있는 도구상자에 새로운 접근법 몇 가지를 추가하는 것뿐이다. 디자이너들이 골머리를 앓는 부분을 관리자들이 훌륭하게 해낼 수 있는 것 또한 비즈니스씽킹 덕분이지 않은가. 디자인에서 비즈니스씽킹이 필요한 결정적인 이유도 몇 가지 있다.

첫째, 참신한 생각이 반드시 가치를 창출하는 것은 아니기 때문이다. 친숙하기 때문에 현재 상태를 지키는 것과 새롭기 때문에 참신함을 추구하는 것은 동전의 양면과 같다. 성장은 새로울 뿐만 아니라, 그 새로움으로 누군가에게 가치를 창조할 수 있는 아이디어가 있어야 가능하다.

둘째, 가치 창출만으로 충분하지 않을 수 있기 때문이다. 비즈니스 세계에서 살아남고 싶다면, 고객을 위한 가치를 창출하는 것 이상으로 신경을 써야 할 것이 많다. 고객을 위한 가치 창출이 중요한 첫 걸음이 될 수는 있지만 그것만으로는 충분하지 않다. 회사가 사업을 장기간 유지하기 위해서는 창조되는 가치의 일부를 '수익'이라는 형태로 가공해서 거둬들여야 한다. 그러려면 여러 가지 이슈에 관해 고민할 필요가 있다. 새로운 아이디어가 경쟁자들의 추격을 얼마나 방어할 수 있는가, 규모의 경제를 실현할 수 있는가, 즉 소규모 실험의 결과를 복잡한 변형 과정 없이 대규모 사업으로 확장할 수 있는가 등과 같은 이슈들이 여기에 해당된다. 수익 창출과 조직 내 이익 유보 등의 문제를 이해하는 것은 디자이너 대부분에게 어려운 일이다. 그러나 조직의 새로운 미래를 수익성이 담보되도록 디자인하려면 이에 관한 이해는 필수불가결하다.

셋째, 특이한 디자인의 토스터나 와인 병따개가 우리에게 몇 개나 필요한지 따져볼 필요가 있기 때문이다. 멋진 제품을 만드는 것은 좋다. 하지만 디자인은 그보다 더 많은 것을 이룰 수 있는 잠재력이 있어야 한다. 단순히 예쁘게 만드는 데 그치지 않고 세상을 바꾸는 힘을 가져야 한다. 오늘날 기업은 세상에서 가장 위력적인 조직 형태 중 하나이다. 그러므로 디자인 접근법과 비즈니스 접근법의 장점을 조화롭게 활용해서 시너지를 낼 수 있다면, 세상을 보다 더 살기 좋은 곳으로 만들 수 있을 것이다.

그렇다면 과연 비즈니스 접근법과 디자인 접근법이 함께 미래를 건설할 수 있을까? 우리 저자들은 "그렇다."고 생각한다. 이렇게 낙관적으로 보는 이유는 다음과 같다.

일단 다수의 비슷한 조직들이 이를 통해 효과를 보고 있기 때문이다. 그리고 지금까지의 논의에서는 서로의 차이점을 강조했지만, 서로 공유하는 가치 또한 있기 때문이다. 중요한 몇 가지 질문에 있어 두 접근법은 같은 방향을 향하고 있다. 우리는 왜 여기 있는가? 우리의 목적은 무엇인가? 디자이너들은 멋진 외형과 다양한 기능을 지닌 20만 원짜리 휴지통은 정답이 아니라고 배워왔다. 관리자들도 숫자로만 관리하는 것이 심각한 단점을 갖고 있다는 점을 깨달았고 마치 성배인양 여겼던 주당이익배당금을 조금이라도 올리려는 과정에서 뼈아픈 교훈을 얻어왔다. 그 결과 디자인에서든 비즈니스에서든 사람들을 위한 가치를 창출할 수 있는지 여부가 성공을 측정하는 기본 요소라는 데 공감대가 형성되고 있다. 우리의 노력 덕분에 누군가의 삶이 더 나아질까? 그리고 선택에 있어서 더욱 다채로워질까? 그렇게 할 수 없다면 지속 가능한 수익성 창출은 신기루나 마찬가지다.

자료 분석에 관해서도 공통점을 찾을 수 있다. 물론 관리자들이 데이터를 더 좋아한다는 점은 이미 잘 알려진 사실이다. 그러나 디자이너들이 데이터를 좋아하지 않는다거나 디자인은 '즉흥적으로' 만들어지는 것이라던가 하는 이야기는 잘못 알려진 미신에 불과하다. 간혹 저명한 건축가나 의류 디자이너가 즉흥적으로 작업할 때가 있을지는 모르겠지만, 보통의 디자이너들이 전투를 벌이고 있는 업무공간 속을 들여다보면, 디자인도 과정 하나하나가 전통적인 경영관리 못지않게 데이터에 기반을 둔다는 사실을 알 수 있다. 다른 종류의 데이터를 사용한다는 차이가 있을 뿐이다. 좋은 디자이너는 자신의 생각을 확고히 하기 위해 어느 정도 시간을 두고 (과거에서 추출한 자료보다는) 현장에 나가 자료를 찾는다. 그렇게 함으로써 디자이너들은 '디자인 접근법이 전통적인 비즈니스 접근법보다 리스크가 더 크다'는 또 하나의 잘못된 믿음이 사실이 아님을 증명한다. 이제 관리자들도 '분석은 리스크를 줄여준다'는 그들의 믿음이 불확실한 상황에서는 완전히 잘못된 믿음이 될 수 있음을 인정하자. 과거 데이터의 미심쩍은 수치들을 숨겨둔 채 미래를 예측하는 것은 관리자가 저지를 수 있는 가장 큰 리스크라 할 것이다.

　회사의 목표가 '성장'이라면 경영환경은 항상 불확실한 것으로 간주해야 한다. 이를 부정하거나 피해 다닌다면 원하는 만큼 성장할 수 없다. '불확실한 상황'이라는 것은 아무것도 할 수 없을 만큼 무력하다는 의미가 아니다. 그 상황을 피할 수 없다면 우리가 먼저 상황을 좌우하자는 것이다.

　자, 이제 디자인씽킹 프로세스와 이에 수반되는 도구들이 불규칙하게 변화하는 현실에서 어떻게 리스크를 최소화하고 최대의 기회를 부여하는지 좀 더 자세히 살펴보기로 하자.

'더욱 새롭고 멋진 물건'의 함정

디자인씽킹이 멋진 제품의 제작을 넘어 그보다 훨씬 더 많은 것을 만들어낼 수 있다는 사실을 입증하기 위해, 프레디 요너Freddie Yauner가 'Because We Can'이라고 명명한 최첨단의 제품 라인업을 소개한다. 요너는 2007년 런던 왕립예술학교를 졸업했으며, 그가 디자인한 제품은 다음과 같다.

1. 1년 내내 쓸 수 있는 립스틱 (길이가 거의 1m쯤 된다.)
2. 인간의 눈으로는 읽기 불가능한 초 단위를 소수점 이하 여섯 자리까지 표시해 주는 시계. (선택사항으로 카메라 기능을 추가해서 그 숫자를 사진으로 찍을 수도 있으므로 시간을 아주 정확히 소수점 이하 여섯 자리까지 알 수 있다.)
3. 모스터Moaster라는 이름의 토스터기는 조리가 다 된 토스트를 공중으로 5미터까지 튕겨낸다.

이런 제품의 영감을 어디서 얻었느냐고 물었을 때, 요너는 그의 작품들에 숨겨진 의미를 다음과 같이 답했다.

> **"우리가 무언가를 할 수 있다는 사실이 그 일을 꼭 해야만 한다는 것은 아니지 않나요?"**

그가 이런 풍자적인 물건을 만드는 이유는 '가장 크고, 가장 빠르고, 가장 좋은'이란 원칙을 무비판적으로 따르는 디자인 업계와 고객지상주의의 현 세태를 비판하기 위해서다. 요너의 주장에 따르면 디자인은 단순히 "우리를 더 좋게 해주는 척하거나 우리 꿈을 채워주는 척하는 물건"을 만들기보다 세상에서 가장 어려운 문제를 해결하는 데 기여해야 한다.

CHAPTER 02:
디자인씽킹을 위한 4가지 질문, 10가지 도구

제1장(CHAPTER 01)에서 보여줬던 애플 사의 팀 브레넌이 그린 '디자인' 그림을 기억하는가?(p.13 참조) 우리가 생각하는 디자인은 다음과 같다.

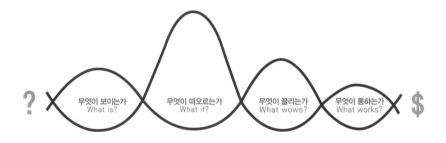

시작점과 도착점은 팀 브레넌의 그림과 동일하다. 하지만 우리는 실타래처럼 엉킨 모양을 풀어서 관리 가능한 과정으로 만들었다. '아이디어 발상 Ideation'이나 '공동창조Co-creation' 등과 같은 화려한 단어들이 있겠지만, 사실 디자인씽킹 프로세스는 네 가지의 아주 기본적인 질문에 답하는 과정이다. 그 네 가지 질문으로 전체 과정을 네 단계로 구성할 수 있는데, 그 질문은 각각 **'무엇이 보이는가**What is?'와 **'무엇이 떠오르는가**What if?', **'무엇이 끌리는**

가^{What wows?}', 그리고 '**무엇이 통하는가**^{What works?}'이다.

  '무엇이 보이는가'는 현재의 실상을 탐구하는 단계다. '무엇이 떠오르는 가'는 새로운 미래를 마음속에 그려보는 단계다. '무엇이 끌리는가'에서는 몇 가지 선택을 한다. 마지막으로 '무엇이 통하는가'에서 시장 환경에 직접 대입해보는 것이다. 각 질문을 둘러싼 도형의 폭은 넓어질 수도 있고 좁아 질 수도 있는데, 디자이너들은 이를 두고 각각 '확산적 사고'와 '수렴적 사 고'라고 부른다. 디자인씽킹 프로세스 각 단계의 앞부분에서 우리의 시야 는 점진적으로 확대된다. 우리의 고질적 습관이나 다름없는 성급한 구조 화와 이미 존재하는 해결방안의 제시 등과 같은 덫에 걸리지 않기 위해 주 변을 가능한 한 넓고 멀리 바라보는 것이다. 이 과정을 통해 일련의 새로운 콘셉트가 창출된 후에는 수렴을 통해 과정을 반전한다. 선택 범위를 점진 적으로 좁혀가며 가장 전도유망한 대안에 도달하는 것이다.

  디자인씽킹 전문가들이 '확산적 사고'와 '수렴적 사고'의 패턴 내에서 네 가지 질문에 관한 답을 찾아가는 동안 사용할 수 있는 열 가지 도구가 있다. 새로운 가능성을 창조하기 위해서, 그리고 성장과 혁신에서 피해갈 수 없는 불확실성을 줄이기 위해서 필요한 도구들이다. 이 책의 나머지 부 분에서 우리는 각 단계와 도구에 관해 자세히 설명하고, 이 책의 독자라 면 누구든지 자신에게 주어진 성장의 도전 과제에 직접 적용해볼 수 있도 록 도울 것이다.

  본격적인 이야기를 시작하자마자 등장한 아주 특별한 디자인 도구에 주 목하기 바란다. 바로 **시각화**^{Visualization}(도구-1)이다. 시각화는 진정한 의미 의 범용적 도구다. 디자이너가 일하는 방식에 가장 기초가 되기 때문에

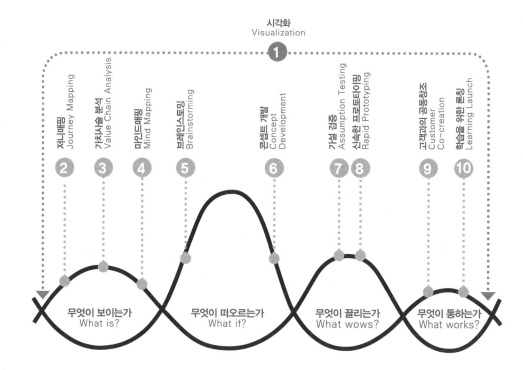

'성장을 위한 디자인' 과정에서는 사실상 모든 단계에 등장한다. 많은 경우에서 시각화는 앞으로 설명할 다른 도구의 필수적인 요소가 될 것이다. 시각화는 숫자와 같은 '좌뇌형' 매체에 대한 의존도를 줄이는 대신, '우뇌형' 사고를 더욱 많이 활용하여 사물이나 사안을 인식하고 조직화하며 의사소통하게 한다. 시각화를 통해 우리는 의식적으로 작업 프로세스에 시각적 이미지를 끌어들이고, 아이디어에 생명을 불어넣는다. 그렇게 함으로써 팀의 협업을 쉽게 하고 궁극적으로는 디자이너의 핵심 무기라 할 수 있는 스토리를 만들어낸다. 디자이너들은 바로 이 스토리를 토대로 작업의 모든 단계에서 공감을 불러일으키고, 그 공감을 활용해서 새로운 아이디어에 흥분과 감동을 자아낸다.

What is? '무엇이 보이는가'
수정 구슬 앞에서 물러나기

모든 성공적인 혁신은 현재의 실상에 관한 정확한 평가에서부터 시작된다. '수정 구슬은 나중을 위해 아껴둔다'는 말은 직관에 어긋나는 것처럼 들리지 않는가? 무언가 새로운 것을 생각할 때는 보통 현재가 아니라 미래를 떠올리기 마련인데 왜 그곳에서 시작하지 않을까?

이는 여러 가지 이유가 있지만, 그중 하나는 우리가 해결하고자 하는 진짜 문제, 또는 포착하고자 하는 진짜 기회를 제대로 파악하려면 현재 벌어지고 있는 일들에 세심한 주의를 기울일 필요가 있기 때문이다. 관리자들이 성장을 위한 다양한 기회를 시작도 해보지 못하고 날려버리는 경우는 허다하다. 문제를 파악하는 시야가 너무 좁기 때문이다. P&G의 제품 개발자들은 바닥 청소에 적합한 세제를 개발하기 위해 오랫동안 집중해왔다. 어느 날 이들은 디자인씽킹의 도움으로 고객들이 진정으로 원하는 것은 더 깨끗한 바닥이며, 꼭 더 좋은 세제가 아니더라도 바닥만 깨끗하게 할 수 있으면 된다는 사실을 깨달았다. 예를 들어 더 잘 닦이는 걸레처럼 말이다. 이러한 깨달음은 스위퍼Swiffer라는 밀걸레 생산으로 이어졌고, 타의 추종을 불허하는 최고 인기제품이 되었다. 중세에나 발명되었을, 또는 그보다 더 이전이었을 수도 있는 제품에서 새로운 성장의 기회를 찾은 것이다. 다시 말해 "이 제품이 어떤 기능을 해야 하는가?"라는 기본에 충실한 질문으로 돌아가 시작한 덕분에 황금알을 낳는 결실을 얻을 수 있었던 것이다.

고객이 무슨 생각을 하고 있는지 세심하게 주의를 기울이다 보면 종종 재미있는 일이 발생한다. 새로운 미래에 관한 단서들이 현재에 대한 불만족 속에 담겨있다는 사실을 발견하는 것인데, 사실 그런 단서들은 회사가 추진하는 혁신의 범위와 규모가 증가하고 있을 때만 나타나는 것이 아니다. 최종적으로 성장은 고객의 문제를 찾아 해결하는 일과 전적으로 관계가 있다. 심지어 고객이 자신에게 무슨 문제가 있는지 아직 스스로 깨닫지 못했더라도 말이다. 고객의 삶과 불만족스러워하는 문제에 세심한 주의를 기울이면 그들이 보지 못하는 것까지 찾아낼 수 있다. 그런 의미에서 성장의 기회를 탐색하기에 가장 좋은 지점은 고객들이 현재 좋아하지 않는 것을, 그리고 마음에 들지는 않지만 다른 대안이 없기 때문에 마지못해 수용하고 있는 타협점이 무엇인지를 알아낼 수 있는 곳이어야 한다.

이는 화이자 사社 일반고객 건강사업부Pfizer Customer Healthcare가 성장을 위한 도전 과제 중 한 가지를 해결하기 위해 사용했던 바로 그 접근법이다. 당시 화이자는 주력 제품인 금연 치료제 '니코레트Nicorette'의 성장세가 한계에 도달해 있었다. 니코레트에 관한 모든 측면에서 성과가 만족스럽지 못했고, 제품의 매출과 수익은 침체에 빠졌다. 이들을 더욱 괴롭힌 문제는 이뿐만이 아니었다. 약효가 그리 썩 좋지 않았던 것이다. 화이자는 흡연자가 금연에 성공하기까지 일곱 번 정도 실패한다고 추정했다. 그들의 관점에서는 좋지 않은 결과였다. 그래서 화이자는 이 브랜드를 매출과 성과 두 가지 측면에서 크게 성장시키겠다는 목표를 세웠다. 다만 성장을 꾀하는 데 있어 일상적인 비즈니스 접근법과는 정반대로, 디자인 접근법을 이용하기로 했다.

화이자는 고객을 좀 더 잘 알기 위해 고객 집단 하나를 선정했다. 변화에 개방적일 공산이 큰 고객층, 바로 젊은 흡연자다. 이 표적 집단에서 가장 큰 성장을 거둔 시장이 유럽이었던 관계로, 회사는 런던을 근거지로 하는 실행팀을 하나 꾸렸다. 화이자는 디자인 접근법을 받아들여 새로 만든 팀이 흡연자들의 (생화학적으로 니코틴에 중독된다는 단순한 사실 뒤에 숨겨진) 행동 근거에 관해 심도 있게 이해하도록 지원했다. 그들은 흡연자들의 집과 사무실을 따라다니며 일상생활을 관찰하기 시작했고 흡연 습관과 금연하려는 노력 두 가지가 이들의 삶에 어떻게 자리 잡고 있는지, 그것이 무엇을 의미하는지 이해하려 노력했다. 이 조사연구는 놀랄 만한 결과를 밝혀냈다. 금연하고 싶어 하는 흡연자들은 자신들의 습관을 의학적 문제로 간주하지 않는다는 사실이었다. 이들은 '치료'하기 위해 약을 먹는 것을 원하지 않았다. 대신 이들은 흡연을 자신들이 선택한 생활방식으로 보고 그에 대한 통제력을 얻고 싶어 했다. 고객이 금연 문제를 어떻게 인식하고 있는가에 관해 이해하고 나자, 화이자는 고객에게 좀 더 효과적인 제품과 서비스를 설계할 수 있으

디자인씽킹 10가지 도구

1. 시각화^{Visualization} 시각적 이미지를 활용하여 상상 속의 가능성을 그림으로 표현하고 이들을 실존하는 장면 속으로 끌어들인다.

2. 저니매핑^{Journey Mapping} 고객들의 현재 경험을 그들의 눈을 통해 평가한다.

3. 가치사슬 분석^{Value Chain Analysis} 고객들의 경험과 관련 있는 현존하는 가치사슬을 평가한다.

4. 마인드매핑^{Mind Mapping} 각종 탐색활동을 통해 통찰력을 얻고 이를 토대로 디자인 기준을 정립한다.

5. 브레인스토밍^{Brainstorming} 새로운 가능성과 기존의 것을 대체할 수 있는 새로운 비즈니스 모델을 만든다.

6. 콘셉트 개발^{Concept Development} 혁신적인 요소들을 조합하여 실험이 가능하고 타당성 평가가 가능한 완성된 형태의 새로운 해결방안을 만든다.

7. 가설 검증^{Assumption Testing} 해당 콘셉트의 성패에 중요한 영향을 미칠 수 있는 핵심 가설들을 추출하고 이를 검증한다.

8. 신속한 프로토타이핑^{Rapid Prototyping} 분석과 검증, 개량을 위해 새로운 콘셉트를 실존하는 형태로 표현한다.

9. 고객과의 공동창조^{Customer Co-creation} 고객의 니즈에 가장 부합하는 해결책을 창조하는 과정에 고객들을 직접 참여시킨다.

10. 학습을 위한 론칭^{Learning Launch} 핵심 가설들을 검증하기 위하여 실제 시장의 데이터를 이용해 고객들이 새로운 해결방안을 상당 기간 경험하게 하는 실험을 회사가 감당할 수 있는 만큼 진행한다.

리라는 자신감을 얻었다.

이 책의 제2부(SECTION 2)에서는 현재를 분석하는 방법에 관해 상세히 살펴볼 것이다. 그러기 위해 먼저 자신의 제품 또는 서비스를 제공하고자 하는 고객들에게 집중할 것이다. 디자인씽킹은 고객의 **저니매핑**^{Journey} ^{Mapping}(도구-2)과 같이 각 아이디어에 내포된 가치 창조의 잠재력을 평가

DESIGN THINKER:

크리스티나 주버

디자인에 대한 열정을 보유한 간호사인 크리스티 주버^{Christi Zuber}는 외래수술실 간호사와 재택 간병인으로 간호 실무를 익혔고, 의료경영학 석사 학위를 받은 뒤에는 미국에서 가장 큰 의료서비스 업체 중 하나인 카이저 퍼머넌테^{Kaiser Permanente}에 입사했다.

어느 날 회사의 한 임원이 그 유명한 아이데오^{IDEO}의 쇼핑 카트 비디오*를 보고는 그녀에게 아이데오의 디자인씽킹 방법론을 카이저 퍼머넌테 내부에 똑같이 복제할 수 있는지를 물었다. '아마 가능할지도' 모르겠다고 생각한 그녀는 뜻을 같이 하는 몇몇 직원을 섭외하여 팀을 꾸렸고, (그중 누구도 디자인씽킹 관련 경력이 없었다.) 임신 기간 중의 의료서비스와 출산을 앞둔 엄마의 이동경로를 조사하는 첫 번째 프로젝트를 시작했다.

> 우리 대다수는 비판적 사고가 중요하다고 배웠습니다. 그리고 똑똑한 사람 몇 명이 회의실에서 머리를 모으면 얼마든지 완벽한 해답을 도출해낼 수 있다는 생각에 익숙해져 있었지요. 하지만 이런 방식으로 몇 번 해보고 나니, 세상에 완벽한 해답은 없고 회의실에 앉아만 있어서는 그 비슷한 것 하나도 건질 수 없다는 사실을 깨닫게 되었습니다. 그보다는 회의실 밖으로 나가 의도했던 바를 현장에서 실제로 실행해봐야 하는 겁니다. 변화시키고자 하는 바로 그 사람들을 만나서 그들의 진정한 욕구가 무엇인지를 이해해야 하는 거죠.

* 실리콘밸리 디자인 전문기업 IDEO에서 쇼핑카트 디자인을 의뢰받아 고객의 쇼핑상황을 관찰하고 팀원들이 협업하여 5일만에 쇼핑카트를 디자인해 나가는 프로세스를 담은 영상을 말한다. 유튜브에서 찾아볼 수 있다.

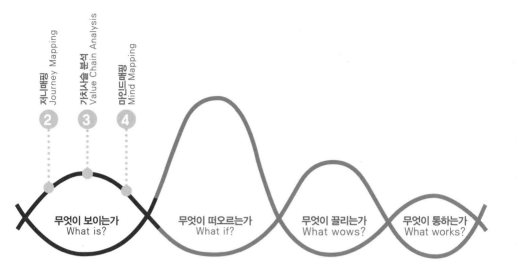

하기 위해 에스노그라피^{ethnography} 방식*의 여러 가지 도구를 제공한다. 저니매핑은 고객들을 '집까지 따라다니며' 조사하는 방법으로, 이 방법을 사용하면 그들의 삶과 그 속에서 고충을 겪고 있는 여러 상황을 깊이 이해할 수 있게 된다. 결과적으로 보자면, 이 조사를 토대로 조직의 한정된 역량을 소위 스윗 스팟^{Sweet Spot}**이라 불리는 지점에 집중적으로 투자할 수 있는 것이다.

분석 과정에서는 가치 확보를 위한, 예를 들어 수익성 같은 잠재력 평가 역시 매우 중요하다. 때문에 새로운 아이디어를 사업화하고자 한다면 해당 비즈니스의 가치사슬을 깊게 파고들 필요가 있다. 강력한 경쟁자는 누구인가? 그들이 해당 비즈니스에 진입하게 된 동기(매력 포인트)는 무엇인

---

* 에스노그라피는 '민족', '종족'을 뜻하는 ethno와 '기술하다', '기록하다'는 뜻의 graphy의 합성어다. 예를 들어 서양의 인류학자들이 아프리카 특정 종족의 관습이나 종교의식을 이해하기 위해 일정 기간 동안 그들과 함께 생활하며 연구하는 방식에서 유래한 질적 연구방법을 말한다.

** 스포츠에서 라켓이나 배트, 클럽으로 공을 칠 때 가장 잘 맞아서 가장 멀리 날아갈 수 있는 부분. 여기서는 가장 핵심적인 부분을 의미한다.

가? 그들은 우리를 돕고 싶어 할까? 또는 도와줄 수 있을까? 자신의 조직
이 보유한 가용능력과 자원에 관한 (그리고 핵심 경쟁자들의 가용능력과 자원에
관한) 정확한 정보 역시 필수적이다. 그리고 가능하다면 초기 단계에서 현
재 자신에게 부족한 능력을 인식하고, 해당 역량을 제공해줄 적절한 조력
자가 어디에 있는지 찾아내야 한다. 이 모든 사항을 **가치사슬 분석**^Value Chain
^Analysis(도구-3)이 다룬다.

　화이자 사례에서는 흡연자들이 그들의 '문제'를 어떻게 규정했는지, 그
리고 흡연 습관을 떨쳐버리기 위한 더 핵심적인 요인이 무엇인지 등 중요
한 단서들이 연구결과를 분석하면서 드러났다. 화이자 실행팀은 니코레트
만 따로 떼어서는 금연 효과가 없다는 사실 역시 깨달았다. 금연에 성공하
려면 상담과 자기 최면, 그리고 몇 가지 치료 또는 지원 프로그램 등이 포
함되어야 했다. 그중 어느 것도 화이자가 가진 강점과는 거리가 멀어 보였
다. 화이자는 가치사슬 분석을 통해 얻은 새로운 깨달음을 토대로 제품과
서비스를 다시 포지셔닝하기로 했다. 또한 화이자의 약점을 보완해줄 수
있는 파트너도 찾아보기로 했다.

　분석이 충분한지는 어느 시점에 가야 알 수 있을까? 이는 항상 개인적
판단에 의해 좌우된다. 간단한 정보는 인터넷에서도 얼마든지 얻을 수 있
다. 그러나 고급 정보를 얻으려면 현장 조사가 필요하다. 비용도 많이 들고
시간도 오래 잡아먹지만 꼭 필요한 일이다. 중요하지 않은 데이터에 회사
의 역량을 낭비해서도 안 된다. 어떤 항목이 필요한지 정확히 파악하는 작
업은 말처럼 쉽지만은 않지만, 탐색 단계인 '무엇이 보이는가' 과정의 핵심
목표는 개별 아이디어 하나하나마다 각각의 사업타당성을 도출하고 평가
하는 것이 아니라 새로운 아이디어를 도출할 준비를 하는 것이다.

이 조사 단계에서 디자이너들은 그간 모아둔 풍부한 자료를 이해하고 그 안에서 패턴을 찾기 위한 여러 가지 도구를 제시한다. 그중 하나의 접근법이 **마인드매핑**Mind Mapping(도구-4)*이다. 마인드매핑을 이용하면 지금까지 모아둔 방대한 양의 정보를 조직화해서 우리가 달성하고자 하는 혁신의 질적 수준에 해당하는 핵심 데이터를 뽑아낼 수 있다. 그렇게 해서 만들어진 디자인 기준Design Criteria은 다음 단계에서 아이디어를 생성할 때 활용하게 된다.

What if? '무엇이 떠오르는가'
가능성을 추구하기

데이터를 분류하고 자료들의 패턴을 정의하다 보면, 머릿속에 그에 관한 아이디어가 자연스럽게 떠오르기 시작한다. 새로운 가능성과 트렌드, 불확실성에 관해 고민하기 시작했다는 의미이며, 굳이 시도하지 않아도 우리가 목표로 하는 미래의 모습을 가설로 만들어볼 수 있게 되었다는 의미이다. 그렇다면 자료 기반의 탐구조사를 진행했던 '무엇이 보이는가'에서 창의력에 더 초점을 맞춘 '무엇이 떠오르는가'라는 질문으로 넘어갈 시간이 된 것이다. 제3부(SECTION 3)에서 이 과정을 직접 해볼 예정이다.

이 단계부터는 미래에 관한 상상력을 발동시켜야 한다. "내가 그 수정 구슬을 어디에 두었더라?"라는 질문을 던지고 싶어질 것이다. 미래는 과

---

* 국내 독자들에게 친숙한 토니 부잔Tony Busan이 개발한 마인드 맵Mind Map과는 전혀 다른 도구임을 미리 알아두기 바란다.

연 과거의 일반적인 흐름과 다른 방향으로 전개될지(역사학자인 리차드 뉴스테트^{Richard Neustadt}와 에른스트 메이^{Ernest May}의 어록에서 인용했다.), 탐색 단계에서 찾아낸 단서들을 새로운 가능성으로 만들어내려면 어떻게 해야 하는지 궁금해지기 시작한다.[10] 디자이너들은 이 단계를 '아이디어 발상^{ideation}'이라고 부른다.

정말 창조적인 아이디어를 생성하려면 가능성에서부터 시작해야 한다. 전통적인 비즈니스 접근법에서는 '실용적인' 방안을 얻기 위해 때때로 제약조건부터 검토하기 시작하지만 이러한 접근법은 돌파구를 찾기 위한 사고 과정에서는 치명적이다. 더 나은 제품이나 서비스를 만들어내는 데 있어 제약조건들을 모두 지켜야 한다면, 내일의 디자인은 오늘과 비교해 거의 달라 보이지 않을 것이 분명하다. 새로운 가능성의 조합을 찾아내려면 몇 가지 핵심적인 제약을 무시할 수 있어야 하며, 그래야 비로소 진정한 창조성이 모습을 드러내기 시작할 것이다. 제약조건들을 돌파하는 방법은 진행과정에서 알아낼 수 있다. 이 과정에는 엄청난 추진력이 필요하다. 이 힘은 더 좋은 가능성이 무엇인지 토론하는 과정에서 생성되며 한계를 극복하는 힘든 작업에 활기를 불어넣어 줄 것이다. 우리가 수많은 비즈니스 혁신 과정에 참여하는 동안에도 탁월한 창조의 산물들은 새로운 미래의 모습을 완성해가는 과정 속에서 생겨났다. 미래에 관한 최종 결과물에서 얻어진 것이 아니었다. 시인 에릭 호퍼^{Eric Hoffer}가 설파했듯이 "마음대로 해도 좋다."는 말보다 창의성에 대한 보상으로 더 좋은 것은 없다.

'무엇이 보이는가'에서는 고객의 문제와 심리적 토대, 그들을 억누르는 제약조건 등을 파악하는 방법에 관해 살펴보았다. '무엇이 떠오르는가'에서는 이 정보를 이용해서 새로운 가능성에 관한 가설을 만들어볼 것이다.

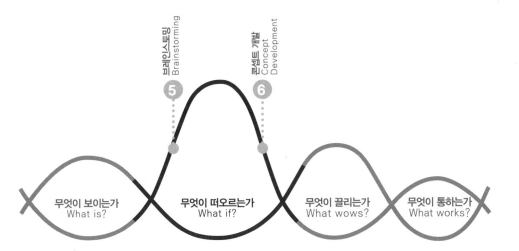

화이자 실행팀은 고객에게 다가갈 새로운 접근법에 관한 가설을 세웠다. 흰 가운을 입은 의사들이 흡연자들을 치료하는 방식 대신 트레이닝복을 입은 건강 코치가 다양한 운동법을 가르쳐주는 방식을 도입하면 어떨까? 화이자는 니코레트를 단순한 금연 프로그램이 아니라 생활방식을 포함하는 프로그램이 되도록 할 필요가 있다는 사실을 깨달았다. 하지만 헬스클럽이나 병원 같은 오프라인 시설에 직접 투자하는 방안은 원치 않았다. 결국 실행팀이 찾아낸 것은 상황에 맞는 알림 메시지를 휴대폰으로 보내주는 행동 교정 프로그램을 개발한 북유럽의 작은 회사였다.

아이디어 발상을 진행할 때는 비교적 친숙한 도구인 **브레인스토밍**Brain-storming(도구-5)이 등장한다. 하지만 우리는 흔히 사용되는 자유로운 형태보다는 좀 더 구조화된 방식을 설명할 것이다. 브레인스토밍에 내재된 함정을 극복하기 위해서이다. 브레인스토밍이 불만족스러워지는 까닭은 도출한 결과를 가치 있는 무언가로 변환할 공식적인 과정이 없기 때문이다. 그런 의미에서 소개할 또 다른 디자인씽킹 도구가 **콘셉트 개발**Concept Development(도구-6)이다. 콘셉트 개발을 이용하면 브레인스토밍의 결과물을 논리 정연하게 큰 묶음으로 조직화할 수 있고, 호응도가 높은 묶음을 하나의 강력한 콘셉트로 구축할 수 있다. 이전 단계인 '무엇이 보이는가'에서 데이터를 활용해 단서를 뽑았다면, 이 단계에서는 그 단서에서 아이디어를 도출하고 콘셉트까지 뽑아내는 것이다. 아이디어를 도출하는 데는 포스트잇 메모지만 있으면 충분하다. 하지만 콘셉트를 개발하는 과정까지 진행하려면 포스터 크기의 종이 또한 필요하다.

DESIGN THINKER:
다이앤 타이

다이앤 타이Diane Ty는 아메리칸 익스프레스American Express의 마케팅 부서와 신상품 개발 부서에서 10년간 근무했다. 대학에서 정치 공학을 전공하고 와튼 스쿨에서 MBA 학위를 받은 그녀는 AARP에서 일하기 전까지는 공식적으로 디자인 접근법을 체험한 적이 없다. 그녀는 AARP에서 20대가 퇴직에 관해 생각하도록 돕는 과업에 도전했고, 그렇게 하기 위해 디자인씽킹 도구들을 이용했다.

다이앤은 고민하지도 않을 많은 아이디어를 생각해내야 하는 브레인스토밍의 덫에 걸리고 싶지 않았다. 그리고 디자인씽킹의 본래 가치는 고객을 위한 콘셉트를 찾아서 잘 다듬어 타당하게 만드는 명확한 단계를 거치는 과정에 있다고 생각했다.

> 제 업무방식은 항상 고객에게 집중하자는 것이었어요. 동료를 여럿 데려와서 서로 다른 아이디어를 쏟아놓는 전형적인 아이디어 도출 방식은 이전에도 몇 번 해본 적이 있습니다. 하지만 어느 것이 실현 가능하고 실행할 수 있는지 실제로 확인하는 시점이 되면 항상 실망하곤 했지요. 디자인씽킹은 정말 흥미로운 접근법이에요. 일반적인 아이디어 도출 과정과는 다르니까요.

　지금까지는 수익성 있는 성장으로 인도해줄 고객을 위해서, 가치 창조를 이룰 새로운 가능성에 관한 몇 가지 가설을 (콘셉트의 형태로) 개발했다. 이제부터는 우리가 발굴해낸 콘셉트들을 체계적으로 살펴 우선순위를 매겨보고, 무엇이 고객을 열광하게 할지 알아보는 방법에 대해 고민해보자.

What wows? '무엇이 끌리는가'
가장 매력적인 지점 찾기

　이전 단계를 모두 잘 진행했다면, 보다 나은 미래를 실현시켜줄 새로운 콘셉트를 많이 얻었을 것이다. 우리가 최근에 협업했던 한 회사는 흥미로운 아이디어를 300개 이상 도출했고 이를 23개의 콘셉트로 줄였다. 그중 최종적으로 '무엇이 통하는가' 단계의 시장 환경 내 검증 작업까지 도달한 것은 단 다섯 개뿐이었다.

　우선순위를 정하는 작업은 필수적이다. 그리고 그 과정에서 몇 가지 의사결정 또한 필요하다. 이 책의 제4부(SECTION 4)에서는 '무엇이 떠오르는가'의 가설 생성 프로세스를 통해 도출한 콘셉트들을 관리 가능한 숫자가 될 때까지 추려내는, 즉 '무엇이 끌리는가'의 전략적 접근 방식을 직접 체험해볼 것이다. 이는 고객들로부터 '감탄wow'을 자아내게 할 만한 잠재적 요소들이 어디에 있는지 찾아보는 과정이다. 다시 말해 고객 가치의 상승 가능성과 수익 잠재성이 서로 교차하는 지점을 정확히 찾아가는 것이다. 우리는 이 지점을 '감탄 구역wow zone'이라고 정의한다.

　이를 찾기 위해서는 우리가 가진 유일한 자료, 즉 현재에 관한 데이터를 평가하는 몇 가지 방법을 필히 갖추어야 한다. 다시 한 번 강조하지만, 아이디어의 가치를 '입증하려는' 것이 아니다. 그저 몇 가지 생각을 실제 비즈니스에 대입했을 때 어떻게 보일 것인지를 가늠하기 위한 실험을 준비하는 것이다. 때로는 새로운 콘셉트의 장기적 잠재성을 가늠하기 어려울 수 있다. 그러므로 실행하기 쉬운 콘셉트만을 선호하고 이상적인 것을 폐기하지 않도록 신중을 기하기 바란다.

좋은 소식이라면 적절히 사용할 만한 접근법을 여기서 소개하고 있다는 사실이다. 이는 비즈니스씽킹에서는 거의 사용되고 있지 않지만 투자수익률이나 투자자금 회수기간 등과 같이 논란이 많은 계량적 방법들보다는 훨씬 더 유용한 접근법이다. 또한 오랫동안 좋은 평가를 받아온 과학적 기법이기도 하다. 과학적 기법은 '창조적 사고'와 '분석적 사고' 두 가지 모두에 사용된다. 이는 가능성을 찾는 과정에서 상상력을 발휘하고자 할 때와 어떤 아이디어가 계속 고려할 만한 가치가 있는지 주도면밀하게 판단할 때 더욱 유용한 도구가 될 수 있다. 브레인스토밍과는 달리 처음부터 분석적 사고방식에서 벗어나라고 요구하지도 않는다. 좌뇌와 우뇌를 모두 사용하게 하며 불확실성이 존재하는 여러 상황을 해결할 수 있는 맞춤형 기법이기도 하다. 이 모든 장점은 지금까지 도출한 새로운 콘셉트들을 가설로 간주하고, 이를 검증하는 과정에서 얻을 수 있다.

이 기법은 방금 전에 이야기한 '무엇이 떠오르는가'의 질문을 통해 생성한 가설들에서 시작한다. 가설에 담긴 새로운 가능성들을 (좋은 아이디어가 될 가능성이 있는 것들을 최대한 심사숙고해서) 뽑아낸 후 "그 가설이 좋은 비즈니스로 발전하려면 어떤 조건이 필요한가?"라는 질문을 통해 검증한다. 조금 다른 표현으로 하자면 "내가 만든 콘셉트가 정말 좋은 콘셉트가 되려면

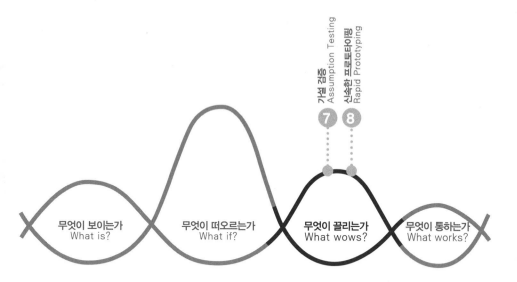

무엇이 필요한가?" 정도가 될 수 있겠다. 각 가설마다 그 가설을 구성하고 있는 가정들을 하나씩 파헤쳐서 검증하는 방식이라 할 수 있다. 이 일련의 첫 검증 과정을 '통과'한 가설들은 시장 환경에서 실험으로 이어질 좋은 후보다. 그런 관점에서 **가설 검증**Assumption Testing(도구-7)은 디자이너의, 그리고 관리자의 화살통 속에 들어있는 가장 강력한 화살이라 할 수 있다. 여기에서의 목표는 '진실'을 밝혀내는 것이 아니다. 그보다는 불확실성이라는 조건 하에서 더 나은 의사결정을 하기 위함이라고 할 수 있다.

모든 디자인씽킹은 결국 가설이 중심이 된다. 하지만 디자인 세계에서 가설이 해결되는 과정은 프로세스로 설명하기 곤란한 점이 있다. 디자인은 잠정적으로 해결책을 정해놓고 시작해서 실험을 통해 점차 구체적으로 개선된 형태를 갖춰가는 작업이다. 건축가가 자신의 작품을 더욱 발전된 형태로 수차례 그리면서 완성해가는 과정을 생각해보자. 스케치에서 시작해 판지를 이용한 모형 만들기나 나무 모형 만들기, 컴퓨터그래픽을 이용한 3D 모델 제작에 이르기까지 이 모든 것은 실제 건설현장에서 첫 삽도

뜨기 전에 이루어지는 과정이다.

데이터를 이용해서 최대한 주의 깊게 가설을 검증했다면, 이제 현실적인 문제로 넘어갈 차례다. 다시 말해 새로운 콘셉트에 관한 실시간 자료를 수집하게 해줄 '시장 환경에서의 실험'으로 넘어갈 시간이 된 것이다. 그렇게 하려면 심사 과정을 통과한 콘셉트들을 실행 가능한 형태로, 즉 시제품의 형태로 변환할 필요가 있다. 새로운 비즈니스 아이디어를 **신속하게 프로토타입으로 만드는 것**Rapid Prototyping(도구-8)이 바로 그것이다. 하지만 이는 매우 힘든 일처럼 보인다. 심지어 단어 자체도 만만치 않아 보인다. 그러나 포커스를 '무엇이 떠오르는가' 단계에서 도출한 콘셉트를 심사 과정에서 골라내어 고객과 파트너 같은 주요 이해당사자들과 의견 교환이 충분히 가능할 정도의 형태로 만드는 것에 둔다면 보다 명쾌해진다. 이 과정의 목표는 콘셉트에 내재된 의미들을 시각적으로, 때로는 경험에 기반을 둔 이미지로 창조하는 것이다. 이렇게 하면 콘셉트를 구체화하고 형태를 부여하며 차별점을 명확히 하는 등 더 발전시켜야 할 부분에 관한 유의미한 대화와 피드백을 이끌어낼 수 있다.

프로토타입은 튼튼하고 빠르게 제작되어야 한다. 이때 디자이너들은 이해당사자들과 의견을 나누기에 충분할 정도면 된다는 의미의 '덜 충실한Low-Fidelity' 시제품을 만든다. 가설에 따라 구성한 제품을 '검증하기'보다 '학습하기' 위해 제작하는 것이다. 그렇게 하면 실수를 더 빨리 하게 되고 이를 통해 향상되어야 할 영역이 무엇인지, 효과적으로 작용하는 것이 무엇인지 쉽게 합의할 수 있다. 즉 프로토타이핑 과정을 꼼꼼하게 진행하면 잠재적인 문제점을 확인해서 수정할 수 있고 현실에 더욱 자연스럽게 도입할 수 있게 된다.

프랭크 로이드 라이트Frank Lloyd Wright가 언급했듯이, 설계도면을 지우개로 지우는 것이 건물을 쇠공으로 때려 부수는 것보다 쉽다. 따라서 어떤 형태의 시제품을 만들든 해당 모형이 정상적으로 실행되고 고객이 경험할 수 있는 구체적인 조건을 넣는 것에 초점을 두어야 한다. 해당 제품이나 서비스와 관련된 모든 사람들이 충분히 공감하고 현실로 받아들일 만한 이야기를 만들어내는 것이 목표임을 꼭 기억하자.

화이자 실행팀은 북유럽 회사가 개발한 행동 교정 프로그램을 금연 프로그램에 맞게 변형시켜 새로운 프로토타입으로 제작했다. 이 프로그램에는 '고객과의 쌍방향 의사소통'과 같은 비즈니스 모델의 필수요소와 '가족 단위 지원 서비스'와 같은 사회적 관계 요소도 포함되어 있었다. 그리고 이런 요소들은 스크린 샷 이미지와 스토리보드 등의 형태로 프로토타이핑 과정에 반영되었다. 실행팀은 고객들을 이 시제품이 전시된 곳으로 초대하여 이에 관한 반응을 지켜볼 계획이었다.

What works? '무엇이 통하는가'
현실을 직시할 시간

드디어 현실에 발을 들여놓을 준비가 끝났다! 제일 먼저 해야 할 일은 일부 고객에게 '덜 충실한' 시제품을 이용하도록 하고 어떤 반응을 보이는지 관찰하는 것이다. 또한 어떤 고객군이 이를 위해 지갑을 여는지 알아보는 것이다. 이 작업을 성공적으로 마치게 되면 아이디어를 매우 '충실한' 시제품으로 구축할 수 있게 된다. 바로 이것이 제5부(SECTION 5)에서 우

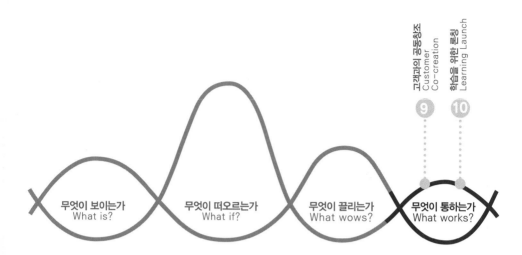

무엇이 보이는가
What is?

무엇이 떠오르는가
What if?

무엇이 끌리는가
What wows?

무엇이 통하는가
What works?

고객과의 공동창조
Customer
Co-creation

학습을 위한 론칭
Learning Launch

⑨　⑩

리가 집중적으로 다룰 부분이다.

　무엇이 효과적인가를 판단할 때 가장 강력한 접근법은 고객을 실제 상황에 직접 참여시켜 해당 제품 및 서비스에 관한 의견을 나누는 것이다. 여기서 사용할 도구는 **고객과의 공동창조**Customer Co-creation(도구-9)이다. 성장을 위한 새로운 계획을 실행할 때 고객을 참여시키는 것보다 리스크를 효과적으로 줄여주는 방법은 없다.

　프로토타입을 충분히 향상시켰다면, 이제 시장으로 나갈 준비가 된 것이다. 시장에서 사용할 도구로 **학습을 위한 론칭**Learning Launch(도구-10)을 소개한다. 이는 지금까지 개발한 콘셉트를 시장 환경에 진입시킬 때 사용하는 도구다. 제품이나 서비스의 론칭을 준비하는 동안 우리는 부적절한 데이터가 명확히 드러나기를 바란다. 이는 가설이 틀렸음을 입증하는 정보이자 찾아내야 할 가장 가치 있는 정보이며 빼먹기 쉬운 정보이기 때문이다. 이를 감지하는 능력을 강화하려면 부적절한 데이터에는 어떤 것들이 있는지 미리 정의해둘 필요가 있다.

학습을 위한 론칭 과정에서 관심을 두어야 할 또 하나의 중요한 과업이 있다. 바로 시장 환경에 진입하는 과정을 설계하는 일이다. 출시할 새로운 제품의 테스트에 고객들이 참여하도록 설득하려면 어떻게 해야 할까? 고객들이 사용하지 않는다면 지금까지 진행해온 모든 과정이 한낱 물거품으로 끝날 수 있으므로 고객이 새 제품을 인지하고 사용해볼 수 있도록 주의를 기울일 필요가 있다.

론칭 과정을 진행하는 동안 몇 가지 원칙을 기억해두자. '신속한 피드백', '최소한의 테스트 비용', '초기 단계에서의 실패를 통한 완전한 성공' 등이다.

핵심적인 선택사항이나 가설은 가장 먼저 검증하자. 이때 중요한 것은 시제품에서 발견된 문제점에 대해 이런저런 변명을 하기보다 고객들이 해당 제품이나 서비스를 최대한 이용하고 즐길 수 있게 해주는 일이다.

화이자 실행팀은 세 가지 방식으로 시장진입을 검증했다. 제품을 소매점 선반에 올려놓는 방법, 직원이나 보험 상담사와 같은 중개인을 통해 판매하는 방법, 그리고 인터넷에서 직접 판매하는 방법. 놀라운 점은 소매점 선반에 진열했던 제품은 그냥 그대로였다는 것이다. 중개인을 통한 판매는 고객을 만나기까지 너무 오래 걸렸다. 세 번째 방식이었던 인터넷 판매는 이전까지 화이자가 전혀 시도해본 적이 없던 경로였다. 그럼에도 학습을 위한 론칭에서 최고의 실적을 거두었다.

지금까지 디자인 프로젝트를 도와줄 열 가지 도구에 관해 개략적으로 살펴보았다. 더 세부적으로 들어가기 전에 성공적인 디자인씽킹 전문가가 되기 위해 필요한 도구상자 하나를 더 소개하고자 한다.

프로젝트 관리를 위한 보조 도구

디자인씽킹의 힘을 성공적으로 활용하려면, 앞서 말한 디자인씽킹을 위한 열 가지 도구를 시도하는 것 외에 더 많은 것이 필요하다. 그중 하나가 디자인 프로젝트를 직접 관리해야 한다는 것이다. 말처럼 그리 쉬운 일은 아니다. 프로젝트 담당자들은 엄청난 양의 자료를 모으고, 애매모호하고 불확실한 사안을 다루며, 회사 내부와 외부에서 새로운 파트너들과 협업해야 한다. 마감시한과 자원의 제약이라는 압박을 받으면서 말이다. 게다가 새로운 도구들과 새로운 유형의 자료들 때문에 우리가 타고 있는 기차는 선로를 쉽게 이탈할 여지마저 있다.

그런 의미에서 이런 상황이 절대로 벌어지지 않게 해줄 '프로젝트 관리를 위한 보조도구^{Project Management Aids, PMAs}' 네 가지를 더 소개한다. (더욱 상세한 설명과 디자인 관련 서식이 궁금하다면 부록을 참고하기 바란다.) 이 보조도구는 디자인을 위한 도구가 아니다. 자료를 생성하거나 검증하기 위한 것들이 아니란 뜻이다. 그보다는 디자인씽킹 프로세스를 조직 내에 이미 확립되어 있는 프로젝트 관리 구조와 연계할 수 있게 해주는 '의사소통 표준양식'에 가깝다. 이 네 가지 보조도구는 디자인씽킹 프로세스의 각 단계에서 얻은 학습 내용을 체계적으로 정리하고, 의사결정 사항을 문서화하며, 다음 단계로 넘어갈 때마다 도출해낸 결과물을 성공적인 디자인 프로젝트로 통합해주어 해당 프로젝트가 제대로 진행되는지 관리할 수 있도록 해준다. 다음 표는 프로젝트 관리를 위한 보조도구의 목적과 각 도구 간의 연결 관계를 보여준다.

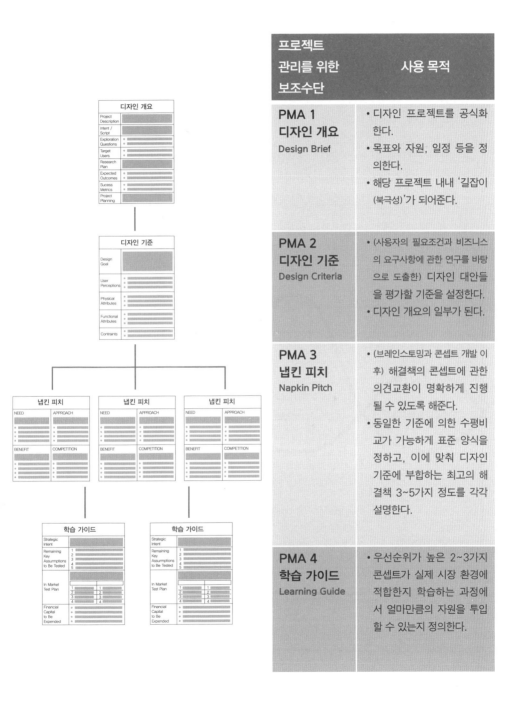

프로젝트 관리를 위한 보조수단	사용 목적
PMA 1 **디자인 개요** Design Brief	• 디자인 프로젝트를 공식화한다. • 목표와 자원, 일정 등을 정의한다. • 해당 프로젝트 내내 '길잡이(북극성)'가 되어준다.
PMA 2 **디자인 기준** Design Criteria	• (사용자의 필요조건과 비즈니스의 요구사항에 관한 연구를 바탕으로 도출한) 디자인 대안들을 평가할 기준을 설정한다. • 디자인 개요의 일부가 된다.
PMA 3 **냅킨 피치** Napkin Pitch	• (브레인스토밍과 콘셉트 개발 이후) 해결책의 콘셉트에 관한 의견교환이 명확하게 진행될 수 있도록 해준다. • 동일한 기준에 의한 수평비교가 가능하게 표준 양식을 정하고, 이에 맞춰 디자인 기준에 부합하는 최고의 해결책 3~5가지 정도를 각각 설명한다.
PMA 4 **학습 가이드** Learning Guide	• 우선순위가 높은 2~3가지 콘셉트가 실제 시장 환경에 적합한지 학습하는 과정에서 얼마만큼의 자원을 투입할 수 있는지 정의한다.

아래의 디자인씽킹 모형의 맨 아랫부분은 프로젝트 진행 과정에 각 보조도구가 사용되기 적합한 지점을 보여준다.

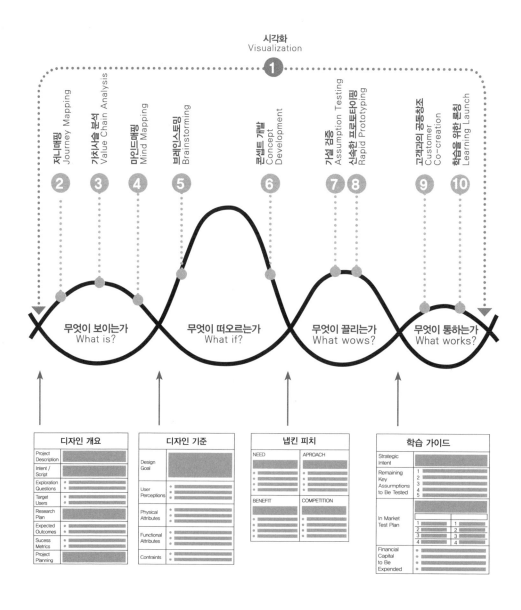

이것이 바로 디자인씽킹 프로세스다. 네 가지 질문과 열 가지 도구, 그리고 프로젝트 관리 보조도구까지, 필요한 것은 여기에 다 있다.

주의사항!

성장을 위한 탐색 과정에 디자인씽킹을 적용하려면 어느 정도의 인내심이 필요하다. 혁신에 관해 얼마나 호의적이든, 혹은 얼마나 흥미를 느끼든 회사 대부분은 P&G나 구글처럼 될 수 없다. 대개는 여전히 '완벽히 이해했다'고 할 수 없는 정도에 머물 것이다. 현재 자신이 속한 회사도 그런 회사일 가능성이 높다. 수익성 있는 새로운 성장의 기회를 찾으라는 요구를 받는 동안 아마 당신 앞에는 수많은 종류의 장애요인이 나타날 것이다. 그런 조직 내에서 디자인씽킹을 활용하여 프로젝트를 진행해나간다는 것은 매우 지루하고 힘든 일이다. 이런 어려움에 대한 도전은 이 책 마지막 장(SECTION 6)의 주제이기도 하다.

새로운 사업에 대한 혁신과 성장을 꾀하려는 관리자에게 디자인씽킹은 실제로 도움이 될 수 있다. 대박 성공을 가져다줄 수도 있다. 그러니 지금부터 설명할 활용법을 차근차근 배워보도록 하자.

What is?

SECTION 2:
무엇이 보이는가

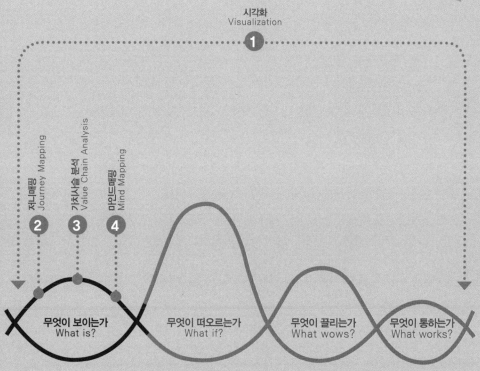

시각화
Visualization

1

저니매핑
Journey Mapping

가치사슬 분석
Value Chain Analysis

마인드매핑
Mind Mapping

2 3 4

무엇이 보이는가
What is?

무엇이 떠오르는가
What if?

무엇이 끌리는가
What wows?

무엇이 통하는가
What works?

AARP의 마케팅전략개발 상무이사 다이앤 타이는 관리자라면 누구나 부딪히는 문제에 직면해 있었다. AARP는 50세 이상 미국인의 삶을 지원해주는 사업 분야에 주력하는 비영리법인이다. 그녀의 문제는 현재 고객에게 서비스를 제공하는 동시에 미래 고객이 될 다음 세대와의 관계를 어떻게 쌓아나갈 것인지에 관한 것이었다. 여기서의 고충은 AARP라는 이름 자체가 '은퇴'라는 단어와 동의어나 마찬가지여서 50세 이하의 미국인에게는 거리감이 느껴진다는 것이다.

퇴직 교사들이 의료보험 자격을 얻을 수 있도록 도와주고 싶었던 한 전직 고등학교 교장에 의해 1947년 창립된 AARP는 현재 회원 수가 4천만 명이 넘는 거대한 조직으로 성장했다. 20세기 후반의 급격한 사회적 변화에도 불구하고 AARP는 창립 당시의 원칙을 유지해왔다. 바로 장년층의 경제적 독립과 자존감, 그리고 전반적인 삶의 질을 향상하는 것! 미래를 준비하는 다른 조직과 마찬가지로 AARP 또한 현 세대와 많이 다른 새로운 세대에게 어떻게 하면 자신의 조직을 제대로 포지셔닝할 수 있을까 하는 점이 주요 관심사였다.

이런 상황에서 소비재 제품과 사회적 기업 두 분야에서 경험을 쌓은 와튼 MBA 출신의 다이앤 타이가 이 조직에 합류했다. '준비 프로젝트^Project Prepare'라고 이름 붙인 그녀의 임무는 다음과 같은 문제를 탐구하는 것이다. '50세 이상 고객들과 강력한 유대관계를 만들어온 AARP의 브랜드가 젊은 세대에게도 적절한 가치와 의미를 부여할 수 있을까?'

다이앤과 그녀의 팀(이하 다이앤 팀)은 소위 X세대와 Y세대로 불리는 젊은이들이 인터넷을 통해 서비스를 받고 싶어 할 것이라는 가설에서부터 시작했다. 그러나 어떤 서비스에 초점을 맞춰야 할지에 대해서는 생각해보지 못한 상태였다. AARP가 이들 세대에게는 서비스를 제공해본 적이 없기 때문에 이에 관한 자체조사 역시 거의 진행된 적이 없었다. 그래서 다이앤 팀은 2차 조사 자료를 가지고 탐구를 시작했다. 이때 학습한 내용은 그들의 정신을 번쩍 들게 했다.

> "우리는 젊은이들이 처한 절망적인 상태를 보았습니다. 이들이 대학을 졸업할 때 마주하는 현실은 평균 4천 달러 이상의 신용카드 빚과 2만 달러가 넘는 학자금 대출, 그리고 임금 상승률이 거의 제로인 노동환경이었어요. 이들 중 대다수는 실직 상태가 되거나 자신의 능력 이하의 일을 하게 됩니다. 의료보험에 가입할 수 없는 사람도 많았습니다. 확정급여형 퇴직연금은 소액 확정기여형 연금으로 대체되는 추세였고 근로자들의 절반 정도만이 확정급여형 연금을 받을 수 있었어요.* 확정급여형 연금을 받을 수 있는 자격을 갖췄다 해도 근로자 부담액만큼 회사가 비용을 부담하지 않는 경우도 빈번했고, 투자할 방법을 전혀 모르는 사람도 아주 많았죠. 이들은 미래를 쉽게 예측하지 못했어요. 사회보장제도에도 의문을 표했지요. 한 마디로 매우 극심한 혼돈 상태였습니다."

다이앤 팀은 추가 조사를 통해 젊은 세대에 만연해 있는 이 경제적 불안정성이 AARP의 현재 회원들에게까지 심각한 영향을 미치고 있다는 사

---

* 확정급여형 연금은 회사가 일정 급여에 해당하는 비율의 금액을 미리 금융권에 예치했다가 근로자가 퇴직할 때 일시불 또는 연금 형태로 주는 방식이다. 확정기여형(또는 각출형) 연금은 근로자의 급여 중 일부를 회사가 주지 않고 보관해뒀다가 퇴직 시에 주는 방식이다. 일반적으로 확정기여형 연금은 연 단위 계약직에서 주로 나타나며 확정급여형보다 돈도 적게 받고 근로자에게 훨씬 불리하다.

실을 알게 되었다.

"우리는 우리가 알아낸 것들에 대해 경악했어요. 우리 회원 중 70%가 다 큰 자녀들을 어떤 식으로든 재정적으로 지원하고 있었거든요. 은퇴 이후의 삶을 대비해 충분한 돈을 저축하지도 못한 상태였어요. 다시 말해 그들은 자신의 은퇴 후 계획을 수립하는 데 어려움을 겪고 있었고 나이 든 부모를 부양해야 한다는 부담을 갖고 있는 데다가 성인이 된 자녀들 까지 지원해주어야 하는 삼중고에 처해 있었지요."

다이앤은 젊은 세대의 경제적 안정성을 위해 AARP가 무슨 일을 할 수 있 을지 생각해보았다. 그러고는 이렇게 말했다.

"그들이 회원제 서비스 혜택을 원할까요? 의료보험을 원할까요? 그게 무엇이든 우리는 열려 있어요."

다이앤은 이런 불확실한 상황을 헤쳐 나가려면 X세대와 Y세대에 관한 보다 깊이 있는 이해가 필요하다고 생각했다.

"그들의 희망과 꿈, 포부와 도전, 그리고 걱정거리까지도 알아야 하겠죠?"

다이앤 팀이 먼저 시작한 일은 18세에서 49세 사이에서 30명을 선발한 후 꾸준히 일지를 작성하고 사진을 찍어달라고 요청한 것이다. 그러고는 그 사람들의 집안 환경을 사진과 비디오 영상으로 촬영하고 그들의 꿈과 도전, 두려움 등에 관해 심층 면접조사를 진행했다. 이 조사를 통해 다이 앤 팀은 50세 이하 사람들을 다음과 같은 세 개의 그룹으로 명확히 구분했 다. 18세에서 24세 사이의 '행복 추구Find your Bliss' 그룹, 25세에서 34세 사 이의 '현실에 고통 받는Reality Hurts' 그룹, 34세에서 49세 사이의 '현상 유지

Maintenance Mode' 그룹.

하나의 가치만을 제시해서는 세 그룹 모두에게 관심을 끌기 어려울 것이다. 그래서 다이앤 팀은 '현실에 고통 받는' 그룹을 초기 목표 대상으로 정하고 조금 더 가까이 다가가기로 했다.

"제게는 흥미로운 집단이었어요. 그들은 부모에게 전적으로 의존했던 상황을 탈피하고 학교라는 인위적인 환경에서 벗어나 현실 세계로 뛰쳐나오려는 참이었죠. 25세에서 34세까지의 10년은 인생에서 가장 중요한 사건들이 발생하는 시기이기도 합니다. 그리고 각각의 사건은 금전적 결정을 해야 하는 가능성이 높지요. 예를 들면 회사에 들어가거나 결혼을 하거나 집을 사거나 아이를 낳거나 이직을 하거나…. 한 마디로 큰 이벤트로 점철된 집단이에요."

이 연령대의 집단에서도 몇 개의 세분화 집단이 존재했다. 어느 정도 재정적으로 자립하여 은퇴 계획 등을 세워놓은 '성취자Achievers' 그룹과 채무 상태에서 벗어나는 데 집중하느라 미래를 준비할 엄두도 내지 못하는 '짓눌려 있는Overwhelmed' 그룹 등이 그러하다.

다이앤 팀은 50세 이하에게 필요하다고 여겼던 사항들과 관련 있는 기존 자료들을 훑어보면서 AARP가 어떻게 대응할 수 있을지, 즉 AARP의 역량과 자산을 어떻게 활용할 수 있을지를 명확히 규명하고자 했다. 물론 여기에는 재정 전문가들로 구성된 폭 넓은 인적 네트워크도 포함될 것이다. AARP의 사회적 명망과 비영리적 지위 덕분에 서비스를 기부하고 싶어 할 사람들도 분명 있을 것이라 본 것이다.

또한 AARP는 또 다른 전략적 목표도 가지고 있었다. 먼저 해당 연령대의 집단에게 편견 없고 신뢰할 수 있는 조언을 제공한다는 이미지를 정립하기로 했다. 무언가를 '팔아보려는' 모양새를 피하는 것이 중요하다는 사실을 다이앤 팀은 깨달았다. 게다가 AARP는 이미 시장에 존재하는 서비스와 겹치거나 서로 경쟁하는 상황은 원치 않았다. 결국 AARP는 이미 괜찮은 재정 상태에 있는 사람들보다는 그들의 도움이 가장 필요한 사람들에게 중점을 두기로 했다.

이 AARP의 '준비 프로젝트' 첫 단계는 잘 짜인 '무엇이 보이는가' 단계가 어떤 프로세스인지 알 수 있게 해준다. 다이앤 팀은 해당 프로젝트의 범위와 의도, 탐구해보고자 하는 문제, 그리고 탐구해보려는 표적 시장을 명확히 정의하기 위해 '디자인 개요'(프로젝트 관리 보조도구 1)에서부터 시작했다. 부록에서 디자인 개요를 잘 수립하기 위한 구성요소에 관해 조금 더 설명할 예정이다. 하지만 일단 지금은 '준비 프로젝트'에서의 최초 디자인 개요가 어떤 내용을 담고 있는지 확인해보자. (오른쪽 표 참조)

또한 다이앤 팀은 AARP의 사업 목표와 전략적 기회, 그리고 이 프로젝트를 통해 개선하고자 하는 대상 고객들의 고충 등에 꾸준히 집중했다. 사실 50세 미만인 사람들에 대한 사전 지식이 부족했던 것이 프로젝트 첫 단계 진행에 긍정적으로 작용했다고 볼 수도 있다. 결과적으로 부족한 사전 지식을 채우기 위해 '적절한 해답' 대신 '적절한 질문'이 무엇인지 알아내려고 조사연구에 돌입한 셈이기 때문이다.

디자인 개요

AARP의 준비 프로젝트에서 디자인 개요는 다음과 같이 작성되었다고 생각해볼 수 있다.*

프로젝트 개요 Project Description	AARP는 성인 자녀들(Y세대와 X세대에 해당하는)의 재정적 독립성을 달성하고 미래를 '준비'하도록 도와줌으로써 그들의 핵심 고객(50세 이상 미국인)에게 주는 가치를 향상할 수 있을 것이다.
의도/범위 Intent/Scope	최초 범위는 X세대와 Y세대의 필요사항을 더 잘 이해하는 것에 맞출 것이다. 그 다음으로 AARP는 사회에 긍정적인 영향을 미치고자 하는 프로젝트의 근본적 목표를 위해 대상 고객들의 필요에 부합하는 영리적 접근법과 비영리적인 접근법 두 가지를 탐구할 것이다. AARP에게 기회로 작용할 수 있는 요소들은 의료보험 가입의 어려움과 학자금 대출에 대한 부담, 은퇴 계획, 신용등급 상승, 신용카드 사용습관의 개선 등이다.
탐구 과제 Exploration Questions	이 프로젝트에서는 다음의 전략적인 핵심 질문들에 대해 탐구할 것이다. 1. 가장 심각한 애로사항을 가진 인구통계적/심리통계적 집단은 어떤 집단인가? 그 애로사항은 무엇인가? 2. AARP는 50세 이상 미국인에게 더 나은 삶을 제공한다는 원래의 목표를 강화하는 방식으로 X세대와 Y세대에게 서비스를 제공할 수 있을까? 3. AARP는 이를 범용 서비스로 누구에게나 제공해야 하는가? 아니면 회원들의 성인 자녀만을 대상으로 제공해야 하는가?
목표 고객 Target Users	프로젝트 시작 시점에서의 목표 고객은 X세대와 Y세대 전체를 포함한다. 에스노그라피 조사와 전략적 논의를 거쳐서 더 집중된 대상으로 조정한다.
조사연구 계획 Research Plan	X세대와 Y세대에서 조사연구 참가자를 선별하고 가장 적절한 대상 30명을 고른 뒤, 가정에서 인터뷰를 진행한다.
기대 결과물 Expected Outcomes	AARP의 '준비 프로젝트'는 다음의 세 가지를 가능케 할 강력한 기회를 발견할 것으로 기대한다. 1. X세대와 Y세대가 나이에 맞는 재원을 확보하고 자존감을 지닌 채 은퇴할 수 있다는 확신 제공 2. 50세에서 65세 사이 미국인들의 자녀에게 서비스를 제공함으로써 그들과 더욱 신뢰로 이어진 관계 구축 3. 미래의 회원 가입을 확신할 수 있을 만큼 젊은 세대의 미국인들과 AARP와의 새로운 관계 구축
성공 지표 Success Metrics	1. 목표 고객을 '공략할 것인지, 하지 않을 것인지'에 관한 납득할 만한 이유를 발견했는가? 2. AARP에게 매력적인 기회가 될 인구통계적/심리통계적 분류에 따른 세분화 집단 또는 잠재요구high potential needs를 발견했는가? 3. 이런 기회들을 검토하기 위해 필요한 디자인 기준이 알맞게 정의되었는가?
프로젝트 계획 Project Planning	세 명으로 구성된 팀이 10주 동안 '탐구과제' 구간을 풀타임으로 진행한다.

* 이 문서의 모든 설명과 수치와 일정은 우리의 추정치이며, AARP 내부에서 사용됐던 실제 디자인 개요를 반영한 것은 아니다.

다이앤 팀은 서비스를 제공하고자 했던 대상을 포함해 다양한 출처에서 많은 자료를 모았다. 표적 집단을 정의하기 위해 에스노그라피 접근법을 이용했고, 그들의 삶을 깊이 있게 파헤쳤다. 또한 자신들이 학습한 모든 것을 이해함으로써 불확실성과 문제점을 해결해나가려 했다. 그리고 이 과정에서 얻은 단서들로 다음 단계인 '아이디어 생성을 위한 디자인 기준'을 확립하고자 했다. 알고 있지 않은 것에 직면했을 때 이들이 보여준 인내심은 아이데오의 대표이사 팀 브라운Tim Brown의 말을 떠올리게 한다.

> "가장 큰 장벽은 시작하기 전에 미리 해답을 알아야 한다는 생각입니다. 이는 종종 프로젝트를 시작하기도 전에 우리가 가진 아이디어가 가치 있다고 증명하려는 욕구로 나타나지요. 아이디어의 사업화에 있어 반드시 성공해야 한다는 생각은 무언가에 관한 탐구를 시작하기도 전에 수많은 혁신 가능성을 죽이곤 합니다."

물론 AARP의 X세대 30명에 관한 심층 연구는 고객 조사연구의 시작에 불과했다. 소수의 잠재고객에 관한 이 깊이 있는 질적 조사연구는 이후에 이어질 더 넓은 범위의 사람을 대상으로 하는 조사의 근간을 확립했다.

디자인의 목표가 보다 나은 미래를 그려 보고 이를 실현하는 것이기 때문에 단번에 그 쪽으로, 예를 들면 '미래 전략' 등으로 건너고 싶은 유혹을 받을 수 있다. 바로 이런 이유로 디자인씽킹이 브레인스토밍에서 시작된다고 믿는 사람이 정말 많다. 심지어 일부는 브레인스토밍으로 디자인이 다 끝났다고 생각하기도 한다! 그러나 다이앤 타이의 이야기에서 보듯이 디자인씽킹 프로세스는 현재 시점의 현재 상태, 바로 그곳에서 시작된다. 혁신적인 아이디어들은 현실에 관한 통찰력으로부터 생성되는 것이다. 이런 통찰력이 없다면, 상상력은 메마를 수밖에 없다. 다이앤 팀이 앞서 진행한 조사연구와 같은 과정을 거치지 않고 브레인스토밍부터 시작했다면 AARP 직원들과 조직은 과연 어떤 아이디어를 도출해낼 수 있었을까? 단정적으로 말할 수는 없으나 그런 식으로 얻은 아이디어들 때문에 브레인스토밍이 직장인들 사이에서 오명을 얻게 되지는 않았을까?

'무엇이 보이는가' 단계에는 아주 많은 의미가 담겨있다. 틀을 구성하는 작업이 시작되는 곳이기도 하고, 디자인 프로젝트의 성패를 가장 많이 좌우하는 곳이기도 하다. 틀을 구성하는 작업은 건물의 토대를 닦는 작업이나 마찬가지다. 위에 쌓을 각 층의 우아한 장식 하나까지도 모두 이에 의존하므로, 잠시 멈춰 서서 "무엇이 보이는가?"라고 질문하자. 그러면 우리는 완전히 새로운 렌즈를 통해 문제를 바라볼 수 있다는 사실을 깨닫게 될 것이다. 예를 들어 고객이 원한다고 생각했던 것들이 실제로는 그다지 매력적이지 않다고 밝혀질 수 있다. 만약 그렇다면 프로젝트의 틀을 다시 짜야만 한다.

문제 또는 기회, 그리고 그 속에 담긴 본질에서 깊이 있는 단서를 찾아내는 시간을 가짐으로써, 디자인씽킹은 변화를 위해 참고해야 할 사항과 이에 관한 제약조건, 그리고 프로젝트의 성공여부를 판단할 수 있는 기준 등을 확립할 수 있도록 돕는다.

이 단계에서의 도구

'무엇이 보이는가' 단계는 '디자인 개요'를 작성하는 것에서 시작해 '디자인 기준'을 확립하는 것으로 끝난다. 이 두 가지 프로젝트 관리 보조도구, 즉 시작점과 종착점 사이에서 우리는 네 가지 디자인씽킹 도구, 즉 시각화와 저니매핑, 가치사슬 분석, 마인드매핑을 사용하게 된다.

각각의 도구에 관한 내용을 읽으면서 서로 간의 역학 관계에 대해 생각해보자. 이들을 성공적으로 함께 사용한다면, 존재했으나 숨겨져 있던 기회로 가는 길을 알게 될 것이다. 또한 다음 단계인 '무엇이 떠오르는가'에서 사용할 상상력의 근간을 탄탄하게 해둘 수 있을 것이다.

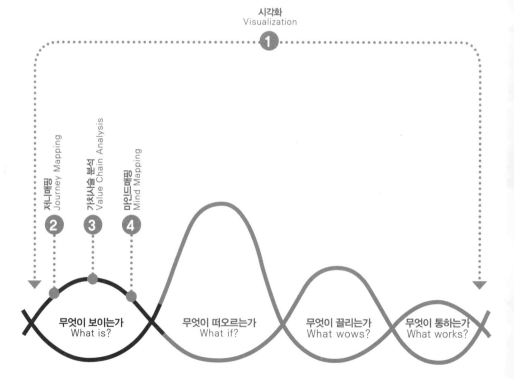

DESIGN PROJECT:
프로젝트 재구성 Reframing 의 중요성에 관한
'스위스컴'의 사례

스위스에서 가장 큰 무선통신 서비스 제공업체인 스위스컴 Swisscom 에서
브랜드 체험 관련 업무를 총괄하고 있는 크리스티나 테일러 Christina Taylor 는
프로젝트 구성에 관한 고민의 중요성에 대해 이렇게 말했다.

"

한 기술자 그룹에서 '무선 인터넷 접속 속도를 높이기 위해 스위스의 모든 가정에 라우터 Router (데이터 전달 장치)를 설치해야 하는가'를 논의한 적이 있어요. 여기서 논의됐던 라우터는 가장 빠른 속도와 넓은 대역을 보유한 네트워크 경로를 찾아내고 선택하는, 최신 기술과 인공지능이 탑재된 기기였죠. 이는 순전히 기술 중심적인 프로젝트였습니다. 우리 부서는 일단 인터넷을 사용하는 사람들에게 정말 필요한 게 무엇인지 살펴보기로 했어요. 그래서 고객들의 가정에 방문했습니다. 의사결정을 내려줄 관리자들과 함께요. 직접 고객들을 만나본 결과, 고객들은 새로운 라우터가 그다지 예쁘지 않고 꼭 원하는 제품이 아니라고 했어요. 라우터에서 뻗어나온 케이블 부분의 디자인은 특히 싫어했지요. 지금보다 보기 좋게 만들고 케이블 문제를 해결할 필요가 있었습니다. 전화 플러그가 거실에 있고 이 흉측한 회색 물건이 시커먼 케이블 세 가닥과 함께 거실 벽에 매달려 있으면 스위스 가정 특유의 느낌이 전혀 들지 않겠죠.

그렇다면 잘 꾸며진 거실에 이 흉측한 물건을 두게 하려면 어떻게 해야 할까? 우리는 프로젝트 자체를 재구성했습니다. 논의를 통해 사람들이 원하는 것은 라우터가 아니라 디지털 세상으로 들어가는 행위라는 데 동의했죠. 우리는 기계 상자를 파는 회사가 아니라 디지털 세상에 접속할 환경을 제공하는 회사니까 말입니다.

그런 다음, 우리는 아주 다른 시제품을 제작했습니다. 케이블 문제를 해결하고 주문 방식이나 설치법, 그리고 이에 관한 모든 사항을 포함한 고객의 전체 이동경로를 염두에 두고 디자인한 라우터 박스였죠.

프로젝트에 관한 재구성을 하지 않았다면 어떻게 됐을까요? 결론이 완전히 달라졌을 겁니다. 선만 없을 뿐 벽에 달린 또 다른 기계 상자가 되었을 거예요. "

CHAPTER 03: VISUALIZATION
시각화

시각화는 정보를 이미지로 변환하는 과정이다. 이때의 이미지는 눈으로 직접 보거나 마음의 눈으로 형상화해서 보는 두 가지 중 하나이다. 때로는 글자나 숫자, 또는 데이터의 일부를 (천 마디 말의 가치를 가진) 그림으로 대체해서 보여주는 작업이 된다. 드문드문 떠오른 아이디어를 그럴듯한 이야기로 조립하는 작업이 되기도 한다. 어떤 경우든 '시각화'는 고객의 시각적 묘사 또는 그에 관한 경험을 인간적이고 실제인 것처럼 만드는 마법을 부린다. 시각화의 과정은 종종 연필 몇 번만 끄적거렸을 뿐인데도 애매모호함을 사라지게 해준다. 아이디어를 실존하는 구체적인 형태로 만들어준다. 이는 두뇌의 다른 영역을 사용하는 다른 종류의 사고방식이라고 할 수 있다. 시각적 접근은 복잡하거나 세련될 필요가 없다. 그저 화이트보드에 그림을 그려보는 것만으로도 효과적인 연습이 될 수 있다.

사용할 시기: 시각화는 '모든 도구의 어머니'이다. 디자인씽킹 프로세스의 모든 단계에서 사용된다. '무엇이 보이는가' 단계에서는 고객과 그들의 이동경로를 이해하고 문서화하는 데 사용할 것이다. '무엇이 떠오르는가' 단계에서는 새로운 아이디어를 얻도록 도울 것이다. '무엇이 끌리는

가' 단계에서는 콘셉트를 실제 존재하는 형태로 만들기 위해 사용한다. '무엇이 통하는가' 단계에서는 고객들의 제품 검증과 개선 작업에 도움을 줄 것이다.

시각화가 프로젝트 리스크를 줄여주는 이유: 작업을 눈에 보이게 만들면 프로젝트의 위험성을 상당히 줄일 수 있다. 특히 시각화는 여러 분야에 걸쳐서 공동 작업을 하는 경우에 더욱 중요하다. 문자는 그림이나 이야기보

DESIGN THINKER:
디자이너, 안젤라 메이어 Angela Meyer

"

시각화는 디자인 프로세스 전체를 통틀어 정말 중요합니다. 예를 들어 탐구조사 활동을 하고 있는 동안에는 사진에 많이 의존하지요. 설문조사를 진행할 때나 고객을 이해하려 할 때, 고객을 지켜볼 때나 새롭게 세분화된 고객을 찾을 때도 마찬가지입니다. 사진 촬영은 우리가 세상을 이해하는 가장 다채로운 수단입니다. 사람 자체뿐만 아니라, 그들의 삶에 내재된 숨은 뜻도 파악할 수 있습니다.

패턴을 찾는 작업으로 넘어가서부터는 시각적으로 생각해야 합니다. 탐구조사 기간에 알아낸 것들을 받아들이고 이들을 서로 동기화하기 위해서지요. 그 동기화 자체가 시각화 과정입니다.

콘셉트 개발을 시작하면 시각화는 무엇보다도 중요한 핵심이 됩니다. 콘셉트라는 것은 문자 그대로 상상 속에서 튀어나오고, 우리의 뇌는 아직 세상에 존재하지 않는 무언가의 그림을 창조하고 있기 때문이죠. 머지않아 생겨날 무언가를 그릴 때 시각화 도구를 사용하게 되는데, 그 과정에서 우리가 종종 사용하는 방법은 '밑그림

그리기 Sketching'입니다. 화이트보드를 사용할 수도 있고, 그룹 단위로 토의할 때는 생각에 관해 스케치를 하거나 도식화할 수도 있습니다. 고객의 경험이 어떤 형태인지 확실히 이해가 필요한 시점에서는 사진을 사용하기도 합니다.

프로토타입 제작 단계로 넘어가서는 시각화를 사용하는 방법이 훨씬 더 구체적으로 이루어집니다. 어떻게 해야 고객의 경험이 이상적으로 작용하는가에 관한 지도를 아주 복잡한 도표로 그려야 하거든요. 그림과 이미지는 무엇을 하려는 것인지 사람들을 이해시켜줄 뿐만 아니라, 특정 아이디어의 가치와 개념의 효과성을 확신하게도 해줍니다.

시각화 기법에 관심 있는 사람에게 하고 싶은 조언은 그저 직접 시도해보라는 것뿐이에요. 처음에는 겁날 수 있지만, 습관을 들이고 나면 자리에서 일어나 (화이트보드에) 그리기 시작했을 때 회의실의 나머지 사람들이 어떤 반응을 보이는지 금방 파악할 수 있게 되지요.

"

다 다양하게 해석할 여지가 많기 때문에 상대적으로 리스크가 높다. 아이디어를 문자로 설명할 때, 듣는 사람들은 보통 자신의 방식대로 자신만의 이미지를 마음속에 그리게 된다. 이는 당연히 프로젝트를 벼랑 끝으로 몰고 간다. 각자의 위치에 돌아가서 자신이 생각했던 의미를 기반으로 작업하기 때문이다. 나중에는 이런 말이 나올지도 모르겠다.

"내가 말했던 것은 그런 뜻이 아니었다고!"

반면 그림을 그리거나 이야기를 들려주는 방식으로 아이디어를 표현할 경우, 마음속의 모형은 완벽하게 똑같지는 않아도 비슷해진다. 물론 이 방식으로 한다고 해서 자신의 아이디어를 다른 사람 모두가 동의해줄 거라고 기대해서는 안 된다. 그러나 최소한 그 시점에서 서로가 동의하지 않는 것이 무엇인지는 명확히 알 수 있다.

또한 시각화 작업은 함께 창조할 해결책에 구성원들을 적극 참여하게 함으로써 프로젝트 리스크를 줄여준다. 원하는 미래를 더 명확하게 시각적으로 표현할수록, 실행하는 과정에서 불가피하게 맞닥뜨릴 각종 문제와 어려움은 훨씬 더 줄어들 것이다.

좌뇌와 우뇌의 차이점에 관해 들어본 적이 있는가. 좌뇌는 분석적이고 논리적이라고 일컬어진다. 숫자나 언어를 좋아한다. 우뇌는 감정이나 직감처럼 인간을 인간답게 만들어주는 것들 대부분에 공헌한다. 아이디어를 동기화하고 서로의 연결 관계를 파악하는 데도 특화되어 있다. 최근 들어 과학은 뇌가 그렇게 단순한 조직이 아니라는 사실을 밝혀내긴 했지만, 좌뇌 · 우뇌 구분법은 인간이 의사결정을 내리는 서로 다른 방식을 이해하는 여전히 유용한 비유법이다. 이 비유법에 따르면 시각화, 즉 아이디어를 명확하게 묘사하는 작업은 우뇌의 도구이다. 하지만 우리는 좌뇌나 우뇌 중 어느 쪽이 상

현대의 뇌과학

1830년대에 사람들은 인간이 '천사의 후손'이라고 믿었다. 하지만 1860년대가 되자 지식인층 대부분이 인간의 조상은 '털 없는 유인원'이었다고 믿게 되었다. (그래서 우리는 찰스 다윈Charles Darwin에게 감사해야 한다!)

경제학 분야에서도 지난 30년 사이에 이와 유사한 구조학적 변화를 겪었다. 사람들의 선택 방식을 이해하는 근거가 경제적인 '효용성'에서 '행동 경제학'으로 옮겨갔기 때문이다. 현대의 뇌과학은 이런 추세에 기름을 끼얹었다. 1990년대 중반에 새로운 진단 도구, 기능적 자기공명촬영기기functional MRI(이하 f-MRI)가 널리 보급되면서 뇌가 의사결정 과정에서 어떻게 작용하는지에 관한 새로운 사실이 발견되었다. 여기에 현대 뇌과학이 밝혀낸 가장 획기적인 발견 몇 가지를 소개한다.

왼쪽과 오른쪽 구분은 잘못되었다. f-MRI는 좌뇌가 분석을 담당하고 있지 않으며 우뇌가 창의력을 담당하고 있지도 않다는 사실을 보여줬다. 실제로 뇌는 고고학에서의 발굴 작업과 비슷하다. 가장 바깥층에 해당하는 신피질Neocortex이 가장 신선한 부분이다. 이곳은 논리와 수학과 언어 구사 과정의 자리에 해당한다. 그 다음 층인 뇌, 즉 변연계Limbic Brain가 감정의 자리이다. 이 층은 모든 포유류가 가지고 있으며, 우리가 개와 유대감을 느끼는 이유이기도 하다. 인간의 뇌에서 가장 오래된 부분은 뇌간Brain Stem 또는 '파충류 뇌Reptile Brain'라고 불리는 곳이다. 이곳은 심장 박동이나 호흡과 같은 생존을 위한 기능을 조절한다.

뇌는 끊임없이 논쟁한다. 우리는 서로 다른 방식으로 서로 다른 의사결정을 한다. 게다가 뇌의 서로 다른 부분은 서로 다른 시간차로 자극에 반응한다. 좌뇌라는 '검사'와 우뇌라는 '변호사'가 각자 곧 있을 재판을 준비하는 과정이라고 이해하면 쉽다. 조나 레러러Jonah Lehrer가 제시했던 '논쟁하는 뇌'의 개념은 f-MRI 촬영 기술이 발전하면서 더욱 더 지지를 얻었다.[2] 우리가 이 논쟁을 해결하는 방법은 사회적 합의나 이전의 경험 등에 의존하는 것뿐이다.

우리의 말과 행동이 일치하는 비율은 낮다. 질문에 대한 우리의 반응은 종종 행동과 일치하지 않는다. 예를 들어 공짜 이메일을 제공하는 대신 알고리즘을 이용해 개인 메시지를 읽고 기호에 맞는 광고를 제공한다는 조건을 수용할지 말지 물어본다면, 아마도 싫다고 할 것이다. 하지만 이는 구글의 지메일이 이용하는 바로 그 방식이다.

우리는 피드백에 대해 빠르게 반응한다. 한 조사연구팀이 주택 소유주들에게 그들의 에너지 소비량을 이웃의 다른 집들과 비교한 보고서를 보내주었다. 이때 소비량이 많았던 사람들은 행동의 변화를 전혀 요구받지 않았음에도 즉시 소비량을 줄였다. 소비량이 적었던 사람들은 자신들의 검소한 생활을 유지했다. 피드백 하나만으로 에너지 소비량을 줄인 사례다.[3]

생각은 감정을 유발한다. 생각은 감정을 유발하고 행동으로 이어지게 한다. 하버드대의 심리학자 엘렌 랭어Ellen Langer는 한 연구에서 사람들에게 검사장으로 와서 독해 검사에 참여해달라고 요청했다. A그룹은 장애인이나 다친 사람에 관한 글을 읽었다. B그룹은 극한의 운동 목표를 달성한 사람에 관한 글을 읽었다. 결과는 어땠을까? A그룹은 도착했을 때보다 더 느린 속도로 걸어갔으나 B그룹은 더 빠르게 걸었다. 병약함에 관한 단순한 사색만으로 A그룹의 병약한 행동을 유도한 것이다.[4]

지금 소개한 내용은 우리 인간이 '적응할 줄 아는 기회주의자adaptive opportunists'라는 결론을 뒷받침한다. 이것이 왜 디자인씽킹에 있어 좋은 소식이라는 것일까? 첫째, 디자인씽킹 전문가는 분석을 통해 해답을 찾지 않는다. 그래서 이성적인 계산기처럼 내재된 약점에 민감하지 않다. 둘째, 디자인씽킹 전문가는 직접 관찰한 (문화인류학적) 행동에 의존하여 더 유효한 통찰력을 끌어낸다. 셋째, 디자인씽킹은 시각화에 크게 의존하는데, 현대의 뇌과학은 시각화 작업이 행동을 이끌어내는 '선구자Precursor' 역할을 한다는 사실을 입증했다. 마지막으로 디자인씽킹은 시행착오기법Error&Trial에 크게 의존하는데, 이는 아마도 주어진 기회에 적응할 때 가장 필수적인 방법론이 될 것이다.

대적으로 우월하다고 할 수 없음에도, 비즈니스에 관해 심사숙고할 때 우뇌의 역할을 제외하는 어리석음을 범하곤 한다.

어느 누구에게서도 배우지 않았지만 우리는 '눈으로 봐야 실감한다'는 사실을 직감적으로 알고 있다. 최근의 뇌과학 연구는 아이디어와 활동내역을 시각화하는 것이 중요한 이유를 이해하는 데 한 걸음 더 가까워지게 했다. 거울 신경세포Mirror Neuron의 존재를 입증했기 때문이다.

오직 인간과 오랑우탄만이 이 거울 신경세포를 가지고 있다고 하는데, (이런 연유로 '보는 대로 따라한다Monkey see, monkey do'는 말이 생겨났을 것이다.) 이 세포는 우리가 신체에 어떤 명령을 내리지 않아도 관찰한 움직임이나 표현에 대해 반응할 수 있게 해준다. 예를 들어 흉측한 영화 장면을 볼 때나 유독한 냄새에

노출되었을 때 똑같은 뇌 부위를 사용한다는 것이 실험을 통해 입증되었고,[5] 그 결과 관찰은 시각적 인지를 활성화하는 기능 이상의 역할을 한다는 것이 밝혀졌다. 관찰한 활동은 우리의 운동신경에 그대로 연결된다. 가령 누군가가 배트로 야구공을 때리는 것을 지켜보고 있는 동안에는 실제로 머릿속에서 스윙하는 연습이 진행된다. 즉 실제로 일어서서 배트를 휘두를 때 필요한 모든 신경계가 작동되는 것이다. 그러므로 '보는 행위'는 '하는 행위'의 든든한 조력자가 될 수 있다. (마찬가지로 공감의 강력한 조력자이기도 하다.)

시작하기

　시각화를 포함한 디자인씽킹 도구 대부분의 훌륭한 점 중 하나는 들어가는 비용이 적다는 것이다. 시각화 도구를 활용할 때는 화이트보드 하나와 마커(펜), 플립 차트, 포스트잇 정도가 필요한 재료의 전부다. 물론 파워포인트 프로그램과 디지털 카메라, 캠코더 같은 디지털 수단도 사용할 수 있다. 디자이너들은 일러스트레이터와 포토샵 같은 프로그램도 사용한다. 하지만 시각적 사고의 특별한 효과를 보기 위해 이런 기능까지 필수적으로 습득할 필요는 없다. 다만 이런 도구에 능숙하다면 팀에서 절대적으로 환영받는 사람이 될 것이다.

　자, 이제 카이저 퍼머넌테의 크리스티 주버의 사례를 이용해서 시각화를 시작할 때 필요한 몇 가지 기초사항을 살펴보도록 하자.

1. 단순화한다. 시각적 표현은 가능한 한 단순하게 만들자. 막대그림은 효

과적인 방법이 될 수 있다. 색깔은 의미를 부여하는 수단으로 사용한다. 클립아트는 단순하게 하고 다양한 폰트와 화려한 효과를 잔뜩 우겨넣는 일은 피하자. 시각화가 예술적 능력을 뽐내기 위한 것이 아님을 기억하자. 아이디어를 현실로 바꾸기 위한 것이다. 피드백을 얻기 위한 경우라면 기교에 치중한 시각적 창조는 도리어 역효과를 낼 수 있다.

⋯▶ 크리스티 팀은 투약 오류 감소를 목표로 했던 카이저 퍼머넨테의 프로젝트에서 단순한 시각화 실행법을 사용했다.

"환자에게 약을 전달하는 프로세스의 관리체계가 어떻게 운영되는지 간호사들에게 질문했을 때, 그들은 아무 이상이 없다고 했어요. 하지만 우리는 사실이 아님을 이미 알고 있었기에 그들에게 자리에 앉아서 관리체계를 그림으로 그려달라고 부탁했죠. 의료인들은 좌뇌를 최대한도로 사용하도록 훈련받습니다. 그래서 우리는 펜과 종이를 주고 그림으로 그려보라고 부탁했던 거예요. 결과는 놀라웠습니다. '그냥 이상 없다'는 말을 들었을 때와는 완전히 달랐거든요. 그림에서 그들은 시간에 아주 많이 쫓겨 다니고 있었습니다. '끼어들기' 같은 단어를 써놓기도 했어요. 어떤 이는 롤러스케이트를 신고 두 팔 가득 비품을 안은 간호사가 엄청나게 많은 작은 막대기로 표현된 사람들에게 둘러싸여 질문을 받고 있는 상황을 그렸습니다. 우리는 이 모든 상황에서 뽑아낼 만한 주제를 찾아보기 시작했어요."

디자이너들은 그리기를 '생각을 입 밖으로 소리 내어 말하게' 해주는 데 사용한다. 일단 이들이 종이에 쓰거나 그린 아이디어를 보면, 추가하고 완성하고 저장하고 다른 사람들과 공유할 수 있게 된다. 디자이너는 이런 유형의 빠른 스케치로 꽤 괜찮은 작품을 만들지만, 그렇게 하려면 막대그림과 화살표, 하트 표시, 별표, 박스, 그리고 가끔 등장하는 바퀴 모양보다는 필요한 사항이 조금 더 많아진다.

2. **문제를 구성요소들로 분해한다.** 관리자를 위한 시각적 사고에 관한 책을 쓴 베스트셀러 저자 댄 로암Dan Roam은 누가Who, 무엇을What, 얼마나 많이 How much, 어디서Where, 언제When, 어떻게How, 왜Why를 시각화하는 것에 대해 지지를 표명했다.[6] 팀원들에게 각자 개별적으로 이들 구성요소를 시각 자료로 만들어보게 한 다음, 함께 공유해서 통합 버전을 만들어보자.

> ⋯▶ 카이저 퍼머넌테의 간호사들은 시각화를 통해 각 행동의 주체와 내용, 장소, 그리고 방법을 생생하게 포착했다. 그럼으로써 자신들의 관심을 투약 오류 부분에 집중할 수 있었다.

3. **메타포Metaphor를 활용한다.** 비유적 사고는 관련 없어 보이는 두 가지 사물 간의 연결고리를 인지하는 과정이다. 비유법은 다른 사람들과 열린 사고의 과정을 공유하고, 두 사물간의 심도 깊은 관계와 가능성을 밝혀내고, 이를 다른 사람들과 소통하기 위해 고안된 언어 표현 방법이다.

> ⋯▶ 간호사들이 비유적으로 그린 '롤러스케이트를 신은 막대사람'은 그들이 진술한 것처럼 모든 면에서 완벽하지 않은 것으로 나타났다. 간호

사들은 자신들이 불안정하게 빨리 움직이고 있고 균형을 잃을 수도 있다는 사실을 자각하게 되었다.

4. 사진을 활용한다. 사진은 정보를 포착해서 실감나게 만든다. 그리고 이런 사진은 다른 사람과 의사소통할 때 매우 큰 도움이 될 수 있다. 일단 재무 서비스 회사의 파워포인트 슬라이드에 다음과 같이 중요 표시가 달린 문구가 있다고 생각해보자. "우리 고객들은 평균 5개 이상의 계좌를 보유하고 있습니다." 이번에는 지갑에 신용카드가 잔뜩 끼워져 있는 사진 한 장과 책상에 은행 입출금 내역서들이 어질러져 있는 사진 한 장을 생각해보자. 한 문장의 글과 사진 두 장 간의 차이를 이해했는가? 의사소통의 영향력을 극대화하기 위해 단어와 그림을 결합할 수 있어야 한다.

⋯▶ 크리스티는 그녀의 팀이 관찰한 내용을 공유하기 위해 이야기와 사진을 포함한 다수의 시각화 도구를 결합하는 방법을 설명했다.

"관찰을 끝낸 후에는 실제로 관찰한 내용을 이야기로 구성하기까지의 시간이 너무 많이 걸리지 않도록 했어요. 각각의 이야기는 파워포인트 슬라이드 한 장에 담았습니다. 길고 복잡한 이야기가 아니라 하나의 이미지로 표현할 수 있는 꽤 단순한 이야기로요. 우리가 찾아보았던 공간의 이미지일 수도 있고, 대화했던 사람의 이미지일 수도 있고, 그 이야기를 두세 문장으로 정리한 짧은 문단의 이미지일 수도 있었어요. 이는 생각을 자신의 노트 밖으로 끄집어내기 위한 작업입니다. 여기에서 명료성은 아주 중요한 요소예요. 머릿속에서 생각이 너무 오랫동안 떠돌아다니면 그 생각과 사랑에 빠지기 시작해 자신만의 현실을 창조하고 그 안에 갇히기 시작합니다."

5. **스토리보드를 만든다.** 스토리보드는 사건을 시간 순서대로 스케치한 일련의 전시용 패널이다. 이는 시각적 사고를 위한 기본적인 도구다. 스토리보드를 만들 때는 간단한 요소 여섯 가지만 사용한다.

직사각형은 스토리보드의 틀이 되어준다. 그 안에 들어간 배경은 장면이 된다. 막대사람은 등장인물을 표현하고 대화와 생각으로 인물들의 말과 생각을 이끌어낸다. 이 도구들을 직접 스토리보드에 집어넣어 보고 싶은가? 이 장 뒷부분에 수록된 '집에서도 해볼 수 있는' 과제에서 스토리보드 만들기를 다시 시도해볼 것이다.

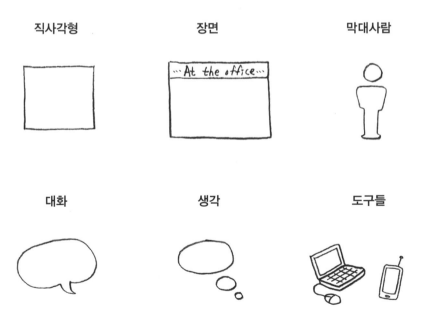

| 직사각형 | 장면 | 막대사람 |
| 대화 | 생각 | 도구들 |

6. **페르소나를 창조한다.** 페르소나^Persona는 탐구조사에서 얻은 단서들을 토
   대로 창조한 '특정 속성을 지닌 가상 인물'이다. 페르소나를 창조한다는
   것은 잠재적이고 추상적인 '고객'의 개념을 매우 개인적인 인간으로 형
   상화하는 작업이라 할 수 있다. 그렇기 때문에 디자인씽킹의 핵심이 되
   는 대상 고객과 공감하고 이해하는 능력을 확립해준다. 제4장(CHAPTER
   04)에서 우리는 페르소나를 창조하고 사용하는 방법에 대해 조금 더 이
   야기해볼 것이다. 일단 지금은 몇몇 인물을 창조해서 사진과 묘사로 생
   기를 불어넣도록 한다.

페르소나 창조의 예 :

에릭 지 Eric G

- 에릭은 73세의 녹내장 환자다.
- 에릭은 녹내장 처방전을 따르지 않는다. 이는 그의 시력이 천천히 나빠져서 실
  명에 가까워질 것이라는 의미다.
- 에릭은 안과의사로부터 현재 겪고 있는 시력 저하가 회복될 수 없다는 말을 들
  었을 때도 두려워하지 않았다. 그 저하 현상이 점진적이라는 사실을 알고 있기
  때문이다.
- 그는 시력이 정말 나빠지기 시작하면 다른 처방전을 받으면 된다고 생각한다.
  물론 절대적으로 필요하다고 느낄 때 말이다.
- 에릭은 어떤 이유가 되었든 자신의 눈을 만지는 것을 싫어한다. 그의 아내가
  강하게 권하는데도 그가 콘택트렌즈를 사용하지 않는 이유다. 또한 그는 (눈에
  직접 약물을 투여하는) 점안액 처방도 싫어한다.
- 에릭은 위급하지 않은 증상 때문에 약을 지어먹기보다는 저축이 더 중요하다
  고 말한다. 그는 그와 아내가 은퇴 후에도 지금의 생활을 지속할 만큼 금전적
  인 여력이 되는지 걱정된다고 말한 바 있다.

7. **스토리를 구성한다.** 스토리텔링의 본질은 그저 자신이 그렇다고 생각하는 바를 표현하는 것이다. 다만 몇 개의 핵심만 나열하기보다는 약간의 정보를 (스토리보드에서 찾아볼 수 있는 것보다 좀 더 길게) 서사 형태로 엮어내도록 한다. 많은 시각화 기법과 마찬가지로 스토리텔링 역시 관리자들이 이미 사용하고 있는 도구다. 좋은 프레젠테이션은 분석 중심이든 디자인 중심이든 설득력 있는 이야기를 담고 있다.

스토리텔링은 광고주들과 고객들, 협력업체 관계자들, 투자자들이 아이디어를 실제처럼 느껴서 디자인씽킹의 결과물을 빠르게 받아들이도록 해준다. 혁신의 과정에서 큰 좌절감을 겪게 되는 경우 중 하나인 '시도해보지도 못한 채 포기해야 하는 순간'을 줄여준다. 시각 이미지와 마찬가지로 이야기는 감정을 교류하게 해주고 경험을 강조한다. 아이디어를 명확하게 하고, 실체화하고, 개인화한다. 맥락을 풍부하게 해주고, 경영진이나 이해관계자에게 해결책뿐만 아니라 문제까지도 '공감하게' 해준다.

아프리카에 구호물품을 보내자고 말하면 대부분은 별로 관심을 보이지 않는다. 그러나 아프리카 어느 특정한 동네에서 아무개라는 이름의 여섯 살짜리 사내아이를 입양해서 지금은 그 아이가 깨끗한 물을 마시게 되었다고 말하면, 듣는 사람들은 그 아이를 (머릿속에) 그려낼 수 있게 된다. 스토리에는 여러 종류가 있다. 그리고 각각은 다르게 들린다. 비즈니스 이야기도 있고, 고객이 직접 겪은 경험 이야기도 있다. 그러나 절대로 데이터와 이야기를 분리하지는 말아야 한다. 이들 각각은 서로에게 필요하다. 비즈니스씽킹이나 디자인씽킹 중 하나를 골라 버리지 말아야 하는 이유와 같다.

8. 유도형상화를 연습한다. 유도형상화^{Guided Imagery}는 듣는 사람이 자신이 들은 내용을 더욱 명확하게 시각화해서 내면의 여행을 떠날 수 있게 해주는, 특정 종류의 이야기를 창조하는 기법이다. 이는 수십 년간 스포츠나 리더십 훈련, 의학계를 비롯한 여러 분야에서 최고의 성과를 유도하기 위해 사용되었다. 새로운 가능성 또는 현실을 명확하게 시각화하는 것은 성공적으로 변화를 실행하는 능력을 키운다. "결과를 염두에 두고 시작하라."는 스티븐 코비^{Stephen Covey}의 유명한 조언*처럼, 이는 혁신 과정에서 강력한 보조수단이 될 수 있다. 그들이 떠올린 이미지가 고객 경험의 재설계에 관한 것이든, 현재 서비스를 탐색하는 데 어려움을 겪는 고객의 모습이든, 청중의 상상력과 감정을 이끌어내는 작업은 관리자가 혁신과 성장의 리더로 성공하는 데 아주 큰 차이를 만들어낼 수 있다.

⋯▶ 제1장(CHAPTER 01)에서 소개했던 회계사 데이브 제럿을 기억하는가? 그는 유도형상화 기법을 열렬히 지지하는 사람이다. 스티븐 코비의 '성공하는 사람들의 7가지 습관'을 토대로 한 워크샵에서 진행자^{Facilitator}를 맡았던 그의 경험을 따라가보자.

"우리가 고객에게 사용하는 시각화 과정은 '7가지 습관'에서 제시했던 훈련 일부를 토대로 하고 있습니다. 대부분의 사람들은 평소의 환경에서 살짝 벗어나기만 해도 콘셉트를 시각화할 수 있어요. 시각화가 얼마나 강력한지 제대로 이해하는 데 코비는 많은 도움이 되었습니다. 회계

---

* 스티븐 코비는 《성공하는 사람들의 7가지 습관》의 저자이고, "결과를 염두에 두고 시작하라."는 두 번째 습관에 해당하는 조언이다.

스토리텔링에 관한
마르스 인코퍼레이션 Mars Inc.의
안드레 마틴 Andre Martin

"

스토리텔링은 언제나 비즈니스씽킹 과정의 일부였습니다. 현재는 리더들이 사용할 수 있는 도구라고 공공연하게 이야기되고 있지요.

스토리텔링은 단순히 '문제를 해결하는 것'과 '원인까지 규명하는 것'과의 차이를 만들어냅니다. 리스트를 작성하는 방법으로도 문제를 해결할 수는 있습니다. 그러나 여기에는 한 가지 문제가 있어요. 어떻게 문제를 해결할지에 관해 목록을 만들어 장점과 단점을 구분하고 그중 최고의 선택사항을 고를 수는 있지만 사람들의 반응을 불러일으키거나 하나로 통합하는 근거가 되는 '원인'을 알려주진 못한다는 거예요. 적절한 스토리텔링은 그런 원인을 규명하는 역할을 해냅니다.

비즈니스 리더들의 일과는 수북히 쌓인 자료를 검토하고 미팅을 하고 일정을 확인하는 것 등으로 이루어집니다. 그들은 사업에 관한 영감을 얻고 싶어 하지만 그들이 나누는 대화 중 90%를 지루하다고 느끼죠. 그들은 약간의 자료와 명확한 사실, 그리고 몇 가지 선택사항 정도만을 원합니다. 그들이 원하는 바와 그걸 얻는 방법 사이의 빈 공간을 채워주는 것이 바로 스토리텔링이죠.

조직에서 리더가 말할 수 있는 이야기는 아주 다양합니다. 그중 디자인씽킹에 관해 이야기할 때는 '변화를 유도하는 내용'이 되겠죠. 이때 이야기의 주인공은 '조직이 직면했지만 불명확한 큰 문제'입니다. 그래서 처음에는 어려움에 관한 공감을 이끌어낼 필요가 있습니다. 현재의 상태가 얼마나 위험한지를 듣는 사람들에게 이해시킬 필요가 있습니다. 듣는 사람이 이 어려운 상황을 받아들이고, 그 어려움을 투자해볼 만한 기회로 여기도록 잘 인도해야 하죠. 이야기를 듣는 이가 고객이든 다른 이해관계자이든, 그 어려움과 연관된 사람들에게 해당 이슈와의 관련성을 현명하게 설명할 수 있어야 합니다. 그런 다음 사람들에게 현재 나타난 긴장감에 관해 말할 기회를 주어야 합니다. 그 긴장감을 정확히 표현할 수 있다면, 사람들의 참여가 시작될 지점을 새롭게 찾은 것이 됩니다. 사람들은 분명 그 긴장감에 관해 토론하고 의견을 교환하고 싶어 할 것이기 때문이지요. 마지막으로 해야 할 일은 해결 가능성을 보여주는 것입니다. 문제를 해결할 수단이 될 만한 것으로요.

스토리텔링은 사람들이 조금이나마 더 성실하고 활력적이 되도록 해줍니다. 또한 오랫동안 주의를 집중할 수 있게 해주지요. 그래서 스토리텔링은 매우 중요합니다. 비즈니스에서 참여 수준을 높일 수 있다면 놀라운 성과를 얻을 수 있을 겁니다.

"

나 시스템에 익숙한 사람들은 그렇게 할 수 없다고 말하겠죠. 자신들은 아주 구체적인 사고를 하는 사람들이라며 '사실에 근거한 내용과 숫자를 달라, 그러면 해답을 알려주겠다'고 말하는 사람들이니까요. 그러나 그런 사람들도 컴퓨터 모니터나 책, 일련의 숫자들을 살피는 데 익숙하다는 사실을 잠시 내려놓으면, 앞서 설명한 사고방식이 가능합니다. 바로 그 점이 제가 디자인을 열렬히 지지하는 이유입니다. 디자인씽킹 프로세스를 진행하는 동안 사람들이 얼마나 강력한 이미지를 창조하고, 얼마나 명확하고 현실적으로 만들어가는지를 이해했기 때문이죠"

오랜 기간 좌뇌를 훈련해왔던 사람에게 시각화 기법은 생소해 보일 수 있다. 그러나 우리는 이미 시각화의 기초에 대해 알고 있지 않은가. 차트와 그래프, 파워포인트도 결국 시각화 기법이다. 그저 더 넓고 강력한 형상의 집합으로 조금씩 변화할 필요가 있을 뿐이다. 의사소통의 기본 정보는 바뀌지 않는다는 사실을 기억하자. 의사소통하는 방식이 바뀌는 것이다.

집에서도 해볼 수 있는 과제

이제는 뒤로 돌아가서 이전에 소개했던 스토리보드의 기본 요소 여섯 개를 활용해 자신의 중요한 반쪽에게 어떤 식으로 청혼했는지에 관해 (또는 어떻게 청혼을 받았는지, 어떻게 처음 만났는지에 관해) 이야기를 해보자. 스토리보드를 만들기 위해 다음 네 개의 틀을 사용한다.

- 틀1: 청혼하기 전, 1부
- 틀2: 청혼하기 전, 2부
- 틀3: 청혼하는 동안
- 틀4: 청혼한 직후

아래에 있는 네 개의 틀은 당신이 시작할 수 있게 도와줄 (얼핏 봐도 변변 치 못한) 하나의 사례다. 불후의 명작을 만들 것까지는 없다. 그리는 시간은 15분으로 제한하고, 자신의 중요한 반쪽과 (이 완벽하지 못했던 영광의 장면 모 두를) 공유하자. 또는 반쪽에게도 같은 주제로 이야기를 그려달라고 해서 두 개를 서로 비교해보자.

스토리보드를 만드는 과정에서 무엇을 알게 되었는가? 이야기를 네 개의 틀에 제한해서 넣는 것은 꽤 어려운 일이다. 그렇지 않은가? 이야기의 핵심을 생각해내는 일은 언제나 힘든 도전이지만, 청중들은 그 결과에 고마움을 느낄 것이다.

중요한 반쪽의 반응에서 무엇을 알게 되었는가? 그와의 연결됨을 느낄 수 있었는가? 그의 반응으로 볼 때 아무래도 수정해야 할 필요를 느꼈는가? 둘이서 각자 하나씩 스토리보드를 그린다면, 어떤 부분이 비슷하고 어떤 부분이 다른지 살펴보자. 여기서 무엇을 배울 수 있었는가?

연습을 더 하고 싶은가? '그림으로 말해요^{Play Pictionary}' 게임을 친구나 가족, 직장 동료와 함께 정기적으로 해보자. 일주일에 한 번 정도면 자신의 시각적 사고 역량을 기하급수적으로 끌어올릴 수 있을 것이다.

CHAPTER 04: JOURNEY MAPPING
저니매핑

저니매핑은 고객들이 특정 제품 또는 특정 서비스를 이용하는 동안 그 고객들의 경험을 플로우차트^{Flow Chart}나 다른 그림 형태로 표현하는 것이다. 이렇게 만들어진 맵으로 우리는 고객의 실제 또는 이상적인 경로를 추적할 수 있게 된다. 저니매핑을 할 때는 자신이 속한 조직보다는 고객에게 초점을 맞추어야 한다. 고객의 경로를 지도에 표시함으로써 그들의 신발 속에 들어가 함께 걷는 것과 마찬가지가 되어야 한다. 경로를 따라가면서 고객의 감정 상태, 고객의 경험 속에 담긴 의미 등을 찾아보라. 이 작업이야말로 가치를 창조하는 혁신의 핵심이다.

'무엇이 보이는가' 단계에서 저니매핑은 고객의 현재 경험을 들여다볼 수 있도록 인도하는 도구이다. 이는 관찰과 인터뷰를 통해 모은 자료 덕분에 가능하다. 고객의 현재 경험을 들여다본 후에는 그 경험을 이해하는 방식으로 변화를 시도해본다. 채워지지 않은 필요사항을 설득력 있게 묘사하고 고객들 간의 차이점을 고려해 그룹으로 묶는 것이다. 이 과정에서 개선할 만한 기회 요소가 무엇인지 정의한다. 저니매핑은 아이디어들이 가치가 있는지 '입증'하기 위한 것이 절대 아니다. (저니매핑은 공감을 이끌어내는 구간^{Selling-zone}이 아니다.) 그보다는 차후의 프로토타입 제작을 위해 아이디어를 수집할 탐구조사를 목적으로 하는 것이다.

사용할 시기: '무엇이 보이는가' 단계를 진행하는 동안 현재의 고객 경험을 문서화하고 이를 고조 상태와 저조 상태로 분리하여 저니맵을 만든다. '무엇이 떠오르는가' 단계에서 저니맵은 브레인스토밍을 하는 동안 아이디어의 생성을 도와줄 수 있다. 실제보다는 이상에 가까운 경험이 맵으로 만들어질 수 있기 때문에 콘셉트 개발 과정에서는(이 역시 '무엇이 떠오르는가' 단계의 일부다.) 각 콘셉트에서 참신한 요소를 정의하고 이를 발전시키는 방법을 결정할 때 활용된다. 마지막으로 '무엇이 끌리는가' 단계에서 저니맵은 새로운 경험을 프로토타입으로 개발할 때 필요한 요소들을 제공한다.

저니매핑이 프로젝트 리스크를 줄여주는 이유: 관리자에게 단 하나의 디자인씽킹 도구만 선택하라고 한다면 저니매핑이 되어야 한다. 왜냐하면 성장에 관한 아이디어가 실패하는 첫 번째 이유는 고객이 원하는 바를 잘못 판단해서이기 때문이다. 프로젝트 실패라는 위험성을 줄이는 가장 확실한 방법은 고객이 원하는 바에 대한 생각을 더욱 깊게 발전시키는 것이다. 저니매핑은 고객을 위한 가치를 어떻게 창조해야 할지 이해하려는 과정을 통해 고객의 삶과 그들이 가진 문제, 그리고 불만족스러워하는 점에 더 가깝게 다가가도록 해준다. 여기서 얻은 지식은 수익성 있는 성장을 찾는 과정에서 가장 중요한 재료가 될 것이다.

10년 전까지만 해도 상대의 행동을 몰래 관찰할 수 있는 특수거울이 장착된 방에 고객들을 초대해놓고 집단 사고와 부정확한 기억을 바탕으로 지칠 때까지 토의하는 방식이 적극 활용되었다. 오늘날 디자이너들은 인류학자들의 방식을 활용한다. 고객들을 자연스러운 상황에 두고 그들이 무엇을 보고 듣는지 포착하기 위해 저니맵과 같은 기법을 사용하는 것이다. 예를 들어 타이드Tide 사가 세탁비누 사용자들을 대상으로 조사를 진행했을 때, 제품을 포장한 외관에 대한 만족도는 매우 높게 나타났다. 하지만 조사 연구원들이 이들의 세탁실을 방문했을 때 꽤 많은 집에서 세탁기 근처에 비누가 잔뜩 묻은 드라이버가 놓인 것을 볼 수 있었다. 연구원이 물어보자 그들은 그 드라이버를 "비누 박스를 열 때 사용한다."고 말했다.

저니맵은 프로젝트의 초점을 '우리 회사가 원하는 것은 무엇일까?'에서 '고객이 하고 싶어 하는 것은 무엇일까?'로 변환시킨다. 이는 문제를 해결해야 하는 팀이 고객과 강한 연결고리로 형성될 수 있도록 인도한다. 여기에서 공감대를 형성하는 매개체는 데이터의 일부나 인구통계학적 분석 결과가 아니라, 고려해볼 가치가 있는 희망과 도전을 가진 개인이다. 이 분야는 때때로 '사회학 조사연구' 또는 '디자인 조사연구'라고도 불리며, 인내심과 배려, 공감 등이 중요한 덕목이 된다. 그래서 경험 많은 사회학 조사연구가는 '다정하게 들어주고' 빠르게 결론을 지으려는 유혹에 저항하라고 권고하곤 한다.

여기에서 초점은 바로 '감정'이다. 우리 머릿속에 (그리고 가슴속에) 무엇이 들어있는지에 관한 강력한 단서들을 제공해주기 때문이다. 전 하버드 대학교 의학대학Harvard Medical School의 두뇌 연구자였던 질 테일러Jill Taylor 박사는 다음과 같이 말했다.

"감각 정보sensory information는 우리의 감각체계 속에서 흘러 나와 대뇌 변연계^{Limbic system}*를 통해 즉각 실행됩니다. 하나의 메시지가 더 높은 수준의 사고를 위해 대뇌 피질^{Cerebral Cortex}에 도달하는 순간, 이미 우리는 그 '느낌'이 어떤 자극인지 알아챌 수 있습니다. 예를 들어 '해당 자극이 고통인지 기쁨인지'를 판단할 수 있게 됩니다. 대다수가 인간을 '감정을 가진 생각하는 동물'로 간주하지만 생물학적으로 우리는 '생각을 하는 감정적 동물'인 것입니다."

비즈니스씽킹에 익숙한 전문가들은 관리자들에게 회사 내에서 일어나는 일들의 흐름을 이해하려면 "자신의 시야를 하나의 지시에 고정하라."고 조언한다. 우리는 그 말 대신 "시야를 한 명의 고객에 고정하라."고 제안한다. 그러면 '고객의 지시'라고 믿었던 무언가를 바꿀 수도 있다.

시작하기

다음은 저니매핑을 실시하는 전형적인 방법이다. 독자들의 이해를 돕기 위해 다든 경영대학원^{The Darden School of Business}(이하 다든스쿨)에서 수행했던 저니매핑 프로젝트를 중심으로 설명하도록 하겠다.**

---

* 변연계는 대뇌피질과 시상하부 사이 표면, 또는 귀 바로 위쪽, 측두엽 안쪽에 위치한 신경계의 일부로, 기본적인 감정이나 행동, 동기부여, 기억, 후각 등 여러 기능을 관장하는 신경계를 의미한다.
** '다든'은 미국 버지니아 대학 경영대학의 MBA 학위 코스를 일컫는 별칭이다.

1. **더 알고 싶은 고객군을 선정한다.** 고객이 원하는 가치를 만족시키기 위한 제품이 되려면 어떤 사항들이 포함되어야 하는지 조사하자. 대개의 경우 웹사이트나 블로그와 같은 부수적인 자료 출처부터 조사를 시작한다.

  ⋯▶ 교수와 학생들로 구성된 프로젝트 실행팀은 MBA 과정 학생들이 다든스쿨에서 이동하는 경로를 매핑하는 작업에 착수했다. 목표는 교육환경과 학교생활을 개선하고 학생들의 만족도를 향상시키는 것이다. 이를 위해 팀은 학생들에 관하여 다양한 기존 자료와 연구결과들을 검토하는 것에서부터 프로젝트를 시작했다.

2. **고객들의 이동경로가 시작부터 끝까지 어떤 형태를 띠는지 자신의 관점으로 가설을 세운다.** 자신이 속한 조직과 직접 연관된 것뿐만 아니라 이동경로상의 모든 단계가 확실히 포함되도록 한다.

  ⋯▶ 실행팀은 MBA 과정 학생들의 이동경로를 12개의 핵심 단계로 정의했다. 학위를 따는 방법을 조사해봐야겠다고 결정하는 단계에서 시작해서 졸업으로 끝난다.

결정하기	시작하기		1년차					2년차			
1	**2**	**3**	**4**	**5**	**6**	**7**	**8**	**9**	**10**	**11**	**12**
• 조사 • 네트워크 • 학교 방문 • 지원	• 다른에 대한 계획 • 이사 • 사전준비	• 다른 사전 친목회 • 대학원 예비과정 • 각종 시험	• 신입 오리 엔테이션 • 취업전화 문의 • 집단 토론 • 시간관리 • 시험	• 요약보고 • 구직활동 • 클럽활동	• 사회적 전통 • 감정 • 인간관계	• 경력 개발 계획 • 인턴십 지원 • 제안 수락 • 해외 경험	• 클럽 운영 진 선출 • 인턴십 • 학과수업에 대한 성찰	• 여름 파트 타임 지원 • 정규직 구직활동	• 2년차 프로그램 • 수업 • 토론	• 클럽 리더십 • 멘토링 • 사회적 전통	• 더 많은 시간 • 정규직 지원 • 졸업

3. **소수의 고객을 선정한다.** 인구통계학적 특성을 대표할 수 있는 고객의 범위를 정하고 소수의 고객(보통 12~20명)을 선정한다.

   ···▶ 나이와 성별, 국적, 결혼 여부, 교육적 배경 등으로 분류할 수 있는 16명의 다든 재학생이 선발되었다.

4. **한두 명 정도를 대상으로 시험 인터뷰를 실시한다.** 고객에게 이동경로를 따라 단계적으로 걸어가 보라고 요청하자. 이는 가설 수립 단계를 이용해서 정확하게 단계를 포착하고 필요한 종류의 데이터를 얻기 위해서다. 생각보다 어려운 작업이겠지만, 때로는 하나의 단계를 반복적으로 확인할 필요가 있다. 인터뷰 대상자가 무엇을 생각하고 느끼는지, 그리고 그 이유에 대해 더 깊은 곳까지 드러낼 수 있도록 유도해야 한다. 피상적인 대답에 안주하지 말자. 계속 밀어붙이자. (물론 아주 다정하게 말이다.)

5. **질문지를 완성한다.** 초기 인터뷰들로부터 학습했던 사항들을 기반으로 질문지를 작성한다. 그리고 경험의 감정적 고조 상태와 저조 상태에 초점을 맞춰 남은 인터뷰를 진행한다. 두 명의 조사 연구원이 한 명의 대상자를 인터뷰하는 것이 가장 좋다. 이렇게 하면 한 조사원이 질문지를 보고 있을 때도 다른 한 조사원은 대상자에게 온전히 집중할 수 있다.

6. **진실이 드러나는 순간**The Moment of truth**과 인터뷰 대상자로부터 얻은 다른 주제들을 파악한다.** 이는 감정이 생겨나는 중요한 단계이다. 대상자 각각에게 인터뷰에서 학습한 것들을 하나의 양식에 맞춰서 요약해달라고 하

인터뷰를 위한 팁

1. 인터뷰 대상자를 편안하게 해준다. 대상자가 질문하도록 유도한다.
2. 이야기나 사례를 들려달라고 요구한다. 기억해둘 만한 문구를 포착한다.
3. 호기심을 갖는다. 놀라운 점이나 모순점을 찾아보고 이를 규명한다.
4. 침묵을 잘 활용한다. 침묵을 두려워하지 않는다.
5. 집중한다. 간단한 동작이나 어조가 말보다 더 많은 것을 이야기해줄 수 있음을 기억한다.
6. 바꾸어 말해본다. 인터뷰 대상자가 한 말을 자신의 언어로 반복 표현한다. 단 인터뷰 대상자를 엉뚱한 방향으로 이끌지 않도록 유의한다.
7. 대화 내용 중 비효율적인 내용, 지나치게 강조하는 부분, 우회적인 표현 등을 찾아내기 위해 열심히 듣는다.

대상자를 관찰하는 동안의 유의사항

대상자를 자연스러운 상황에서 관찰한다는 것은, 언뜻 듣기에는 매우 간단해보인다. 그러나 과연 무엇을 관찰해야 하는가? 다음은 사용자와 제품·서비스와의 상호작용을 지켜보는 동안 확인해볼 필요가 있는 몇 가지 행동들이다.

혼란스러움: 대상자의 얼굴에 나타나는 표정을 지켜보자. 대상자가 혼란스러워하는 표정을 짓는다는 것은 제품 또는 서비스의 사용 방법을 더 직관적으로 만들라는 신호다.

지나친 노력: 문제를 해결하려면 무리할 수밖에 없겠다는 생각이 (무의식적으로라도) 대상자의 얼굴과 행동에 드러나는 순간을 포착하자.

페인 포인트(Pain Point, 痛點): 몹시 불쾌해하거나 짜증내는 순간을 찾아보자. 대상자의 얼굴 표정과 바디랭귀지에서 찾을 수 있다.

전용하기: 전용Appropriation이란 특정 제품을 새로운 목적으로 사용하는 것이다. 가령 대학생들은 플라스틱 우유곽을 얼마든지 다양한 용도로 '전용'하곤 한다.

단계 건너뛰기: 대상자가 단계를 건너뛴다면 그 사람에게 필요하지 않거나, 원하지 않거나, 또는 해당 단계의 가치를 이해하지 못했기 때문일 수 있다.

지켜본 바를 이해할 수 없다면 언제든지 질문하자. 하지만 관찰 작업은 때때로 대상자의 설명보다 가치 있음을 잊지 않도록 한다. 질문을 잠시 뒤로 미루는 것도 괜찮다는 말이다. 사람들은 자신의 행동을 인지하지 못할 때가 많다.

자. 그런 다음 플립차트 한 장을 꺼내어 반으로 접고 각 대상자의 이름을 종이 끝에 적는다. 팀 단위로 핵심적인 감정적 고조 상태와 저조 상태를 플립차트에 중요 표시와 함께 정리한다. 그런 다음 이를 벽에 붙여서 주제들을 살펴보기 위한 준비를 시작한다.

…▶ 다든스쿨 실행팀은 모든 인터뷰를 정리한 뒤 그 내용을 벽에 붙여 패턴과 단서를 찾아보기 시작했다.

7. 이전에 다루지 않았던 주제들을 연구한다. 이는 데이터에서 차이점을 발견하도록 해줄 다양한 차원들dimensions을 정의할 수 있게 해준다. 보통은 인구통계학적 설명보다 심리학적 묘사를 이용한다. 부록에 수록된 비폭력대화센터The Center for Nonviolent Communication의 '인간의 보편적 욕구'를 활용하면 다양한 차원을 보다 쉽게 찾아낼 수 있다.

⋯▶ 다든스쿨 실행팀은 일차적으로 다음과 같은 다양한 차원들을 밝혀냈다.

내성적인 ⟷	외향적인
자유분방한 ⟷	외부에 대해 의무감을 가진
토론을 수용하다 ⟷	토론을 회피하다
문화적으로 개방적인 ⟷	문화적으로 폐쇄적인
도움을 요청하다 ⟷	스스로 해결하다
자신감 넘치는 ⟷	매우 겸손한
매의 눈으로 한 곳을 주시하는 ⟷	광범위하게 살펴보는
대학 생활의 연장 ⟷	사회생활의 연장
▶ 주류 문화로 정의하다 ⟷	소수 문화로 정의하다
▶ 실용주의자 (경력개발을 중시하는) ⟷	순수주의자 (완전한 학습을 중시하는)

더 복잡한 형태의 저니매핑은 다음 단계에서 페르소나와의 조합을 만들어낼 때 이루어진다.

8. 가장 흥미로운 사실이 담겨있다고 느끼는 두 개의 차원을 선택한다. 이를 이용해 2×2 매트릭스를 만든다. 각 사분면은 전형적인 페르소나를 대표한다.

⋯▶ 다든스쿨 실행팀은 선택한 두 개의 차원을 이용해 다음과 같은 매트릭스를 만들었다.

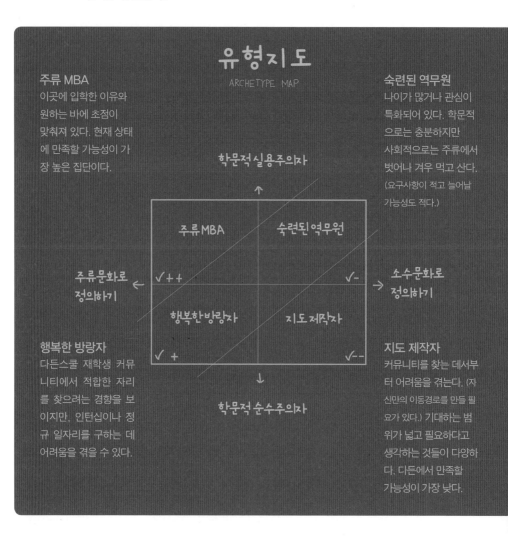

9. **인터뷰 대상자 각각을 사분면 중 하나에 옮겨놓는다.** 관찰한 대상자의 전형적 특징을 가능한 한 상세하게 묘사한다. 해당 유형을 독립적으로 보이게 해줄 인구통계학적이고 심리 묘사적인 사항에 초점을 맞춘다.

⋯▶ 다음은 왼쪽 페이지에 있는 '유형지도'의 좌측 하단 사분면을 이용해 MBA 팀이 만들어낸 페르소나 중 하나이다.

페 르 소 나 창 조 의 예 :
행복한 방랑자, 스캇^{Scatt}

- 스캇은 다든에서의 삶을 즐기고 있으며, 자신이 학위 취득 과정을 잘 따라가면 취직이 더 쉬워질 것이라고 믿는다.
- 스캇은 코넬^{Cornell} 대학에서 기계공학 학사 학위를 받았다.
- 급여 수준이 높은 기술직으로 2년간 일한 뒤, 스캇은 부서장으로부터 회사에서 더 높은 직급으로 올라가려면 석사 학위가 필요할 것이라는 이야기를 들었다.
- 스캇은 일류 대학원 여러 곳에 지원했고 그중 몇 군데에서 입학 허가를 받았다. 그는 가장 기후가 좋은 지역에 가장 좋은 교수진을 보유한 학교를 골랐다.
- 스캇은 구직활동보다는 수업 과정과 동료들과의 클럽 활동 즐기기에 초점을 두고 있다.
- 스캇은 외향적인 사람이고, 덕분에 구직 과정에서 좋은 결과를 얻기도 했다. 하지만 그는 구직활동에 전략적으로 접근하지는 않았다. 대개는 그저 재미 삼아 참여했을 뿐이다.

관리자들은 종종 해당 페르소나가 시장의 몇 퍼센트를 대표하는지를 알고 싶어 한다. 그런데 이는 페르소나의 목적이 아니다. 해당 페르소나가 실제 목표 고객 집단을 대표하지는 않기 때문이다. 오히려 페르소나는 고객들이 겪었던 다양한 종류의 경험 속에서 더욱 깊이 있는 단서를 밝혀내고 그런 경험들을 개선하는 방법에 관한 혁신적인 아이디어를 생성하도록 돕는다.

10. 각 페르소나의 이동경로를 매핑한다. 각 페르소나는 그에 해당하는 일련의 저조점들을 보여주어야 한다. 저조점이란 해당 고객 유형에서 가장 가치 있는 혁신과 창조가 시작되는 '페인 포인트 ^{pain points}'*을 말한다. 어떤 저조점은 여러 페르소나에게서 동시다발로 나타날 수 있다. 이런 페인포인트가 있다는 것은 해당 프로젝트가 특히 집중해야 할 목표 고객이 있다는 의미이므로 혁신의 성공 가능성을 높여준다.

⋯▶ 오른쪽 페이지 그림은 행복한 방랑자 스캇이 다든스쿨에서 이동하는 경로를 표시한 것이다.

스캇의 저니맵을 통해 많은 것을 관찰할 수 있지 않은가? 예를 들어 그에게 급격한 세 번의 페인 포인트는 어떤 학교를 다녀야 할지(선택의 가짓

---

* 페인 포인트란 소비자가 불편, 불안, 고통을 느끼는 지점을 말한다. 아이가 운동화를 신을 때 좌우를 바꿔 신으면 엄마한테 혼날 테니 아이도 괴롭고, 매번 좌우구별법을 가르쳐야 하는 엄마도 힘이 든다. 이럴 때는 신발 좌우를 구별하는 것이 아이와 엄마의 페인 포인트가 된다. 이 오랜 고통을 해결한 제품은 좌우 운동화에 각각 남자와 여자의 옆얼굴을 그려서, 제대로 신으면 마주 보고 뽀뽀하는 모습이 되고, 좌우가 바뀌면 마치 싸운 것처럼 등을 돌리고 있는 형태가 되어 누구나 직관적으로 구분할 수 있도록 한 것이다. – 〈중앙 선데이〉 2012년 12월 30일 '강신장의 경영 트렌트' 참조

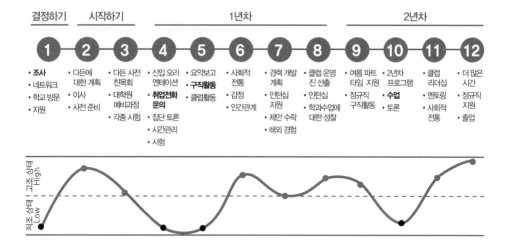

수가 너무 많다.)와 구직활동(이 역시 너무 많은 선택의 가짓수가 존재하며 그 모
두를 노리고 공부하기에는 시간이 부족하다.), 그리고 강의실에서의 일부 이슈
(다른 학생들은 공부에 그리 전념하지 않는다.)에 관한 결정이다. 이 모두는 생
산적인 혁신의 기회를 제안하는 단서가 될 수 있다.

MBA 과정의 저니매핑 프로젝트는 교수진에게 다든스쿨에서 보내는 학
생들의 삶이 그들이 믿고 있는 것과는 상당 부분 어긋나 있음을 알게 했
다. 저니매핑 프로젝트 발표가 끝나자 오랜 기간 재임했던 한 교수는 다
음과 같이 말했다. "지난 20년보다 방금 전 1시간이 우리 학생들의 삶을
더 많이 학습한 시간이었습니다."

특히 교수진은 다든스쿨에서 보내는 학생들의 삶이 (종합적 관점이기는
했어도) 학생들마다 서로 많이 다르다는 사실을 일깨워준 것에 대해 감
사했다. 교실에서 일어나는 일이든, 취업시장에서 일어나는 일이든, 또
는 깜짝 파티에서 일어나는 일이든 학생에게는 다든스쿨에서 겪는 모
든 일이 경험의 일부가 되었다. 이는 취업 지원 서비스와 같은 학문 연

구와 직접 연관이 없는 업무의 중요성에 대한 관심을 이끌어냈다. 이전
까지 구직활동을 필요악이라고 일축해버렸던 교수들은 다든스쿨에서의
경험에서 구직활동은 학생들에게 아마도 가장 중요한 요인일 것이라 생
각하기 시작했다. 강의실 내에서의 활동과 취업 관련 활동 사이의 단절
이 가장 큰 불만족이었다는 사실도 알게 되었고, 학생들마다 구직 과정
에서 필요하고 기대하는 사항들이 근본적으로 다르다는 사실도 알았다.
예를 들어 스캇의 경우 우선순위를 정할 수 있는 선행 상담이 많이 필요
했다. 이와 반대로 '숙련된 역무원' 유형의 학생들은 특정 직업군에 초
점을 맞춰 다든스쿨에 입학했고, 그에 따라 아주 다른 종류의 관심을 필
요로 했다. 학생들의 현재 경험에 관한 새로운 이해는 눈부신 혁신의 토
대가 되었고 교수진과 취업 서비스 직원 사이에서 새로운 차원의 협력
관계를 이끌어냈다.

저니매핑은 타깃 그룹, 설문조사 등과 같은 시장조사 도구와는 상당히
다르다. 이런 방식에만 익숙한 관리자들은 대개 에스노그라피 접근방식으
로 얻은 데이터를 그리 신뢰하지 않는다. 연구 대상자의 수가 상대적으로
너무 적기 때문이다. 그러나 표본 수가 작으면 자료 수집을 더 깊게 할 수
있고 집중할 수도 있기 때문에 보다 신중할 수 있다. 저니매핑 과정은 관찰
방식과 집중 인터뷰 방식을 이용한다. 관찰 방식은 조사자가 개방형 질문
Open-ended question을 이용해 고객에게 경험의 각 요소를 단계별로 보여주는
것이 좋고, 집중 인터뷰 방식은 고객이 해당 경험을 하는 동안 실시간으로
진행하는 것이 이상적이다. 사진과 영상으로 보충할 수도 있다.
시각화와 마찬가지로 저니매핑은 일반화할 수도 없고, 통계적으로 명확

한 결과를 생산하지도 않는다. 아무것도 '입증'해주지 않는다. 그 대신 표본 크기가 작은 덕에 고객들의 애매모호한 니즈를 분석하여 창조적 사고를 할 수 있게 해준다. 저니매핑의 목표는 문제 해결을 위한 대안들을 만드는 것이 아니다. 그보다는 차후의 검증을 위한 가설들을 도출하는 것이라 할 수 있다.

집에서도 해볼 수 있는 과제

일상적인 프로세스를 하나 고르자. 예를 들어 아침에 자녀를 학교에 데려다주는 일 같은 것 말이다. 그런 다음 단계를 따라서 이동경로를 맵에 표시하자. 여기에서의 초점은 '무엇이 보이는가'를 표현하는 것이지, 새로운 가능성을 브레인스토밍하는 것이 아니라는 사실을 기억하자.

1. 고른 과정을 8~10개의 단계로 나누어서 목록을 만든다. '아이가 일어난다'로 시작해서 '교문 안으로 들어간다'로 끝나는 과정이 될 것이다.

2. 종이 한 장을 가로로 놓은 후 길게 수평선을 그리고 이동경로의 지점이 될 8~10개의 단계로 구획을 나누어 번호를 표시한다. 각 단계마다 위쪽에 우선적인 책임이 있는 사람이나 기관을 쓴다.

이렇게 만든 맵은 모든 단계의 진행과정을 담아내며, 전체 이동경로를 개괄적으로 보여줄 것이다. 이제 우리는 '자녀를 학교에 데려다주는 일'에 관한 몇 가지 판단을 내릴 수 있게 되었다.

3. 저니맵 아래쪽에 이동경로의 길이만큼 큰 사각형을 그린다. 사각형을 위 아래 절반으로 나누어서 위쪽 사각형의 왼쪽 끝부분에는 '고조상태'라 쓰고, 아래쪽 사각형의 끝부분에는 '저조상태'라고 쓴다. 이는 감정적 고 조 상태와 저조 상태의 범위를 명시하기 위함이다.

이제부터는 아이의 관점에서 감정적 고조점과 저조점을 지도에 표시한다.

4. 아이가 이동경로를 지나는 동안 경험할 감정에 관해 최상의 시나리오를 그려본다. 모든 과정이 순조롭게 진행됐을 때 감정적으로 최고조에 이를 단계는 어디일까? 그래도 여전히 부정적일 단계는 어디일까? 직접 관찰했던 (또는 자녀에게 들었던) 내용으로 3~4개의 감정적 고조점을 만들어본다. '감정적 고조상태'의 사각형 안에 이동경로를 따라 각 지점을 표시한다. 그리고 "친구의 옆자리에 앉다."와 같이 각 고조점마다 짧은 설명을 덧붙인다. 마지막으로 파란색 펜으로 최상의 시나리오라고 표시한 각 지점을 선으로 부드럽게 연결한다.

5. 이제 아이가 이동경로를 지나는 동안 경험할 감정에 관해 최악의 시나리오를 그려보자. 모든 과정이 어긋난 방향으로 진행됐을 때 감정적으로

최저에 이를 단계는 어디일까? 그래도 여전히 긍정적일 단계는 어디일까? 3~4개의 감정적 저조점 목록을 만드는 것에서부터 시작해서 '감정적 저조상태' 칸에 이동경로를 따라 각 지점을 표시하자. "버스를 놓치다."처럼 각 저조점마다 짧은 설명을 덧붙이자. (참고로 핵심 단계에는 대개 감정적 고조점과 저조점을 모두 표시할 가능성이 있다.) 검은색 펜으로 최악의 시나리오라고 표시한 각 지점을 선으로 부드럽게 연결하자.

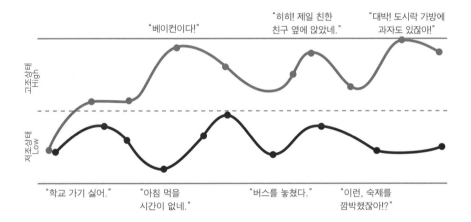

6. 이제까지의 작업 결과를 다시 들여다본다. 저니맵에는 여러 가지 차원이 포함되어 있다. 예를 들어 시간적 순서, 책임자, 그리고 감정적 다양성 등이 그것이다. 지도 전체를 살펴보면서 무슨 생각이 떠오르는지 본다. 저조점은 있지만 고조점이 없는 단계는 어디인가? 아이의 입장에서 충족되지 않은 필요사항은 무엇인가? 자신의 입장에서는? 자신의 감정적 저조점은 어느 단계에서 생기는가?

7. 이 과정의 마지막 단계로, 자신과 아이에게 충족되지 않을 가능성이 있는 필요조건 2~3개를 골라 목록을 만든다. 참고로 비폭력대화센터에서 발표한 '인간의 보편적 욕구'에서 10가지를 골라 생각해보자.

사회적 관계	신체적 웰빙	평화	자치
애정	휴식	편안함	선택권
배려심	수면	조화	독립성
소속감		자유로운 발상	
안전			

여기서의 목표는 사실 관계를 따지는 것이 아니다. 오히려 해당 과정의 재창조를 돕는 새로운 가설을 정의하기 위한 것이라고 봐야 한다. 도움이 될 만한 이야기인지 모르겠는데, 내가 아는 사람 중 하나는 저니매핑을 하면서 자신의 딸이 내일 학교에 입고 갈 옷을 입고 잠자리에 들면 아침에 천천히 일어나도 되고 등교하기 전 아침식사 시간도 충분해질 거라는 아이디어를 생각해냈다고 한다. 정답이라고 하기 어려운 해결책이지만, 그 가족에게 필요한 부분을 충족하는 결론임에는 틀림없지 않은가!

CHAPTER 05: VALUE CHAIN ANALYSIS
가치사슬 분석

가치사슬 분석은 제품을 생산하고, 마케팅하고, 유통하고, 지원하기 위한 파트너들과의 상호작용에 관한 연구다. 이를 통해 파트너들의 역량과 의도, 자신의 회사가 가진 취약점과 기회에 관해 중요한 단서를 찾아낼 수 있다. 비즈니스 측면에서의 고객에 대한 저니매핑이라고 할 수 있는데, 제품 또는 서비스를 제공하기 위해 상위 단계와 하위 단계의 파트너들과 함께 일하는 과정에서 조직의 '페인 포인트'와 기회가 어느 부분에서 가장 두드러지는지 파악할 수 있기 때문이다. 가치사슬 분석은 다양한 단계에서 유용하게 사용된다. 현재 드러나 있는 기회에 관한 가치사슬에 초점을 맞출 수도 있다. 혹은 더 넓은 범위의 산업을 대상으로 가치사슬을 탐색할 수도 있다.

사용할 시기: 가치사슬 분석은 (저니매핑이 고객의 눈을 통해 시장을 보는 기법인 것처럼) 협력업체들과 잠재적인 파트너들, 그리고 경쟁자들의 관점으로 시장을 바라볼 수 있게 돕는 도구다. 비즈니스 접점^End-to-end 간의 가치사슬을 분석하는 것은 수익성 있는 성장의 기회를 찾기 위한 탐구 단계에서 필요하다. 새로운 비즈니스 모델이 경영진과 이해관계자들에게 매력적

으로 보이려면, 무엇이 필요할지를 알지 못한 채로 '무엇이 떠오르는가' 단
계를 진행할 수는 없을 것이기 때문이다.

가치사슬 분석이 프로젝트 리스크를 줄여주는 이유: 제1장(CHAPTER 01)에
서 말했듯이, 고객을 위한 가치 창출은 비즈니스 성공 방정식의 일부일 뿐
이다. 신규 사업이 지속 가능하고 매력적이 되려면, 협력업체들뿐만 아니
라 조직을 위한 가치를 (수익 창출의 형태로) 창조해야 한다. 즉 새로운 제품
이 경쟁자들이 모방하기 어렵고 확장이 가능해야 한다는 의미다. 또한 현
재 활용할 수 있는 능력의 조합으로 (또는 관심이 있는 파트너들의 도움으로) 실
행할 수 있는 무언가가 되어야 한다. 이때 조직이 이미 보유하고 있는 역
량 수준에 맞추어 진행할 수 있다면 이상적이다. 오늘날의 가치사슬 분석
은 '무엇이 끌리는가' 단계에서 자신의 새로운 아이디어가 디자인 기준을
어느 정도까지 충족시켜주는지 가능성을 평가할 때 중요한 단서를 제공해
준다. 가치를 창조하기 위해 현재 회사에서는 어떻게 협업하고 있는지, 상
당량의 수익 분배를 요구할 만한 힘은 누가 가졌는지 등에 관한 깊이 있
는 이해는 고객을 위한 가치를 창조하는 데 있어 핵심이 될 수는 있지만,
깊은 이해만으로는 회사에 수익성을 담보해줄 확률이 높다고 볼 수 없다.
　전통적인 비즈니스 분석을 활용해왔던 우리에게 가치사슬 분석은 이미
익숙한 것처럼 보인다. 하지만 디자인씽킹에서의 가치사슬 분석은 저니매
핑 단계를 거치는 동안 확립했던 고객 중심 분석에서의 비즈니스 측면, 즉
고객의 이동이 발생하는 '시장 생태계 분석'으로 관점을 옮겨갈 수 있게
한다. 이런 분석은 종종 해당 산업 내에서 기업의 활동에 지침이 되는 '
지배적 논리'가 무엇인지 드러나게 하기도 한다. 고객에게 더 나은 가치를

제공하거나 회사에 더 높은 판매력(협상력)을 제공해서 회사가 지금까지 걸어온 경로를 변경함으로써 시장의 지배적 논리를 타파하려는 시도는 (제7장에서 더 자세히 논의할 주제다.) 성장 기회의 근본적 원천이 될 수 있다. 가치사슬 분석과 저니매핑을 함께 사용한다면, 혁신이 가져다줄 상^像을 보다 넓게 바라볼 수 있을 것이다. 또한 고객 측면과 비즈니스 측면 모두를 고려한 '성장에 관한 콘셉트 개발'을 위한 발판을 만들 수 있을 것이다.

가치사슬 분석은 다음 단계인 '무엇이 떠오르는가'에서 현재 상태의 유지를 거부하고 더 매력적인 방법으로 고객의 가치를 충족하는 새롭고 혁신적인 수단을 찾을 때 아주 중요한 기준점이 된다.

이 도구를 현재 조직에서 재조정^{rearrangement}할 필요가 있는 비효율성을 발견하고자 할 때 사용해보자. 여기서의 재조정은 보통 가치사슬상에서 누가 무엇을 하는지에 대한 범위를 조정하는 방식으로 이루어진다.

가치사슬 분석은 이미 친숙한 도구일 수도 있으므로 빠르게 살펴보겠다. 그래도 이런 비즈니스 전략적 시각이 성장의 초석을 다지는 데 얼마나 중요한지는 알아주기 바란다.

시작하기

가치사슬 분석은 우선 최종 사용자(고객)를 위한 산출물이 무엇인지 구체화한 다음, 반대 방향으로 거슬러 올라오면서 모든 핵심 참여자의 역량과 협상력을 덧붙이는 방식으로 진행된다. 여기서는 개인용 컴퓨터^{PC} 산업의 역학구조를 이용해서 분석의 여러 단계를 직접 진행해볼 것이다.

1. **자신이 속한 비즈니스에 관한 가치사슬을 그린다.** 비즈니스 활동들을 일정 단위로 묶어서 배치하는 작업이다. 고객에게 전달되는 가치 제안의 최종점에서부터 거꾸로 거슬러 올라오며 작성한다. 함께 선택된 묶음 단위는 사슬의 기본 골격을 형성한다. 각 경쟁자는 사슬에서 모든 활동의 근간이 되는 자신만의 고유한 '경로Footprint'를 가진다. 몇몇 회사는 단 하나의 단위에만 참여하기도 한다. 반면 다수의 다양한 단위로, 혹은 범위로 확장되어 있는 회사도 있다.

여기서 중요한, 그리고 때로는 까다로운 과업은 사슬상에서 하나의 요소를 구성하는 것이 무엇인지 정의하는 것이다. 사슬에 표시하고자 하는 것은 회사가 아니라, 활동의 전략적 묶음이라는 점을 기억하자. 첫 번째 단계부터 최대한 상세하게 지도를 만들수록 좋다. 따로 떼어서 검토할 필요가 없는 활동들의 묶음은 나중에 분해해도 된다. 너무 광범위하게 시작하면 전략적 장점을 창조하기 위해 따로 나눌 수도 있었던 중요한 활동을 놓칠 수 있으므로 유의한다.

전형적인 가치사슬은 다음과 같은 종류의 묶음 단위를 포함할 것이다.

위의 가치사슬 분석은 프로세스를 단 하나의 선형 모델로 가정해서 소개한 것이다. 하지만 실제 비즈니스상의 각 활동은 매번 단 하나의 흐름이나 동일한 순서로 발생하지 않는다. 이런 이유로 디자이너들은 (그리고 일부 기업인들은) '생태계Ecosystem'라는 용어를 선호한다.

···▶ 성장을 위한 결정을 내릴 때, 가치사슬에 관한 이해가 얼마나 중요한 지를 파악하기 위해 지난 20여 년 동안 개인용 컴퓨터 시장의 가치사슬 상에서 일어난 사건들을 생각해보자.

개인용 컴퓨터는 기업용과 가정용 모두 1990년대 초반에 대세가 되었다. 당시 개인용 컴퓨터의 주요 부품 공급업체는 마이크로프로세서와 소프트웨어, 그리고 기타 주변기기 제조업체였다. 이들 업체가 만든 제품들이 '완제품' 생산자Box Manufacturers*들을 거치며 컴퓨터로 조립되었고, 완성된 제품은 컴프유에스에이CompUSA와 같은 대형 컴퓨터 소매점을 통해 최종 소비자에게 판매되었다. 대형 제조업체 각각의 판매 대리점들이 기업에 대한 판매를 담당했다. 모든 업체가 유기적으로 상호 공조하는 형태로 함께 일했고, 그 결과 최종 고객에게 매우 중요한 가치가 되는 개인용 컴퓨터의 기능성을 높일 수 있었다.

서로 다른 두 가지 생태계, 즉 가치사슬이 만들어졌다. 하나는 IBM과 소위 IBM의 복제품들(IBM의 방식을 그대로 따라 하는 회사들)로 구성되었다. 다른 하나는 애플이었다. IBM의 컴퓨터는 마이크로소프트Microsoft와 인텔Intel의 제품들을 사용했다. 애플은 독자적인 길을 걸었다. 많은 사람이 고객 친화적 측면이나 기능성 측면에서 마이크로소프트의 시스템이 애플의 그것보다 열등하다고 믿었음에도, IBM과 호환되는 컴퓨터를 모방해서 복제하는 제조업체들이 가격을 계속 낮추고 상품의 인기를 계속 높였다. 이것이 소위 말하는 '윈텔(윈도우와 인텔)' 사슬이다.

시장점유율을 시계열로 정확히 집계하기란 매우 어려운 일이지만, 어

---

* 모든 부품을 가져다가 최종 완성품 형태로 조립해서 내놓는 업체

쨌든 1985년의 집계 추정치에서 IBM과 호환 가능한 컴퓨터의 시장점
유율은 전체의 절반을 차지했다. 1994년에 이들의 시장점유율은 90%
를 넘어섰다.

2. **경쟁 환경을 분석한다.** 해당 산업의 핵심 업체들과 그들의 상대적 시장점
유율을 정의해서 각 상자 안에 분석한 내용을 기입한다.

    …▶ 인텔(마이크로프로세서와 칩셋)과 마이크로소프트(운영체제와 응용 소프
트웨어) 같은 부품 공급업체는 이 윈텔 사슬을 20년 이상 지배했다. 반면
휴렛패커드HP(이하 HP)와 IBM, 컴팩 같은 완제품 제조업체는 시장점유율
을 주거니 받거니 하며 1990년대 중반에 이 시장에 뛰어든 복제품 세대
들에 대항하여 자신들의 상품을 차별화하는 데 많은 어려움을 겪었다.

3. **전략적 핵심 역량을 정의한다.** 각 상자에 가치를 생산하기 위해 필요한 능
력을 기입한다. 각각은 가치를 창조하는 데 어떻게 기여하는가?

    …▶ 이 사슬에서 핵심이 되는 전략적 역량을 평가해보고 나니, 완제품 제
조업체들이 처한 수익성 문제의 근원이 명확해졌다. 인텔과 마이크로소
프트의 성공을 이끌었던 기술적인 핵심 능력은 한정된 규모와 기술로는
복제하기 어려웠고, 이는 진입장벽이 되었다. 반면 완제품 제조업체들은
주로 생산 측면에서 조립 공정을 어떻게 운영할 것인가에만 골몰했다.
판매와 서비스 측면에서 역량의 차별화를 꾀해야 했지만, 이 단계에서는
어느 업체도 명확한 경쟁 우위를 보유하지 못한 듯 보였다.

4. 각 업체의 판매력과 영향력을 평가한다. 시장을 주도하는 업체는 누구인가? 각 업체를 대체할 회사를 찾기가 얼마나 쉬운가? 각 업체가 기여하는 가치를 최종 사용자는 얼마나 감지하는가?

⋯➤ IBM과 HP를 경쟁자로 간주하는 건 쉽다. 하지만 그들의 협력업체들 역시 잠재적 경쟁자들이다. 이들의 문제는 가치사슬상에서 발생하는 수익을 나누어 갖기 위해 경쟁해야 한다는 것도 있지만, 다른 경쟁자들의 움직임에 취약하다는 데도 있었다. 이런 경향은 잠재적 경쟁자들에게는 기회가 될 수도, 타격이 될 수도 있다. 개인용 컴퓨터 시장에서 수익을 얼마나 많이 가져갈 수 있는지는 가치사슬상에서의 판매력과 영향력에 의해 좌우된다. 개인용 컴퓨터에서 실제 성능은 명령의 실행을 담당하는 프로세서에 달려 있다. 명령이 얼마나 빨리 실행되느냐는 컴퓨터가 얼마나 빠른가와 같은 말이며, 컴퓨터의 실행속도가 소프트웨어의 고객 친화성과 운영체제 또한 결정한다. 인텔과 마이크로소프트의 힘은 바로 여기에 있었다.

5. 가능성을 찾는다. 가능성을 찾는 이유는 가치사슬상에서의 영향력과 수익성을 향상하기 위해서다. 가치사슬을 분석하는 동안 그 안에서 힘과 포지션 간의 관련성에 관해 무엇을 알아냈는지 생각해보자. 가치를 파악하는 방법은 무엇으로 결정되는가? 힘은 누가 가지고 있는가? 그 이유는 무엇인가? 경로를 변경해서 영향력과 수익성을 향상할 기회는 어디에서 찾아야 하는가? 이런 질문들은 성장 가능성을 평가할 때 사용될 디자인 기준을 생성하기 위한 사전 작업이 된다.

…▶ 1993년에 델^{Dell}은 전 세계 5대 컴퓨터 생산업체 중 하나가 됐다. IBM 이나 컴팩이 실패했던 부분에서 성공했기 때문이다. 이들은 새롭고 특별한 가치, 즉 맞춤형 구성과 직접 판매 방식을 제시했고, 자신들의 강점을 사슬에서 가장 약한 부분인 유통에서 찾았다. 델의 비즈니스 모델은 (그리고 회사가 이를 실행했던 과정에서 거친 가치사슬상의 경로는) 다른 완제품 경쟁업체들과는 사뭇 달랐다. 델은 고객들과 직접 거래했기 때문에 부품 재고를 떠안지 않았고, 대금을 선불로 받은 덕분에 현금흐름 또한 아주 큰 이점이 되었다. 이는 회사가 얻은 이익을 인텔이나 마이크로소프트 수준과 동일한 정도의 투자액으로 전환할 수 있게 해주었다.

6. **취약한 능력을 파악한다.** 이 과정은 공격뿐만 아니라 방어를 위해서도 중요하다. 우리를 불리하게 하려고 자신의 경로를 변경할 수 있는 경쟁자를 찾아보고, 그와 비교했을 때 취약한 부분이 어디인지를 분석한다.

…▶ 인텔이 '인텔 인사이드 캠페인'을 통해 자신의 협력업체들을 어떻게 초토화했는지는 주목해보면, 전략적으로 취약한 능력이 성장을 위한 디자인씽킹 프로세스에 투입할 중요한 자원이라는 사실을 이해하게 된다. 공동 브랜드인 것처럼 가장했던 인텔의 광고 캠페인은 효과적으로 진입장벽을 무너트렸고, 심지어 당시 완제품 사업에서 잘 알려진 IBM과 컴팩, HP 등과 같은 업체들마저도 제품 차별화에 어려움을 겪게 만들었다. 무엇보다 개인용 컴퓨터에서 중요한 것이 인텔의 내부 부품들이라면 굳이 컴팩의 상표가 붙었다는 이유로 비용을 더 지불할 필요가 있을까 하는 의구심을 갖게 만들었다. 결국 IBM은 이 사업을 접었고 컴팩은

HP에 인수됐다. 완제품 제조업체에 납품하는 일부 부품을 경쟁력 있게 변화했기 때문이 아니라, 부품을 공급하던 업체(인텔)가 완제품을 공산품처럼 만들어버렸기 때문이다. 한편 애플은 독자적으로 차별성과 가치사슬의 통제를 유지했다. 그 결과 더 적은 수량을 팔았음에도 높은 이익을 거두어서 (Mac의 르네상스가 시작되기 전까지) 불경기에서 살아남았다.

7. 주제를 정의한다. 협상력과 가동 능력, 파트너와 방어력 등과 연관시켜서 주제를 정한다.

…▶ 이 사례가 강조하는 바와 같이, 기존 가치사슬 분석은 때때로 매력적인 포지션이 어디인지, 전체 가치사슬에서 발생하는 가치 중에서 어느 부분을 얼마나 차지할 수 있는지, 그리고 염가 상품화의 파장을 어떻게 피할 수 있는지 등에 관한 중요한 단서를 제공한다. 성장을 위한 투자를 어느 곳에 할 것인가를 결정할 때는 이 모든 요소를 고려할 필요가 있다.

비즈니스 측면에서 매력적인 기회 요건에 관한 가설을 모으고, 여기에 저니매핑과 같은 도구를 이용해 얻은 단서들을 추가하면, 혁신을 성공시키기 위해 필요한 고객 측면과 비즈니스 측면의 핵심적 속성을 구체적으로 밝힐 수 있는 공식을 얻은 셈이 된다. 그 과정을 살펴보기 위해 다음 도구, 마인드매핑으로 넘어가보자.

사례 분석의 틀
네트워크상에 존재하는 각 주체들이 어떤 잠재적
가치를 차지하고 있는가?

- 누가 성과를 창출하는가?
- 누가 고객 충성도를 얻었는가?
- 전략적인 의도는 어디에서 모이고 갈라지는가?

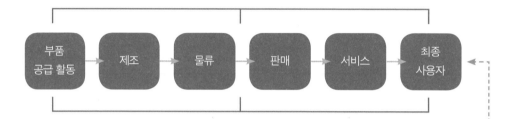

역량에 관한 질문
가치사슬상의 각 활동 묶음에서 성공을 위해
필요한 기술과 프로세스는 무엇인가?

고객의 사례 만들기
네트워크는 어떻게 고객에 의해
정의된 것과 동일한 가치를
창조하고 강화하는가?

포지셔닝에 관한 질문
- 우리는 어느 부분에 취약한가?
- 가치를 창조하고 파악하는 능력을 향상시키기 위해
  우리의 역할을 어떻게 변경하거나 강화할 수 있는가?
- 그렇게 하기 위해 개발하거나 향상해야 할 필요가
  있는 새로운 능력은 무엇인가?
- 누가 우리의 파트너가 되어야 할까?

CHAPTER 06: MIND MAPPING
마인드매핑

　마인드매핑은 지금까지 '무엇이 보이는가' 단계를 탐구하는 동안 모아두었던 많은 양의 데이터를 기반으로 패턴을 찾아내는 과정에서 이용된다. 시장에서 통하는 흥미로운 패턴과 단서를 찾을 수 있기 때문에 이 프로세스를 잘 마치면 중요한 것과 그렇지 않은 것을 분리할 준비를 마쳤다고 볼 수 있다. 마인드매핑의 목표는 바로 다음에 오게 될 '무엇이 떠오르는가' 단계에서 진행될 아이디어 도출을 위한 기준을 확립한다는 데 있다. 마인드매핑을 수행하려면 숨겨진 패턴과 의미가 드러날 수 있도록 데이터를 구조화해야 한다. 그리고 이 과정에 동료를 참여하게 할 필요가 있다. 앞으로 만들어나갈 디자인에 요구되는 공통적인 '생각'을 함께하기 위해서다. 여기서 사용되는 '마인드매핑'이라는 용어는 특정 종류의 (예를 들면 '마인드 맵' 또는 '스파이더 다이어그램'과 같은) 도표를 언급하는 것이 아니다. 엄청난 양의 정보에서 의미를 추출해내는 과정을 묘사하기 위해 사용하는 용어 정도로 이해하자.

　사용할 시점: 각각의 핵심 주체, 즉 고객과 공급자, 파트너, 그리고 자신이 속한 조직을 대표할 만한 데이터들을 모두 모았고, 아이디어를 도출해

도 되겠다는 생각이 들면 마인드매핑 단계로 이동한다. 누구든 항상 더 많은 정보를 원하기 마련이므로, 자료 수집에서 마인드매핑으로 이동하는 시점은 대개 필요한 모든 정보를 다 모았다는 만족감에 의한 것이 아니라 프로젝트 일정에 의한 것일 때가 많다. 이 작업이 단 하나의 정답만을 찾는 작업이 아니란 사실을 염두에 둔다면 마인드매핑 과정에서 부딪히게 되는 '확실한 단서를 찾아내고자 하는 욕구'를 충분히 만족시킬 수 있을 것이다.

마인드매핑이 프로젝트 리스크를 줄여주는 이유: '무엇이 보이는가' 단계의 초기 도구들을 사용해서 데이터를 많이 모았다면, 이제부터 하게 될 과업은 이 모든 데이터에 접근해서 더 나은 아이디어를 개발할 수 있도록 실제로 활용하는 것이다. 이에 못지않은 두 번째 과업은 사전에 골라둔 아이디어를 자신의 조직에 맞게 대입하는 것이다. 데이터에서 아무것도 배우지 못하거나 데이터가 말해주는 단서를 무시하는 것은 디자인 프로젝트를 무용지물이 되게 하거나 실패하게 하는 주된 원인이 된다.

마인드매핑은 이 두 가지 함정을 피할 수 있게 해준다. 이 도구를 이용함으로써 하나의 정답에 관해 논쟁하는 '평상시의 비즈니스' 문화를 유효한 자료를 중심으로 하는 '탐구와 대화'로 대체할 수 있다. 마인드매핑은 프로젝트 참가자들이 시장에 대해 공통된 시각을 갖게 하고, 이를 통해 각자가 프로젝트에 참가할 당시에 갖고 있었던 본인 나름의 해결방안에 대한 집착을 줄여준다. 마인드매핑 프로세스가 팀 스포츠처럼 진행되어야 하는 이유다.

많은 사람이 마인드매핑을 디자인씽킹 프로세스에서 가장 어려운 부분으로 인식한다. 어떤 흡연자도 화이자의 실행팀에게 "나는 흡연을 의학적 문제가 아니라 생활방식의 선택적 습관으로 봅니다."라고 말해주지 않았다. 그 단서는 실행팀이 그와 연관된 데이터를 눈이 빠져라 검토하고 그 안에 숨겨진 패턴을 찾아보는 동안 발견된 것이다. 결국은 그렇게 했던 과정들이 깨우침을 주고 새로운 비즈니스의 틀을 구성하게 인도한 것이다. 그러나 거기까지 도달하기란 매우 어려운 일이다. 마인드매핑은 과학보다 예술에 훨씬 더 가까운 도구라서 어찌해야 할지 모를 수 있다. 실제로 직관력이 중요한 역할을 하는 이 단계는 감정적 저조점이 되며, 애매모호하고 구조화하기 어려운 점이 있다는 것을 부인할 수 없다.

마인드매핑은 '마음속의 형사'가 활동을 개시하는 곳이다. 자신을 범죄 현장에 나타난 셜록 홈즈라고 생각하자. 지금 당신은 잠재적 단서들로 둘러싸여 있고, 이들을 일관된 하나의 이야기로 조립할 참이다. 영국 런던 경시청이 파견한 조사관들이 갈팡질팡하는 바람에 놓치는 위험신호를 찾아내는 홈즈처럼 무엇이 (예를 들면 차선책이나 페인 포인트 등) 알맞지 않은지 특별히 주의를 기울이자.

마인드매핑은 창조적 도약을 필수로 요구하기 때문에 분석적으로 훈련을 받은 사람에게는 불편한 작업이 될 수 있다. 다행히 인간은 패턴 인식에 매우 능숙하다. 수십억 년의 세월 동안 이런 방식으로 우리의 마음은 훈련되어왔다. 우리가 우리의 뇌를 계산기처럼 사용한 기간은 그저 몇백 년에 지나지 않는다.

시작하기

1. **좌판을 펼쳐놓는다.** 마인드매핑은 수집한 데이터를 모든 사람이 볼 수 있도록 펼쳐놓는 작업에서부터 시작한다. 이는 아주 벅찬 업무가 될 수 있다. 전통적으로 관리자는 자신이 학습한 내용을 요약하여 보고서를 공유하면, 다음 과업에 대해 논의하기 전에 팀원들이 이 보고서를 읽고 분석할 거라 예상한다. 이런 식의 접근법은 진정으로 헌신적이고 근면한 팀에서라면 모르겠지만, 큰 조직에서 마인드매핑 과정에 참여시키는 것과 같은 강도 높은 사전 준비가 필요한 일일 경우 운이 아주 많이 따라줘야 원하는 결과를 얻을 수 있다. 몇 개월간의 탐구는 종종 너무 방대한 양의 정보를 생산해서 사람들을 질리게 하고 프로젝트에 참여하고 싶지 않게 한다. 그러니 외부 사람들을 참여시키고자 한다면 데이터의 공개 범위에 세심한 주의를 기울이는 것이 필요하다.

여기서 제안하고 싶은 점은 모든 자료를 미술관처럼 전시하라는 것이다. 그러려면 시각화의 힘을 이용해 가능한 한 명확하고 간결하게 학습한 내용을 핵심 구성요소별로 배열해야 한다. 이 단계까지 잘 왔다면 이미 저니매핑, 2×2 페르소나 매트릭스, 가치사슬 분석 등을 통해 얻은 전시할 만한 결과물들을 가지고 있을 것이다. 그것들부터 시작하면 된다. 그런 다음에는 그 자료와 부수적인 데이터를 이용해 핵심 주제와 트렌드를 잡아낸 포스터를 만들면 된다. (참고로 복사전문점에 가면 파워포인트나 워드 문서를 아주 저렴한 가격에 포스터 크기의 사본으로 만들어준다.)

⋯▶ 다든스쿨 팀의 마인드매핑 과정을 들여다보자. 팀원들은 학생들의

MBA 과정을 보다 값진 경험으로 만들 수 있는 기회를 탐색하도록 자신들의 과제를 계속 수행하며 단서와 패턴을 찾았고, 새로운 가능성을 그려보는 과정에서 교수진과 직원 참여의 중요성을 깨달았다. 사람을 피곤하게 만드는 일련의 뻔한 생각들이 되풀이되는 동안에도 그들은 단순히 의견을 발표하는 시간이 되지 않도록 그동안 모아둔 데이터에 관해 논의를 집중했다. 탐구 단계에서 팀원들은 재학생과 입학 예정자, 교수진과 직원의 경험을 토대로 저니맵을 그려냈었다. 또한 재학생과 졸업생, 자문위원들을 대상으로 목표 그룹 인터뷰도 진행했었다. 고등교육의 현재와 미래에 관한 보고서도 검토했다. 인구통계학적 트렌드와 비즈니스 트렌드도 연구했다. 하지만 그들이 마인드매핑 시간에 초대한 사람들은 이들이 준비해왔던 수백 장짜리 보고서를 읽어볼 시간도 의향도 없는 사람들이었다.

이들은 자료를 전시장처럼 진열하는 데서 해결책을 찾았다. 각 리포트에서 뽑은 핵심 요약 페이지를 포스터로 만들고, 이를 페르소나와 저니맵, 팀의 비전 선언문과 학교의 비전 등과 함께 복도에 걸었다. 이 전시장은 이해관계자 집단을 감안해 구성했고, 전시 자료에는 여러 차례 회의를 하는 동안 교수진과 직원들이 했던 짧은 인용구와 학생 및 교수의 사진도 포함시켰다. 직원 일부가 칠한 지 얼마 되지 않은 벽에 테이프를 붙이는 것은 안 된다며 문제를 제기했지만, 그 외에는 팀원 모두가 완성된 전시장에 만족했다. (이들은 특수 테이프를 이용해 페인트칠의 유지 문제를 해결했다.)

2. 구매자를 초대한다. 잠재적 구매자 중 적당한 사람들을 골라 그들의 직관

력을 하루 내지 반나절 정도만 빌리고 싶다고 말하자. 이들이 도착하면 작은 원형 테이블에 앉도록 자리를 배정하여 그룹을 만든다. 한 사람마다 펜, 색깔이 다른 중간 크기의 포스트잇 두 묶음, 큰 사이즈(A4 정도 크기)의 포스트잇 한 묶음, 필기판(클립보드)을 제공한다.

⋯▶ 50명 이상의 다든스쿨 교수들과 직원이 이 마인드매핑 행사에 참석했다. 그들 각각은 한 손에는 다든스쿨의 비전 선언문이 쓰여져 있는 필기판을, 다른 한 손에는 행사 일정표와 포스트잇 묶음과 펜을 들고 있었다.

3. **투어를 진행한다.** 방문자에게 미술관 투어를 시작해도 좋은지 묻는다. 방문자들이 이 과정에 얼마나 친숙해지느냐에 따라 전시장을 한 바퀴 돌며 각각의 시각적 도구들이 의미하는 바를 간단하게 설명하는 시간이 필요할 수도 있다.

⋯▶ 다든스쿨 팀원들은 각자가 방문자들을 데리고 15분 정도의 전시장 전체를 소개하는 투어를 진행했다.

4. **좋은 물건을 골라낸다.** 참석자에게 (특정 색의 중간 크기 포스트잇에다) 새로운 아이디어라고 생각하는 것과 그 이유를 적어달라고 하자. 이때 다른 사람이 듣지 않는 곳에서 개별적으로 부탁하는 것이 좋다. 아마 사람마다 20~30가지는 거뜬히 만들어낼 것이다. 만약 중요한 데이터가 전시장에 빠져 있다면, 참석자가 이를 스스로 추가할 수도 있을 것이다. 단, 서로 다른 색깔의 포스트잇을 이용한다. (각 팀을 전시장 내의 서로 다른 지점에서

시작하게 하고, 모두 크고 두꺼운 글씨로 써달라고 부탁한다.)

　…▶ 다든스쿨 팀이 놀라워했던 것은 마인드매핑에 참여한 교수들이 지침에 따라 20분을 꽉 채워서 조용히 작업했다는 점이다. 이 경험은 매우 인상적이었다.

5. **좋은 것끼리 묶는다.** 참석자들을 원래의 원형 테이블로 돌아가게 한 뒤, 필기판에 각자 적은 포스트잇을 몇 개의 주제로 묶어 붙이도록 한다. 5분 정도의 시간이면 충분할 것이다. 이 작업을 완료한 다음, 각 그룹 단위로 공통된 내용의 포스트잇을 묶어내어 대형 판에 서로 공유한 패턴과 주제를 게시한다. 이때 다음과 같은 접근법을 제안한다.

먼저, 한 명이 확실히 드러나 보이는 주제를 제안하고, 그 주제에 가장 적절한 포스트잇을 판에 붙인다. 그 다음 다른 그룹 사람들이 자신이 가진 것 중에서 그와 가장 관련성 높은 메모를 덧붙인다.

이 작업이 끝나면 두 번째 사람이 다른 주제를 제안한다. 마찬가지로 참가자들이 돌아가면서 관련성 높은 포스트잇을 두 번째 묶음에 더하는 방식으로 반복한다. 모든 주요 주제가 보드에 다 들어갈 때까지 이 과정을 계속한다.

마지막으로, 어느 주제와도 연결되지 않은 포스트잇을 한쪽 끝에다 '기타 의견Outliers'으로 해서 붙인다. 이 점에 유의하자. 묶음 단위에 연결되지 않았다고 해서 그 한 장의 정보가 중요하지 않은 것은 아니다.

　…▶ 이러한 그룹 활동은 대개 처음 시작할 때는 지지부진하다. 그러다가

참가자들이 하나둘 자신의 포스트잇을 다른 사람의 것에 덧붙이며 묶음을 만들기 시작하면 대화는 활기를 띠기 시작한다. 그렇게 해서 나온 판은 그리 예쁜 모습은 아니겠지만, 그 결과물은 이를 창조해낸 집단에게 매우 의미 있는 내용이 될 것이다.

6. **각 묶음과 연관 있는 단서를 찾아낸다.** 묶음 단위들 사이의 연결고리를 찾아보자. 그룹 단위로 각 묶음에서 떠오르는 단서가 무엇인지 정의해보라고 요청한다. 이를 큰 포스트잇에 써서 관련성 높은 묶음의 윗부분에 붙이도록 한다. 그 다음, 각 묶음 사이에서 관련성을 찾아내야 한다.

7. **통찰력과 연결 관계를 디자인 기준으로 변환한다.** 지금까지 학습한 것을

바탕으로 "무엇이든 가능하다면 우리는…"이란 질문을 던진다. 그 기준을 그룹당 하나씩 플립차트에 기입한다.

…▶ 다든스쿨 팀이 진행한 마인드매핑에 참가한 교수와 직원들은 다음과 같은 기준을 만들어냈다.

"무엇이든 가능하다면 우리는…"

- 다든스쿨에서만 특별히 가능하고 학교 비전과도 잘 들어맞는, 차별화되고 의미 있는 경험을 재학생들과 입학 예정자들에게 제공한다.
- 입학지원부터 졸업까지 모든 학과 간, 모든 교육과정 간, 그리고 모든 과외활동 간에 걸쳐 전 과정을 통합적이고 일관성 있는 강력한 서비스로 만들어 제공한다.
- 교수들 모두가 현재 하고 있는 소규모 인텐시브 코스처럼 학생들 한 사람 한 사람을 깊이 있게 지도하는 수준으로 100명 정도의 학생을 지도할 수 있는 여건을 조성한다.
- 우리가 진정으로 추구하고자 하는 교육의 결과를 명확히 제시하고 그 결과를 달성할 방법을 정확하게 밝힌다.
- 재학생이나 입학 예정자 모두가 개인 맞춤형이라고 느낄 수 있도록 선발 과정에서 지원자들과 긴밀한 관계를 구축하는 데 다든스쿨의 관심과 자원을 더 많이 투여한다.
- 학과의 교수진 모두는 그들 자신의 전공 영역만을 보호하지 않도록 하고, 일치단결하여 교육 과정 전체의 품질을 책임진다.
- 큰 변화를 위해 현재 진행되고 있는 혁신과 실험을 적극 지원한다.

8. **공통 기준을 목록으로 만든다.** 그룹마다 서로의 차트를 꼼꼼히 살펴보고 각 기준에 관해 논의하여 이상적인 디자인 프로젝트가 될 수 있도록 공통 기준을 '주요 목록'으로 정리한다. 모두 함께 큰 그룹으로 작업한다.

⋯▶ 다든스쿨의 경우 각각의 그룹에서 생성된 디자인 기준을 서로 비교한 결과, 적어도 교수진 내에서는 새로운 디자인 프로젝트가 매우 높은 질적 수준을 달성하기를 놀라울 정도로 열광했다.

집에서도 해볼 수 있는 과제

집안에서 이것저것 볼 것이 많은 곳을 골라보자. 대개는 정리가 되지 않은 냉장고가 마인드매핑을 실행해볼 만한 이상적인 장소가 된다. 물론 어수선하게 메모가 꽂혀 있는 코르크 칠판이나 정돈이 필요한 책상 위, 쓰레기통 선반, 또는 책이 빼곡히 꽂혀 있는 책장도 괜찮은 장소가 될 수 있다. 따로 필요한 것이라면 펜과 메모장 정도다.

이 활동은 약 30분 정도가 소요된다. 하지만 서두를 필요는 없다. 활동의 가장 마지막에는 자신의 집 일부가 우선순위에 맞게 잘 정돈될 것이며, 디자인씽킹을 활용하는 새로운 방법을 배우게 될 것이다.

1. **가설을 세워 목록을 만든다.** 고객이나 현장조사 등에 관한 가설을 세울 때와 마찬가지로 냉장고에서 무엇이 가장 중요한지를 가설로 세운다. 이 사례에 적용할 수 있는 몇 가지 가설을 소개한다.

- 나는 이미 우리 집 냉장고에 무엇이 있는지 다 알고 있다.
- 나는 이미 우리 집 냉장고에서 무엇이 가장 중요한지 알고 있다.
- 나는 이미 무엇을 버려야 하고 그중에서도 무엇을 가장 먼저 버려야 하는지 알고 있다.

실제로 냉장고 안의 실태에 관해 잘 모른다면 어떻게 해야 할까? (현장조사 내용을 한꺼번에 다 기억할 수 없는 것과 마찬가지다.)

자신이 가장 중요하다고 느끼는 것이 실제로 별로 중요하지 않은 것이라면 어떻게 해야 할까? 마인드매핑에서는 논리와 직관 모두가 중요하다.

아예 처음부터 버려야 할 물건을 하나의 집단으로 간주하고 냉동실에 넣어도 되는 물건들에 관한 규칙을 확립하는 것은 어떨까?

2. **시각적 혼돈 상태를 시각적 정돈 상태로 만든다.** 모든 물건을 꺼내어 식탁 위나 바닥에 깔끔하고 보기 좋게 늘어놓는다. (하지만 어떤 정렬 방식도 따르지 않도록 한다.)

3. **비교하고 대조한다.** 유사한 물건끼리 묶음 단위를 만들자. 주제에 관해 폭넓게 생각해보자. 중요한 전화번호나 가족사진, 친구들의 사진이나 해야 할 일의 목록, 마트에서의 구매 목록 등을 묶음 단위로 만들 수 있다. 파란색이 더 많은 물건이나 빨간색이 더 많은 물건으로 분류할 수도 있다. 물건들을 한 집단에서 다른 집단으로 옮기는 것을 두려워하지 말자. 묶음 단위의 주제 중에 서로 반대되는 것이 있는가? 그렇다면 그 묶음을 서로 다른 두 개의 집단으로 나누자. 아마 처음에는 냉장고 자석을 모

두 하나의 묶음으로 분류했을지 모른다. 하지만 이 자석들도 서로 다른 그룹으로 나눌 수 있다. 예를 들면 병원과 피자배달 전화번호 등과 같은 기능성 자석 그룹과 장식용 자석, 재미있는 자석 그룹으로 구분하는 식이다.

묶음 만들기를 완성했을 때, 이들을 서로 비교하고 대조함으로써 무엇을 배울 수 있을까? 이런 차이점이 자신에게 의미 있거나 유용할지 메모해보자. 예를 들면 "전화번호 자석이 모두 함께 있을 때는 원하는 번호를 찾을 수 있었고, 어떤 번호가 빠졌는지 알기 쉬웠다. 이제 우리 가족은 주치의 전화번호와 주소를 찾기 위해 구글을 검색할 필요가 없을지도 모른다."와 같이 말이다.

4. **5W에 따라 정렬한다.** 5W는 누가^{Who}, 무엇을^{What}, 언제^{When}, 어디서^{Where}, 왜^{Why}의 다섯 가지를 의미한다. 묶음들을 살펴보자. 대부분 사람들이 처음에는 '무엇을'이나 '어디서'를 기준으로 주제를 만든다. 하지만 필요하다면 묶음 단위를 쪼개서 '누가'와 '언제', '왜'를 기준으로 재정리해도 좋다.

누가:

- 냉장고에 있는 물건을 누가 주었는지 또는 누가 집어넣었는지 생각해보자. 아마도 가족관계도의 형태를 띠지 않을까?
- 가족 중 누가 이 물건을 가장 중요하게 여길까를 따져서 물건들을 재분류하는 방법을 고려해보자. 나름 유용한 분류 체계가 되지 않을까?

언제:

- 물건을 집에 들여온 순서로 하는 것은 어떨까? 급한 순서에 따라 분류하는 '해야 할 일 목록'의 형태를 띠게 될까? 아니면 중요한 순서에 따라 분류한 형태?
- 자신에게 의미 있는 이야기 형태로 분류할 다른 방법이 또 있을까?

왜:

- 어떤 물건이 특별히 자신에게 중요한 이유는 무엇일까? 아이들 각자에 대한 자랑스러움을 형상화하거나 배우자와 공유하는 추억을 결합하거나 메뉴, 전화번호 자석, 쿠폰을 포함하여 '포장 및 배달 가게'를 통합하는 등의 방법으로 묶음 단위를 만들 수도 있다.

어떤 분류법이 자신에게 가장 유용할지 생각해보고 그 내용을 메모하자.

5. **성찰한다.** 이제 당신의 메모장에는 가장 (기능적으로) 유용하고 가장 (감정적으로) 의미 있는 분류법이 가득 적혀 있을 것이다. 일부는 자신과 자신의 가족 구성원에게 공통적으로 편리함을 제공할 수도 있을 것이다. 이로써 냉장고에 적용할 수 있는 가장 유용한 분류법을 재창조해내었다.

물론 비즈니스에서는 단 하나의 분류법으로 제한할 필요가 없다. 마인드매핑 도구는 다른 형태의 데이터는 유용하게 자르고 깎고 썰 수 있게 해주며, 동일한 데이터는 다양한 방법으로 분류하고 배열할 수 있게 해준다. 어떤 분류 체계는 의사결정을 돕고, 또 어떤 체계는 학습한 내용의 공유를 돕기도 한다. 어떤 체계는 형이상학적이고 관념적이며, 다른 어떤 체계는 더 구체적인 내용을 도출할 수 있다. 서로 다른 분류 체계를 생각해내는 것은 혼란스럽고 반복적인 과정이다. 어떤 디자이너는 볼 때마다 항상 조금씩 달라진다고 말하기도 한다. 그래도 이는 효과가 있다. 이제 혼돈 상태에서 정돈 상태를 창조하는 도구를 획득한 것이다.

'무엇이 떠오르는가'로 가기 전에

디자인씽킹의 다음 단계인 '무엇이 떠오르는가'로 진입하기 전에, 마인드매핑 과정에서 발견한 결과물들을 아이디어 생성 과정에서 사용하려면 더 효율적인 형태로 압축할 필요가 있다. 두 번째 프로젝트 관리 보조도구인 '디자인 기준'을 적용할 시기인 것이다. 해결방안을 만들어내기 전에 디자인 기준을 확립하는 것이 얼마나 중요한지는 아무리 강조해도 지나치지 않다. 이 순서를 건너뛰면 사람들은 편견을 가질 수 있다. 그렇게 되면 고객이 원하는 가치를 충족하는 해결책 대신, 자신들이 선호하는 해결책을 선택할 가능성이 높아진다.

다음 단계로 넘어가기 전에 명확한 디자인 기준을 확립할 시간적 여유가 있다면, 더 나은 디자인을 위해 무엇을 더 준비해야 하는지 서로의 생각을 공유해보자. 디자인 기준은 디자인을 어떻게 평가할 것인지에 관한 척도를 제공한다. 하지만 이것이 특정 디자인의 구체적인 청사진이 되는 것은 아니다.

자신을 11살짜리 어린아이이며, 새 자전거를 사기 위해 10만 원을 모으는 목표를 세웠고, 이를 위해 동네 수영장 앞에서 음료수를 팔기로 했다고 가정해보자. 목표 금액을 모으려면 하루 이상 걸릴 것이라 믿고 있다. 이럴 경우 음료수 판매대에 관한 디자인 기준은 어떠해야 할까?

- 아빠의 차 트렁크를 이용해 운반할 수 있어야 함.
- 비가 올 경우 비바람에 잘 견딜 수 있어야 함.
- 그늘이 있어야 함.
- 음료수를 컵에 따를 수 있도록 평면 선반이 있어야 함.
- 아이스박스를 밑에 넣을 수 있을 만큼 높아야 함.
- 여러 번 재사용할 수 있을 정도로 내구성이 있어야 함.
- 비용이 10만 원 미만이어야 함.
- 금요일 저녁까지 확실히 완성할 수 있어야 함.

이 요소들은 음료수 판매대를 정확히 어떻게 디자인할 것인지 알려주진 않고 있다. 그러나 특정 선택을 제거하고 다른 선택으로 인도할 수 있게 한다(예를 들면 '비가 올지 모르므로 수성 물감은 제외한다', '테이블은 한 개만 하는 게 알뜰해 보인다'와 같은 것). 이런 기준을 디자이너에게 준다면 그 사람은 행복해할 것이다. 그의 작업을 어떻게 평가할 것인지가 분명해지니까. 혁신적인 해결책을 발견할 여지가 충분히 생기는 것이다.

이런 것들이 '무엇이 떠오르는가' 단계에서 필요한 기준의 유형이다. 새로운 디자인 도구상자에서 첫 네 가지 도구를 성공적으로 활용했다면, 현재에서 새로운 미래를 창조하는 과정으로 넘어갈 준비가 된 것이다.

What if?

SECTION 3:
무엇이 떠오르는가

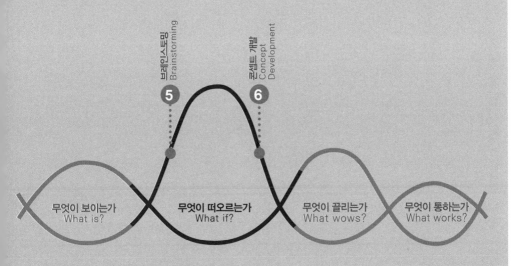

브레인스토밍
Brainstorming

5

콘셉트 개발
Concept
Development

6

무엇이 보이는가
What is?

무엇이 떠오르는가
What if?

무엇이 끌리는가
What wows?

무엇이 통하는가
What works?

이번에는 마크 스테인Mark Stein을 만나보자. 그는 회계사 겸 경영 컨설턴트에서 디자인씽킹 전문가로 탈바꿈한 또 한 명의 사례이다. 그러나 마크는 '디자인씽킹 전문가'라는 명칭에는 별 흥미가 없다. "저는 문제 해결사라고 할 수 있어요. 도전해보기 좋은 비즈니스 문제에 쉽게 빠져들죠. 해답에 접근 가능한 모든 방법을 생각하다 보면 그 문제는 마치 퍼즐과 같아져요."라고 말할 뿐이다.

마크는 경영학을 전공하고 공인회계사를 거쳐 경영 컨설턴트로 일했던 지난 경력을 경영자가 되기 위한 좋은 준비 과정이었다고 생각한다. "회계에 대한 공부와 컨설팅 경험은 어떤 면에서는 장점으로 작용해요. 첫째, 저는 세부사항들을 살펴보는 것을 아주 좋아합니다. 그 속에 지혜와 진실이 담겨있다고 믿거든요. 그래서 항상 가장 작은 세부사항을 훑어보고 그 속에 담긴 정보를 발견하죠. 또한 새로운 콘셉트가 효과를 거두려면 무엇이 필요한지 찾아내는 눈썰미가 있어요."

1999년에 마크의 관심을 끌었던 퍼즐은 온라인 쇼핑의 출현과 연관된 문제점과 그에 수반하는 성장 기회들이었다. 마크와 동료들은 고객 경험의 질을 높이는 소프트웨어를 개발하면 돈이 될 거라고 생각했다. 그래서 브리보 시스템즈Brivo Systems라는 회사를 창업했고, 기존 전자상거래에 관한 구매자의 경험을 조사하는 데 집중했다. 그 결과 소프트웨어 솔루션이 시급하다고 여겨지는 몇 가지 '페인 포인트'를 발견할 수 있었다.

- 구하기 어려운 물건을 검색을 통해 찾는 일은 결코 쉽지 않았다. (1999년 은 구글이 등장하기 약 1년 전쯤이었다.)
- 전자상거래 판매에서는 단체구매 할인 혜택을 개별 소비자에게 적용하

기가 불가능했다.

- 가정용 소모품과 같은, 동일한 상품을 정기적으로 반복 구매하는 프로세스에서는 애초에 예상했던 것보다 훨씬 더 많은 문제가 발생했다.
- 맞벌이 부부는 대개 배달된 물건을 받기 위해 집에서 기다릴 수 없었다. 마크와 그의 팀원(이하 마크 팀)은 집으로 배달해달라고 요청한 주문품을 배송 완료하는 데 평균 2.2번 방문을 해야 한다는 사실을 발견했다. 소위 말하는 '최종 도착지의 문제Last-mile Problem'*였다.

마크 팀은 탐색 단계에서 다양한 디자인적 난관에 부딪혔다. 위에 열거한 페인 포인트 중 일부를 해결하여 창업 회사의 비즈니스 목표를 충족하려면, 온라인 서비스를 위한 소프트웨어 응용 프로그램을 임대해서 사용해야 했다. 마크 팀이 특히 흥미를 가졌던 부분은 맞벌이 부부에 관한 문제였다. 이들은 온라인으로 치약이나 키친타월 등과 같은 가정용 소모품을 구매하지만 배달 트럭이 도착할 즈음에는 집에 없는 경우가 많았다.

일단 마크 팀은 해결방안을 찾기 위해 필요한 몇 가지 기준을 정했다. 고객이 사용하기 쉬워야 하고, 확장성이 좋고, 인터넷 기반이어야 한다는 것. 배달이 확실하게 이루어져야 하고, 배달된 물건의 도난이나 파손을 방지해야만 한다는 것이 그것이다. 물론 입소문이 퍼지는 (아마도 다른 사람을 가입시키는 사용자에게 보상을 제공하는 정책과 같은) 네트워크 효과를 만들어낼

---

* '최종 도착지의 문제'란 구조상으로 다른 인프라가 충분히 잘 갖춰져 있는데도 마지막 접점을 연결하는 수단이 없어서 갖춰진 자원 전부를 사용하지 못하는 경우를 의미한다. 쉬운 예로 고속도로 전 구간을 뚫어놓았는데 진출입로를 만들지 않아서 그 고속도로를 사용하지 못하는 경우가 이에 해당된다.

필요도 있었다.

이런 기준을 만족하는 솔루션은 브리보 시스템즈를 전자상거래 시장에서 중요한 위치로 자리 잡게 해줄 것이다. 또한 물건 선적이나 운반 과정, 받는 과정에서 믿을 만한 일련의 자료들을 생성해줄 것이다. 마크 팀은 시장에 빠르게 진입하고(6개월 이내에 '콘셉트 검증Proof-of-concept'을 완료하고), 하드웨어 사업과는 무관하게 운영할 수 있는 것을 (자본 비용* 발생과 기기 수명의 리스크를 피하기 위해) 목표로 삼았다.

마크 팀은 이런 기준에 맞는 솔루션을 구성하기 위해 수차례 브레인스토밍을 했다. 그 회의에는 내부 직원과 피포드Peapod(온라인 채소배달서비스 업체)의 운영본부장, 인튜이트Intuit(재무관리를 위한 가정용 소프트웨어 개발업체)의 마케팅 이사, 세탁물을 집으로 배달해주는 드라이클리닝 사업 운영자, 택배 서비스 업체 대표 등 여러 외부 전문가들이 초대되었다.

3주간의 브레인스토밍 기간 동안 광범위하게 아이디어가 도출되었다. 소프트웨어 측면에서는 고객들이 단체할인 혜택을 받을 수 있게 해주는 '주문취합 소프트웨어'와 가정에서 쓰는 저가 소비재 재고를 스스로 관리할 수 있게 하는 '자동 재주문 소프트웨어' 등의 아이디어가 나왔다. 최종 도착지 문제와 관련한 아이디어로는 '이웃이 대신 받아주는 시스템'이 있었다. 세븐일레븐처럼 전국적인 체인망이 있는 장소를 이용하자는 아이디어도 나왔고, 인터넷과 연결된 '스마트' 가정용 사서함, 사서함 상자를 층층이 쌓아 올린 구조물(마치 스키장의 라커와 비슷하게), 배달기사가 문고리에 걸어두고 갈 수 있도록 비바람에 잘 견디고 케이블로 보강된 안전 가방(빈

---

* 자본 비용은 투자 받은 금액에 대한 최소 수익률이나 대출 등으로 발생한 부채의 이자율을 말한다.

가방은 나중에 우편으로 되돌려 보내거나 기사가 근처 이웃을 방문할 때 회수해갈 수 있도록 한다.) 등의 아이디어도 나왔다.

이런 다양한 아이디어 중에서 마크 팀은 추가 탐구를 위한 콘셉트 세 가지를 결정했다. 그 세 가지는 컨슈뮬레이터Consumulator(고객이 그들의 주문물품을 모두 합산하게 해서 일정 규모를 넘으면 그만큼 할인을 적용해주는 소프트웨어)와 쿠쿠 클릭Cuckoo Click(소비자가 가정용 소비재를 정기적으로 배달받을 수 있게 조정해주는 소프트웨어), 오스카 더 스마트박스Oscar the Smartbox(배달 물건을 보관할 수 있는 똑똑한 사서함 오스카, 또는 '스마트박스 오스카', 이 이름은 쓰레기통에서 사는 세서미스트리트Sesame Street의 등장인물 이름에서 따왔다.**)이다.

브리보 시스템즈의 사례는 디자인 프로젝트에서 두 번째 단계의 시작 지점을 보여준다. 지금까지 '무엇이 보이는가' 단계를 꼼꼼히 탐구하고 문서로 작성했으니, 이제 미래를 위한 '무엇이 떠오르는가' 단계로 넘어갈 차례다. 이 단계에서는 다음과 같은 의문이 꽤 적절해 보인다. '소비자에게 검색이 어려운 물건을 찾아주거나 더 좋은 할인 혜택을 얻게 해줄 수 있다면 어떨까?', '부재 중, 죄송합니다.'라는 메모가 더 이상 필요 없게 하려면 어떻게 해야 하지?'

이 단계가 브레인스토밍과 약간 비슷해 보인다면, 정확히 파악한 것이다. '무엇이 떠오르는가'는 본질적으로 '창조와 생산의 단계'이다. 하지만

** 세서미스트리트에 나오는 등장인물인 녹색 인형의 이름이 'Oscar the Grouch(투덜이 오스카)'라서 나온 설명이다.

디자인 기준

디자인 기준은 디자인 개요에 관한 부연 설명이라고 할 수 있다. '무엇이 떠오르는가' 단계를 위한 프로젝트의 범위와 방향을 훨씬 더 분명히 해준다. 브리보 시스템즈의 디자인 기준은 '무엇이 보이는가' 단계에서 도출된 결과를 바탕으로 다음과 같이 작성되었다고 볼 수 있다.*

디자인 목표 Design Goal	브리보 시스템즈는 다음에 제시된 고객의 불편사항[pain point] 네 가지를 해결하고자 인터넷 기반 소프트웨어 솔루션을 개발할 것이다. 1. 구하기 어려운 물건을 검색하여 찾는 일은 결코 쉽지 않다. 2. 온라인 판매에서는 단체구매 할인 혜택 서비스를 개별 소비자에게 적용하는 것이 불가능하다. 3. 가정용 소비재를 정기적으로 반복 구매하는 프로세스에서는 애초에 예상했던 것보다 훨씬 더 많은 문제가 발생한다. 4. 맞벌이 부부 대부분은 물건을 받기 위해 집에서 기다릴 수 없다. 주문품을 집으로 배송 완료하는 데는 평균 2.2번의 방문이 필요하다.
사용자 인식 User Perceptions	• 사용이 간편해야 한다. • 안전하고 믿을 만해야 한다.
물리적 특성 Physical Attributes	위의 불편사항 중 네 번째를 해결하기 위한 기기는 다음과 같이 디자인되어야 한다. • 도난 방지 • 악천후에도 잘 망가지지 않음 • 신발 상자 정도의 물건을 담을 수 있는 크기 • 설치와 관리가 비교적 용이함
기능적 특성 Functional Attributes	• 사용자가 온라인 쇼핑을 더 쉽게 이용할 수 있어야만 한다. • 온라인상의 다른 이해 관계자들, 예를 들면 판매자나 배달서비스 업체가 온라인 거래를 더 쉽게 이용할 수 있어야 한다. • 온라인 쇼핑이 이루어지는 정보의 흐름에서 브리보 시스템즈는 중요한 위치에 자리 잡아야만 하며, 물건 선적 과정이나 운반 과정, 받는 과정에서 신뢰할 만한 자료를 생성해야 한다. • 입소문이 퍼지게 하는 (아마도 다른 사람을 가입시키는 사용자에게 보상을 제공하는 정책과 같은) 네트워크 효과를 만들어낼 필요가 있다.
제약 사항 Constraints	• 6개월 이내에 콘셉트 검증을 완료해야 함 • 이 솔루션은 현존하는 온라인 상거래의 생태계와 직접 경쟁하거나 기능을 저해하기보다는 이를 지원하는 방향으로 개발되어야 함

* 이 문서의 모든 설명과 수치와 일정은 우리의 추정치이며, 브리보 시스템즈 내부에서 사용됐던 실제 디자인 기준은 아니다.

새로운 가능성을 지나치게 단순화하여 표현하는 수준(브레인스토밍 시간에 튀어나왔을 일련의 산출물)보다는 훨씬 더 뛰어나야 한다. 평가할 수 있고, 프로토타입으로 제작할 수 있으며, (충분히 유망한 제품으로) 개발될 수 있는 강력한 콘셉트를 이끌어내야 한다. 브레인스토밍에 관한 책은 사실 많이 나와 있다. 하지만 디자인씽킹을 성공적으로 이끌기 위해 반드시 브레인스토밍 전문가가 될 필요는 없다. 브레인스토밍은 그저 콘셉트를 개발하는 디딤돌 같은 도구이다.

이제는 '창조적인 도약'을 시도할 시간이다. 직장인 대부분이 두려워하는 시간이기도 하다. 다행스러운 점은 자신의 성향이 예술가보다 건축가 쪽에 가깝다고 해도 낙담할 필요가 없다는 것이다. 왜냐하면 이 과정은 상상력에 의존한 '생각의 도약'보다 '구조화된 규칙'을 기반으로 과업이 수행되기 때문이다. 도블린Doblin(미국의 혁신 및 창업 관련 컨설팅 회사)의 래리 킬리Larry Keeley의 조언을 들어보자.

"새로운 콘셉트를 창조하려면 창의력보다는 원칙에 훨씬 더 많이 의존해야 해요. 만약 여러분이 어딘가에서 가장 창의적인 사람 열 명을 데려왔다고 해도, 저에게 열 명 정도의 해병대원과 적절한 원칙이 주어진다면, 저는 그 팀보다 훨씬 더 많은 혁신적인 성과를 낼 수 있습니다."

이때 래리와 그의 해병대원들이 염두에 둘 원칙 중 하나는 전통적인 '비판적 추론^{Critical Reasoning}*에서 벗어나라'는 것이다. 이러한 사고방식은 아이디어를 새로운 무언가로 구현하도록 유도하는 것이 아니라, 아이디어에서 결함을 찾아내 허물어트린다. 우리는 학교와 직장생활을 거치는 동안 이런 식의 사고방식을 훈련 받았고 우리의 가장 강력한 업무 습관이 되었다. 그러나 이런 사고방식은 잠시 접어두자. 여기서는 폭넓은 범위의 가능성을 탐구할 필요가 있다. 그것이 우리가 이 단계를 "무엇이 떠오르는가"라는 질문으로 표현한 이유이기도 하다. 디자인씽킹에 능숙한 전문가들은 생각을 허물어트리는 습관과 거리를 두기 위해 영리한 심리적 도구와 비법을 사용해왔다. 그 비법 중에서 특히 강력한 것이 '비유'와 '추론'이다.

비유의 힘을 활용하기 위해 새로이 뇌 근육을 만들 필요는 없다. "다시 연락 못해서 미안해. 급한 불부터 끄느라고."와 같은 말을 우리는 얼마나 자주 써왔는가? 미래의 가능성을 상상하는 데 비유나 추론을 이용하자는 것이 이 단계에서 요구하는 것의 전부다. 예를 들어 니코레트 브랜드를 되살리고자 했던 화이자 팀은 금연 치료법이 헬스클럽 회원제도와 유사할 수도 있겠다는 생각을 염두에 두고 브레인스토밍 과정을 진행했다. 팀원들이 이런 추론을 내놓을 수 있었던 것은 '무엇이 보이는가' 단계에서 젊은 흡연자들이 담배 피우는 습관을 의학적인 문제가 아니라 생활방식의 선택으로 간주한다는 사실을 발견한 덕분이다. 화이자 팀의 경우 '어떻게 하면 금연을 위한 노력이 헬스클럽에 등록하는 것과 비슷할 수 있을까'라는 질문을 던짐으로써 어떤 제안에서든 취약점을 찾아내려는 습관에서 해방될 수 있었다. 그 결과 이들은 상상력을 한층 더 높이는 데 성공했고, 개인 코치

---

* 비판적 추론은 어떠한 이슈를 판단할 때 정당한 기준에 근거하여 무엇이 옳고 무엇이 그른지를 분석하고 평가하는 방식을 말한다.

나 사회적 지원 시스템, 몸 안의 독소 수치를 확인해볼 수 있는 '측정검사' 등급표 등이 포함된 하나의 스토리를 구성해내었다. (그리고 이런 제안사항 각각은 어떤 형태가 되었든 간에 최종 상품이나 최종 프로그램에 포함되었다.)

크리스티 주버의 사례 또한 이런 '유사점 관찰하기analogous observation'의 힘을 잘 보여준다. 투약 오류(환자에게의 약 전달 오류)를 줄이기 위해 카이저 퍼머넌테에서 그녀가 팀원들의 노력을 이끌어냈던 과정을 살펴보자.

크리스티 팀은 '탐색' 단계 프로세스의 일부로, 결정적인 상황에서의 실수를 줄이는 문제를 해결했던 회사들을 다른 산업군에서 찾아보았다. 팀원들은 우선 자기들과 어떤 유사점이 있는지 관찰하기 위해 다른 업종의 회사들을 방문했다. 카이저 퍼머넌테의 환자 안전담당자와 관리자, 환자 7~8명도 함께 동행했다. 결국 크리스티 팀은 방문했던 회사 중 한 곳에서 새로운 방식으로 문제를 바라볼 수 있는

비유법 활용하기

'비유법'이라고 하면 사람들은 보통 고난도의 창작 과정을 생각한다. 즉 관련이 없어 보이는 두 가지 사이의 연결고리를 파악하는 사고법이라는 것이다.

린다 벌리 윌리엄스Linda Verlee Williams가 《양쪽 뇌를 위한 학습Teaching for the Two-Sided Mind》에서 주장했던 것처럼 비유법은 다른 사람들과 열린 생각의 과정을 공유하도록, 다시 말해 겉으로 드러나는 것보다 더욱 긴밀한 관계와 가능성에 관해 의사소통하도록 완벽하게 설계된 언어의 마술이다.

전자상거래 소프트웨어 회사인 브리보 시스템즈의 마크 팀은 집에 아무도 없어도 배달 물품을 받아줄 수 있는 똑똑한 사서함을 '가상의 도어맨'이라고 묘사했다. 이 비유는 활용법에 관한 새로운 가능성과 (자기 집 열쇠를 사서함에 넣어놓았다고 이웃집에 알려준다든지 하는) 온라인 프로그램 구성에 단서를 제공했다고 볼 수 있다.

계기를 마련했다.

> "우리가 방문한 곳은 비행학교였어요. 거기서 비행교관이 점검사항을
> 확인하는 방법을 관찰했지요. 그는 우리에게 '대화금지 조종석sterile cock-
> pit'에 관해 이야기해주었습니다. 이륙해서 착륙할 때까지는 안전에 관한
> 사항을 제외하고는 아무런 대화도 하지 않는 것이죠. 방문을 마치고 이
> 것을 발표했을 때 사람들의 호기심은 기대 이상이었습니다. 그래서 브레
> 인스토밍 시간에 관련 아이디어를 모아봤죠. 그 결과가 조제실에 설치
> 된 알약 분류 포장기 주변의 바닥을 '제한구역'처럼 보이게 바꾼 거예요.
> 이 구역 안쪽이 우리에게는 '대화금지 조종석'이 되는 거죠."

바로 그거다! 때로는 단순한 유사점 하나만으로도 흥미진진한 미래를
상상할 수 있다. 이럴 때 우리는 내면에 잠재된 비판의식을 머릿속에서 멀
리 치워버릴 수 있다. 비유와 추론 외에 '무엇이 떠오르는가' 단계에서는
몇 가지 인지적 방법이 활용된다. 페르소나부터 방아쇠 질문trigger question,
반대 논리contra-logic, 칠리요리 식탁chili table 등이 그것이다.

이 단계에서의 도구

'무엇이 떠오르는가' 단계에서는 '브레인스토밍'과 '콘셉트 개발' 두 가
지 도구를 사용할 것이다. 그리고 세 번째 프로젝트 관리 보조도구인 '냅

킨 피치napkin pitch'*로 마무리할 것이다. 냅킨 피치는 콘셉트들의 주요 특성을 요약하고, 이를 바탕으로 작업을 시작하도록 돕는다. 브레인스토밍은 (그리고 그보다 더 최근에 유행한 '아이데이션Ideation'**은) 많은 직장인에게 부담을 주어 움츠러들게 한다. 그러나 일단 우리를 믿고 따라와주길 바란다. 누구나 잘할 수 있다. 뜬구름을 잡는 상상력보다 원칙에 따른 실행력이 결과를 더 많이 좌우한다는 래리 킬리의 자신감을 상기해보라. 이 단계에서의 핵심은 올바른 방식으로 브레인스토밍에 접근하는 것과 여기서 얻은 아이디어를 콘셉트 개발 도구와 결합해 실제 활용할 수 있을 정도의 완벽한 콘셉트로 변환하는 것이다.

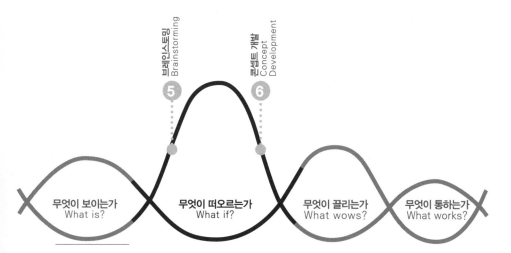

* '냅킨 피치Napkin Pitch'를 직역하면 '냅킨 운동장' 내지 '냅킨 경기장' 정도가 될 것이다. 냅킨 피치는 2×2 정사각형 매트릭스이다. 냅킨을 완전히 펼쳐 놓으면 외곽과 접힌 선이 밭전(田)자 모양이 되는데, 이를 떠올리면 이해하기 쉬울 것이다.
** 아이데이션은 아이디어 생산을 위해 행하는 활동 혹은 아이디어 생산 자체를 뜻하는 광고 용어로, 개인 또는 그룹으로 이루어진다. 아이데이션 기법에는 브레인스토밍, 브레인라이팅, 속성 열거법, 체크리스트법, 형태 분석법, 카탈로그법, 초점법, 시네틱스, 고든법, NM법 등이 있다.

사람들이 브레인스토밍을 싫어하는 4가지 이유

많은 직장인들이 브레인스토밍 회의에 참여하기를 고대하던 시절이 있었다. 하지만 이제는 브레인스토밍이라는 장미의 꽃망울은 떨어진 지 오래되었고, 그 이유를 묻는 사람도 별로 없다. 왜 관리자들은 하나같이 논의의 범위 밖으로 벗어난 김빠지는 농담이나 던지는가? 사업에 관한 이야기는 제대로 시작도 못하면서 외부 조력자와 노닥거리다가 막대한 양의 포스트잇 메모지만 작성하게 하는가. 결국 종잇조각만 널브러진 어수선해진 회의실에서 이후 과정에 대한 아무런 논의도 이루어지지도 못한 채 실패한 브레인스토밍이 되고 마는가.

아래는 사람들이 이런 식의 브레인스토밍을 싫어하는 네 가지 이유와 브레인스토밍을 제대로 이끌기 위한 해결책을 정리한 것이다. 이 해결책들이 비즈니스의 미래를 바꿔줄 것이다.

1. 문제의 틀을 잘못 잡았다. 브레인스토밍에 임하는 자세에 따라 사람들은 두 가지 부류로 나뉜다. 주제와 상관없이 아무 아이디어나 뱉어대는 외향적인 사람과 회의실 밖으로 빨리 나갔으면 좋겠다고 바라는 내향적인 사람. 두 부류 모두 '독창적인 생각을 이야기해보라'는 뻔한 난관에 봉착했을 때, 고전할 수밖에 없다.

해결책: 독창적인 생각을 꺼내놓으라고 사람들을 몰아가지 말자. 대신 고객 조사를 바탕으로 당면한 문제가 무엇인지 분명하게 틀을 짜고 적절한 방아쇠 질문을 던져서 사람들이 명확히 정의된 주제에 관해 생각할 수 있게 하자.

2. 평범한 방청객은 평범한 답을 말한다. 많은 프로젝트 관리자가 브레인스토밍에 능력 있는 사람들을 다양하게 참여시키는 대신, 무작위로 사람들을 초대한다. 이렇게 참여한 사람들은 저마다 자신이 좋아하는 아이디어를 들고 와서 이를 정당화하는 데 시간을 허비한다. 특히 외향적인 사람은 진행자가 제한함에도 불구하고 토론을 장악한다. 게다가 이들은 전에 들어본 적 없었던 이야기는 아무것도 하지 않는다.

해결책: 최대 12명 이하로 참가자 수를 제한하고 최대한 다양한 사람들을 참가시킨다.

3. 브레인스토밍이 상호비판의 시간으로 바뀐다. 대부분의 브레인스토밍 회의를 보면 기본 규칙 ground rules이 없다. 그래서 이 시간이 생산적이 되지 못하고 비판적으로 바뀌기 쉽다. 비즈니스 주도권을 잡기 위해 각자가 가지고 있는 비판의식이 발현되기 때문이다.

해결책: '판단을 유보하기'와 같은 기본 규칙을 설정하자. 규칙을 어기려 하면 재빠르게 제지하고 예외 없이 실천하게 하자.

4. 브레인스토밍은 업무를 늘리며 조직은 어떻게 해서든 아이디어 전부를 묵살할 것이다. 브레인스토밍에 이어지는 후속 과정이 없는 경우가 많다. 이것은 사람들에게 브레인스토밍이 혁신을 위한 노력이 아니라 혁신이 불가능하다는 점을 대변한 것에 지나지 않는다고 생각하게 한다.

해결책: 현재의 상황을 탐구하는 데 필요한 재정적 지원과 이후에 새로운 대안을 개발할 팀, 프로젝트가 끝까지 지속될 수 있도록 용기를 북돋워줄 뚝심 있는 후원자가 준비되지 않는 한, 브레인스토밍부터 실시하지 않는다.

CHAPTER 07: BRAINSTORMING
브레인스토밍

브레인스토밍은 '공상하기'에서 조금 더 목표지향적이라고 생각하면 된다. 현재 상태에 대한 참신한 대안을 생성하는 수단이기 때문이다. 혁신에 있어 브레인스토밍은 아주 기초적인 도구이다. 그래서 이 책에서 말하는 디자인씽킹 프로세스에서 브레인스토밍 단계 이전에 많은 활동을 진행한다는 사실을 발견하고는 놀랐을 수도 있다. 고객의 '저니맵'과 '가치사슬'을 분석한 상태라면 새로운 아이디어가 계속 떠오르고 있다는 사실을 알아차렸을 수도 있다. 이는 당연한 현상이다.

사용할 시기: '무엇이 떠오르는가' 단계를 시작할 때 브레인스토밍을 사용하자. '무엇이 보이는가' 단계로부터 단서를 얻기 전에 브레인스토밍을 사용하는 것은 위험하다. 실패한 혁신 프로젝트를 살펴보면, 대개 '무엇이 보이는가'를 건너뛰고 브레인스토밍부터 시작했기 때문에 실패한 것을 확인할 수 있다. '무엇이 보이는가'를 건너뛰면, 혁신 프로젝트는 호지부지되기 십상이다. 고객의 진정한 우선순위를 표현해줄 저니매핑과 그 아이디어들을 판단하고 최고 후보에 관한 공감대를 형성해줄 디자인 기준이 없다면, 브레인스토밍의 결과로 얻는 아이디어는 진공청소기에 빨려 들어

가듯 순식간에 사라질 뿐이다. 브레인스토밍에 있어 또 다른 위험요소는 그저 입에 발린 좋은 말만 말하는 것이다. 게다가 많은 관리자들이 자신의 업무수행 능력을 지나치게 자신하는 나머지, 브레인스토밍을 하지 않은 채 해결책을 쉽게 선택하고 바로 실행에 돌입해버리는 일을 빈번히 저지르지 않는가.

브레인스토밍이 프로젝트 리스크를 줄여주는 이유: 새로운 아이디어 없이는 혁신을 이룰 수 없기 때문이다. '가치 창조'라는 관점에서 봤을 때, 브레인스토밍은 근본적으로 새로운 무언가를 이끌어낼 아이디어를 고민하게 한다. 점진적 사고방식이 초래할 위험을 막아주는 울타리이기도 하다. 브레인스토밍은 디자인씽킹 프로세스에서 재미있는 구간에 해당한다. 팀이나 그룹 내에서 브레인스토밍을 하다 보면 다양한 관점과 경험을 활용해 집단 지성의 힘을 발휘할 수 있음을 알게 된다.

브레인스토밍은 원칙 있고 반복 가능한 하나의 프로세스이다. 새로운 가치를 창출할 잠재력이 높은 창조적 생각을 이끌어내게 해준다.

이 과정은 머릿속에 가득 찬 새로운 생각을 꺼내줄 것이며, 새로운 사람, 새로운 관점, 새로운 자극과 합쳐짐으로써 그 창조적 생각은 기하급수적으로 커지게 된다. 브레인스토밍을 성공적으로 진행하면 틀림없이 수많은 새로운 대안이 생성된다. 그중에서 더 발전시켜볼 만한 후보 몇 가지를 골라내면 되는 것이다.

성공적인 브레인스토밍 과정은 불꽃놀이 행사와 같다. 사람들이 행사장 주변으로 모여든다. 옆에는 모르는 사람들 투성이다. 고요한 가운데 불꽃이 터지는 순간이 온다. 불꽃은 연달아 터지고, 다음날 해가 뜨면 청소가 필요할 정도로 아수라장이 된다. 마찬가지로 좋은 브레인스토밍 시간이 끝난 뒤에는 아수라장 속에 몇 가지 혁신적인 콘셉트를 위한 다듬어지지 않은 재료가 남게 된다. 다음 도구인 '콘셉트 개발' 단계에서 우리는 '무엇이 보이는가' 단계의 마지막에 확립한 디자인 기준에 따라 이 재료들을 일관된 형태로 묶고 조립하는 일을 하게 될 것이다.

시작하기

불꽃놀이는 관객에게 고도의 활력과 환상적인 경험을 제공한다. 관객들은 이 행사가 세심하게 디자인되었다는 사실을 알고 있다. 이는 브레인스토밍에서도 정확히 똑같다. 브레인스토밍은 90%의 계획과 10%의 실행으로 이루어진다고 보면 된다.

브레인스토밍에서의 선禪, Zen

2500년도 더 된 아주 오래 전, 부처는 바른 생각, 바른 대화, 바른 행동 등 팔정도八正道에 관한 가르침을 주었다. 그것을 디자인씽킹에 맞도록 살짝 변용해보자.

- 바른 사람(작은 집단, 다양하고 정치색을 띠지 않는)
- 바른 도전(디자인 개요)
- 바른 마음가짐(무너트리는 것이 아니라 구축하는 것)

- 바른 공감(고객의 페르소나)

- 바른 영감(저니매핑에서 얻은 단서)

- 바른 자극(방아쇠 질문)

- 바른 퍼실리테이션(속도 조절, 개인 및 그룹 작업)

- 바른 후속 작업(묶음 단위 만들기*와 콘셉트 형성)

1. **바른 사람.** 브레인스토밍의 성공은 내부의 정치적 역학 관계에서 가능한 한 자유롭게, 다양성을 지닌 작은 집단에서 출발해야 한다. 집단사고에 굴복하지 않고 견디기가 어렵기 때문에 프로젝트의 핵심 팀원이 아닌 다른 사람들을 참가시키는 일 또한 필수적이다. 많은 사람에게 브레인스토밍은 (도중에 작성할 진행 보고서를 제외하면) 프로젝트에 관여하는 유일한 방법이 된다.

혹시 더 뒤의 단계에서 프로젝트 진행에 따른 지원을 받기 위해 누군가를 참여시키고자 한다면, 대규모 브레인스토밍 회의를 다시 개최하기보다는 그 사람을 위한 소규모 브레인스토밍 시간을 추가하는 것이 바람직하다. 브레인스토밍에 적합한 최대 인원은 12명이지만, 이 정도 인원만 되도 일부 시간을 할애해 더 작은 집단으로 나눠서 진행할 필요가 있을 수도 있다.

여러 직군으로 팀을 구성하는 것도 브레인스토밍을 성공적으로 수행하기 위한 주요 요소가 된다. 하지만 여기서 더 나아가보자. 외부인을 브레인스토밍이 진행되는 일부 시간에 초대하는 방법은 어떨까? 고객을

---

* 이를 클러스터 조합이라고 한다. 클러스터^{Cluster}란 유사성과 같은 일정 기준을 바탕으로 몇 개의 집단으로 분류한 데이터 집합을 의미한다. (출처 : 네이버 국어 사전)

초청한다면? 또 공정한 시각에서 볼 수 있는 제3자는 어떨까? 브리보 시스템즈의 마크 팀은 브레인스토밍에 몇몇 외부인을 포함시킨 바 있다. 하지만 감당할 수 없을 정도의 규모가 되어서는 안 된다. 경험상 작은 규모로 여러 번 하는 것이 큰 규모로 한 번하는 것보다 훨씬 더 가치가 있었다.

2. **바른 도전.** 브레인스토밍 팀은 명확하게 기술된 도전 과제에 초점을 맞춰야 한다. 이때 디자인 기준은 훌륭한 출발점이 될 수 있다. 때로는 디자인 개요의 핵심 요소를 포함시켜도 좋다. 이러한 프로젝트 관리 보조 도구들은 브레인스토밍 참여자가 딴 길로 새지 않고 해당 과제에 집중할 수 있게 도와준다.

3. **바른 마음가짐.** 브레인스토밍에 필요한 마음가짐은 비평가의 사고방식이 아니라 창작자의 사고방식이다. 참가자에게 아이디어는 짓뭉개는 것이 아니라 발전시키는 것이라고 확실히 인지시켜야 한다. 그러자면 영감이 더 잘 떠오를 만한 야외 테라스나 카페 등 새로운 장소에서 생각의 출발점이 될 만한 이전의 성공 스토리 또는 고객의 문제를 명확하게 꼬집어내는 비디오 등 충격적인 영상으로 시작해볼 수도 있다. 어떤 경우가 되었든 논의에는 다음과 같은 일련의 기본 규칙이 포함되도록 할 필요가 있다.

• 한 번에 한 사람만 말하기
• 장황한 발언 금지(아이디어 한 개당 30초 이상 말하지 않기)

- 작업한 내용 보여주기(스케치와 막대사람)
- 즉각적인 비판 보류하기(평가 시간은 나중에 따로 한다.)
- 다른 사람의 아이디어에 편승하기
- 재미있게!

…▶ HP의 디지털 사진팀은 온종일 브레인스토밍을 진행했다. 이 팀은 어린 자녀가 있는 엄마들이 새로운 디지털 사진 기술을 경험해보도록 경로를 설계하는 업무를 담당하고 있었다. 대외 협찬 홍보 부문 이사는 마치 영화 〈미녀 삼총사〉의 찰리처럼 전화로* 다른 이들에게 비판 받을 것이 거의 확실한 콘셉트를 과감하게 집어넣으라고 지시했다. 그리고 평가기준에 '용기'를 항목으로 넣었다. 이 고위급 임원의 허가는 하루 동안진행된 브레인스토밍의 지표로 작용했다. 이들은 그날 내내 열심히 일했고 당일날 영상회의를 통해 경영진에게 보고까지 마쳤다.

4. **바른 공감.** 사람은 사람에게서 영감을 얻는다. 아주 간단한 사실이다. 성공적인 브레인스토밍이 되려면 참가자가 그 문제에 진정으로 관심을 가져야만 한다. 이는 그 문제로부터 발생할 수 있는 사람들의 고통에 대해서도 생각해봐야 한다는 의미이기도 하다. 자, 이제 '무엇이 보이는가'단계에서 완료한 현장 조사를 유용하게 사용할 순간이 왔다. 초점을 맞추고 있는 문제를 직접 경험한 고객을 페르소나 창조에 활용하자. 앞서

---

* 카메론 디아즈, 드류 베리모어, 루시 리우가 주연이었던 영화 〈미녀 삼총사〉^{Charlie's Angels}에서 이들에게 미션이 전달되는 장면을 인용한 것이다. 이들 앞에 전혀 나타나지 않고 오직 전화로만 임무를 전달하는 보스의 이름이 찰리이다.

시각화 도구를 설명할 때 예로 들었던 페르소나는 인구통계학적으로 선정된 집단이 아니었다. 이름과 나이가 있고 호불호가 명확한 한 개인이었음을 기억하자.

⋯▶ HP 디지털 사진팀은 두 아이를 기르며 모든 일을 다 챙길 만큼 충분한 시간이 없는 36세의 싸커맘** '질'에게 초점을 맞추었다. 회의 진행자는 브레인스토밍 참가자들에게 그녀를 묘사했고, 그녀의 저니맵과 페인포인트에 관해서도 설명했다.

5. **바른 자극.** 브레인스토밍의 성패를 가르는 특성 중 단 하나만 고르라고 한다면 '참가자들로부터 새로운 아이디어를 끌어낼 때 던지는 질문'이라고 말할 것이다. 우리는 이를 '방아쇠 질문$^{Trigger\ Question}$'이라고 부른다. 브레인스토밍을 하기 위해서는 건설적인 순서에 맞게 다양한 방아쇠 질문을 준비해야 한다. 좋은 방아쇠 질문은 독창적인 생각이나 뜬구름 잡는 도전을 표현해서는 안 된다. 그보다는 지금부터 다루게 될 이슈의 범위를 정하고 특정 측면에 관심을 집중할 수 있는 것이어야 한다. 브리보 시스템즈 마크 팀이 온라인에서 치약이나 키친타월과 같은 가정용 소비재를 재주문하고 싶어 하는 맞벌이 부부의 문제에 관해 브레인스토밍했을 때로 돌아가보자. 이때 적당한 방아쇠 질문은 무엇일까.

** 싸커맘$^{Soccer\ mom}$은 도시 교외에 사는 미국 중산층 여성으로, 자녀의 교육과 과외활동 및 체육활동에 많은 시간을 투여하는 열성적인 엄마들을 일컫는다. 미국에서는 축구가 일반화되지 않아서 축구 프로그램에 참여하려면 아이를 차로 태워가서 수업이 끝날 때까지 지켜보고 있다가 데려와야 한다. 수업료나 활동비도 많이 들어서 어느 정도의 경제력이 있어야 한다.

a. 천국에서는 가정용 소비재를 어떻게 관리하고 있을까?

b. 전투 중이나 등산 중처럼 목표 수행이 매우 중요한 상황에서 재보급은 어떻게 이루어질까?

c. 가정용품을 오직 60일 간격으로만 구입할 수 있게 한다면 어떨까?

첫 번째 질문은 마음의 문을 열기에는 좋지만 다소 뜬구름 잡는 질문이다. 몸 풀기 단계라면 이 정도도 괜찮다. 하지만 실용적이지 못한 반응을 이끌어낼 공산이 크다. 두 번째와 세 번째 질문은 제한을 너무 많이 둔 것처럼 보인다. 그러나 방아쇠 질문을 여러 개 준비하고 그중 하나로 활용한다면 효과적일 수 있다. 성공적인 브레인스토밍을 위해서는 방아쇠 질문이 다양하게 필요하다. 다음은 효과적인 방아쇠 질문을 개발하기 위한 몇 가지 핵심요령이다.

촉매제가 될 만한 인용구나 스토리 활용하기. 말 그대로 인용구는 브레인 스토밍에 있어 커다란 자극이 될 수 있다. 브리보 시스템즈의 마크 팀이 온라인 주문에 대한 '최종 도착지의 문제'를 브레인스토밍할 때, 배달기사가 포장이 비에 젖지 않게 하려고 물품을 그릴 후드 안에 넣고 간 적이 있다는 참가자가 있었다. 당시 그는 배달기사가 물건을 평소와 다른 위치에 두었다고 적어둔 메모를 보지 못했고, 그렇게 일주일이 지난 뒤 그릴에 불을 붙였다고 한다. 결국 그릴 뚜껑을 열었을 때에야 비로소 새로 산 등산화가 바싹 잘 구워졌음을 알게 됐다. 그때 그가 찍은 사진은 브리보 시스템즈 브레인스토밍 회의실 벽에 걸렸다.

이전에 세웠던 가설 질문하기. 누구에게나 비즈니스상에서 어떤 일들이 벌어질지 명확히 정의하지 않고 가설을 세워본 경험이 있을 것이다. 하지만 이런 식의 가설은 조사해보지도, 의문을 가져보지도 않았기 때문에 새로운 기회를 찾는 과정에서 예기치 않게 걸림돌이 될 수 있다. 이런 걸림돌을 걸러내는 방법이 있다. 지금 자신이 속한 비즈니스에 그 가설을 그대로 적용해보는 것이다.

이 작업을 하는 데는 가치사슬 분석이 큰 도움을 줄 수 있다. 자사의 상품이 시장에서 더 활발히 움직이게 하려면 어떻게 해야 할까? 정보는 어떻게 전달되는가? 재무적인 흐름은 또 어떤가? 이 질문에 대안이 될 만한 시나리오를 작성해보자. 때때로 이런 시도는 '악마의 대리인devil's advocate'*을 불러내기도 한다. 당시 모든 숙박업계가 어두운 색조에 꽃무늬가 그려진 침대보를 사용했음에도 아랑곳하지 않고 흰 침대보만을 추구했던 스타우드 호텔Starwood Hotels의 대표이사 배리 스턴리히트Barry Sternlicht의 경우를 보자. 그는 타 숙박업소들은 낡고 해지고 먼지가 낀 흔적을 감추기 위해 짙은 색깔의 침대보를 사용하는 거라고 굳게 믿었다. 스타우드 호텔의 전 크리에이티브 팀장이었던 스캇 윌리엄스Scott Williams는 회사가 '천상의 침대Heavenly Bed' 콘셉트를 만들어내는 과정에서 배리의 역방향 접근법이 어떤 식으로 도움이 됐는지 다음과 같이 설명했다.

"배리는 브랜드 개발의 천재였습니다. 침대 개발에 관여했던 모든 사람

---

* '악마의 대리인'은 특정 이슈에 대해 강력하게 반대 의견을 제시하여 상대가 주장하는 명분을 흔드는 행위를 하는 사람을 일컫는다. 보통은 대세를 이루는 원칙 또는 지배적인 여론이 형성되어 있는 사항에 관해 정반대의 논리를 주장하여 해당 이슈에 관한 논쟁에 불이 붙게 만들 때 사용된다.

에게 끊임없이 질문했지요. '어째서 한번 그러자고 정하면 항상 그렇게 해야만 하는 거죠?' 궁극적으로 우리는 (흰 침대보로의) 변화를 시도했고, 흰 침대보는 표백제를 사용할 수 있어서 실제로 세탁하기가 훨씬 더 용이하다는 사실을 발견했습니다. 황당하게 들리겠지만, 침대에 초점을 맞췄더니 침대 시트가 승부수가 되었지요. 우리 호텔의 고객 만족도는 하늘로 치솟았습니다. 매리어트 호텔이 우리를 따라잡는 데는 6년이나 걸렸죠. 그리고 나서 빌 매리어트^{Bill Marriott}*는 이렇게 말했습니다. '나는 평생 동안 숙박업을 해왔는데, 배리 스턴리히트한테 침대 관리하는 법을 배우게 되다니 도저히 믿을 수가 없군.'"

극단적인 지점 탐구하기. 극단적인 시나리오는 종종 새로운 생각을 촉발시킨다. 코닥^{Kodak}이 1996년으로 돌아가서 "시장의 90%가 디지털 사진으로 옮겨간다면 우리는 어떤 상품을 팔아야 하지?"**와 같은 방아쇠 질문을 심각하게 파고들었다면, 오늘날 어느 위치에 있었을까? 의료 서비스업에 종사하는 사람이라면, 이런 질문도 가능할 것이다. "건강해진 결과에 따라 의료서비스의 가격을 매긴다면 어떨까?"

주체와 역할 바꿔보기. 성공적인 혁신 사례들을 보면, 대개 가치사슬상에

---

* 빌 매리어트는 1932년생으로 1950년대부터 호텔업을 해온 미국 호텔업계의 대부 같은 사람이다. 배리 스턴리히트는 1960년생으로 1990년대부터 본격적으로 호텔 사업을 시작한, 매리어트 입장에선 애송이 같은 사람이다.
** 그러나 결국 코닥은 디지털 카메라 기술을 먼저 개발해놓고도 아날로그 필름 사업에만 몰두하다가 21세기가 되기도 전에 쇠락의 길을 걷기 시작했다.

서 핵심 역할을 바꿔보려는 시도가 있었음을 알게 된다. 이베이는 별도의 물류시스템을 만드는 대신 판매자들이 직접 재고를 관리하고 배송하게 하는 데 성공했다. 이케아는 고객에게 가구를 조립하도록 했다. 온라인 뱅킹은 고객을 은행 창구 직원으로 만들었다. 부티크 호텔Boutique Hotel은 근처 테마파크에 놀러온 여행자를 대상으로 영업하는 대신 호텔 자체를 테마파크화했다. 역할 이동의 가능성을 탐구하려면 이런 식의 방아쇠 질문을 던질 수 있어야 한다. "어떻게 하면 (X라는 어려운 일을) 다른 곳으로 떠넘길 수 있을까?"

기술의 발전 흐름과 트렌드 탐구하기. 오늘날 시장은 기술 중심의 변화를 겪고 있다. 이에 관해 탐구해볼 수 있는 적절한 방아쇠 질문은 가령 이런 것이다. "어떻게 하면 고객들이 셀프서비스를 하게 할 수 있을까?" 현재 시장에 영향을 미치고 있는 최신 트렌드에서 뽑아보는 것도 좋다. 소비재 시장에 있는 사람이라면 이런 방아쇠 질문을 만들 수도 있겠다. "어떻게 하면 우리가 제공하는 서비스를 고객들이 스스로 자신의 요구에 맞도록 조합하게 할 수 있을까?"

마치 다른 사람인 척 해보기. 자신을 현재 속한 산업과는 완전히 다른 곳에서 일하는 사람이라고 상상해보자. 기회를 잡기 위해 분투하고 있다면 다음의 질문을 스스로에게 던져보자.

• 만약 우리 회사가 애플이고 플랫폼의 기본 성능을 일정하게 유지할 파트너를 찾을 수 있다면 어떤 일이 가능할까?

- 만약 우리 회사가 구글이고 가장 빠르고 쉬운 검색 기능을 전 세계에 제공하겠다는 목표를 가졌다면 어떤 일이 가능할까?
- 만약 우리 회사가 버진Virgin(미디어 회사)이고 자연스러운 재미와 발랄함과 젊은이다움과 시선을 끄는 매력이 있다면 어떤 일이 가능할까?
- 만약 우리 회사가 디즈니이고 모든 고객을 VIP처럼 대한다면 어떤 일이 가능할까?
- 만약 우리 회사가 월마트이고 고객이 오랫동안 꾸준히 매장을 방문할 수 있도록 일정 금액을 포인트로 적립해준다면 어떤 일이 가능할까?
- 만약 우리 회사가 하라스Harrah's(시저스 호텔과 시저스 엔터테인먼트로 대표되는 라스베이거스의 엔터테인먼트 그룹)이고 고객이 카지노에서 나가려는 정확한 순간을 예상하고 대응할 수 있다면 어떤 일이 가능할까?

미래에서 바라보며 재구성하기. 자신이 미래에 있다고 가정하고 그곳에 어떻게 도달했는지 말해보라는 질문을 받으면, 사람들은 대안이 될 수 있는 미래를 더 쉽게 상상해내곤 한다. 우리는 이를 '미래에서 재구성하기back-casting'라고 부른다. 이는 (제3장에서 언급된) 스티븐 코비의 유명한 격언 '결과를 염두에 두고 시작해야 한다'에서 영감을 얻은 방식이다. 브리보 시스템즈는 "아마존이 배송 서비스의 선택사항으로 우리 솔루션을 원한다고 한다. 우리 솔루션의 어떤 특징을 보고 이런 제안을 했을까?"와 같은 재구성하기에 관한 질문을 통해 새로운 가능성을 찾곤 했다.

6. **바른 퍼실리테이션.** 중요한 것은 프로젝트팀원 모두가 자신감을 갖고 적당한 속도를 유지하며 개인 작업과 팀 작업을 적절히 조합하는 것이다.

그룹이 지닌 문제를 해결하기 위한 가장 강력한 퍼실리테이션 메커니즘 중 하나로 스탠 그리스키비치Stan Gryskiewicz(창조적 리더십 센터The Center for Creative Leadership의 공동 설립자)가 '블루 카드'라고 불렸던 활동을 들 수 있다. 그룹 구성원 모두에게 동일한 방아쇠 질문을 나눠준 뒤, 각 구성원별로 서로 상의하지 않고 최소 세 가지 아이디어를 파란색 카드에 적어보게 하는 활동이다. 카드 한 장에 한 개의 아이디어를 적게 한다. 한 질문당 3분씩의 시간이 주어지며, 다 끝난 뒤 각 카드는 다른 사람들이 볼 수 있도록 벽에 붙여서 공유한다.

블루 카드를 처음 시작할 때면 참가자들은 그동안 머릿속에 있던 온갖 아이디어를 한 보따리쯤 들춰내려는 경향을 보인다. 그러므로 똑같은 방아쇠 질문을 던져 시작하는 두 번째 라운드가 매우 중요하다. 우리 동료 중 한 사람은 이를 '메아리 라운드Echo Round'라고 불렀다. 이는 참가자들에게 그들이 들었던 내용을 반영하여 새로운 아이디어를 내도록 하는 것이다.

두 번째 라운드의 결과물은 두 가지 서로 다른 아이디어를 결합하여 보드에 붙이는 형태로 나타난다. 블루 카드와 같은 활동은 목소리 큰 외향적인 소수가 그룹 전체를 지배하는 것을 불가능하게 하고 모든 구성원이 참여할 수 있도록 해준다. 또한 브레인스토밍 전 과정을 편안하게 느끼도록 해준다. (이 활동은 말로 진행하는 브레인스토밍보다 중복되는 것들을 제외하고도 독특한 아이디어를 세 배나 더 많이 생성한다는 사실이 입증되었다.)

소규모 그룹 활동은 가치 있는 활동이다. 블루 카드 쓰기를 몇 차례 해서 어느 정도 감을 잡은 뒤에 진행하면 더욱 더 좋은 효과를 볼 수 있다. 그룹 간의 경쟁 또한 창의력이 샘 솟게 하는 좋은 방법이다. 가령 만성

질환 치료법에 관한 온라인상의 경험을 주제로 브레인스토밍을 하는 중이라면, 구성원 12명을 세 그룹으로 나누어 다음과 같은 동일한 방아쇠 질문을 던진 후 활동을 진행하는 것이다. "어떻게 하면 이런 경험을 스마트폰을 활용해서 새로운 기회로 이용할 수 있을까?" 한 그룹이 신기술에 정통한 얼리어답터Early adapter 수준의 환자에게 집중하는 동안, 다른 한 그룹은 스마트폰 활용도가 평균 정도인 환자에게, 나머지 한 그룹은 기계치에 가까운 상대적으로 무지한 환자에게 초점을 맞출 수도 있다. 마지막 유의할 사항은 속도 조절이다. 이때 참가자들의 컨디션을 유지시키는 일이 중요하다. 예를 들어 세 바퀴 정도 블루 카드를 사용했다면 그 다음에는 플립차트를 이용해 서로 대화하는 방식으로 브레인스토밍 방식을 바꿔보는 것이 좋다. 혹은 참가자들을 섞어 다시 배정하는 식으로 분위기를 새롭게 환기시킬 수도 있다. 다음 브레인스토밍 시간은 실내가 아닌 야외에서 진행할 수도 있을 것이다. 이러한 변화는 새로운 활력을 불러일으킨다. 브레인스토밍은 어느 시점이 되면 정신적 탈진 상태에 이른다. 하지만 다양한 방식으로 변화를 주면 지치지 않고 참신한 무언가를 생산할 수 있게 된다.

7. **바른 후속 작업.** 브레인스토밍에서 우리는 두 가지 오류를 범하기 쉽다. 첫 번째 오류는 브레인스토밍을 하는 과정에서 나온 아이디어를 '콘셉트'라고 잘못 묘사하는 것이다. 사실 브레인스토밍에서 나온 결과물들은 일관되고 설득력 있는 새로운 콘셉트로 결합될 만한 잠재력 있는 아이디어들이긴 하다. 하지만 가공되지 않은 이 상태의 아이디어들을 평가해보라. 무언가 부족하다는 사실만 확인하게 될 뿐이다. 알려지지 않

비즈니스의 지배적 논리 비틀기

새로운 단서를 찾아낼 때 효과적인 방법 중 하나는 '비판자 역할'을 할 수 있는 참가자를 브레인스토밍에 초대하는 것이다. 모든 의견에 반박해달라고 요청하라는 뜻은 아니다. 다만 이들을 제외한 나머지 참가자들은 현재의 비즈니스를 정상적으로 운영되게 만드는 근본적인 요소들에 초점을 맞춘다. 이를 비즈니스의 '지배적 논리dominant logic'라고 부른다. 예를 들어 자신이 미국 CIA 요리학교The Culinary Institute of America를 최근 졸업한 학생이며, 고품격 도시락을 제공할 혁신적인 방법을 찾고 있는 중이라고 가정해보자. 제품과 정보, 자본의 흐름에 따라 외식산업의 지배적 논리를 다음과 같이 정의할 수 있을 것이다.

	지배적 논리	반대 논리
물리적 흐름	1. 인근 시장에서 구한 신선한 식재료	1.
	2. 제철 재료	2.
	3. 위치: 고급 제품 상점 인근	3.
	4. 주문 제작 방식의 음식	4.
	5. 저임금 직원 고용	5.
	6. 매장 내에서 식사	6.
정보의 흐름	7. 음식에 대한 고객의 평가(입소문, 온라인)	7.
	8. 지역 잡지에 광고 게재	8.
	9. 예약 고객 60%, 일반 고객 40%	9.
	10. 식자재 관리 소프트웨어	10.
현금 흐름	11. 식자재 비용은 매일 공급자에게 지불	11.
	12. 고객은 식사 후에 비용 지불	12.

한 번에 모든 흐름을 뒤섞으려 하지 말고, 어떤 새로운 조합이 가능한지 한두 가지 정도의 변화에 초점을 맞춰달라고 요청한다. 예를 들어 물리적 흐름 3번을 '이동식 트레일러Airsteam trailer *'로 바꾼다고 하면, 건물 밖이나 심지어 유명 국립공원 등지에서 고품격 도시락을 경험해보고 싶어 할 고객들을 위해 새로운 경험을 제공하는 모델이 될 것이다. 이는 전통적인 비즈니스 모델의 고비용 요소인 상점 임대료를 제거해주고, 놀라운 가능성을 열어줄 수도 있다. 만약 물리적 흐름 6번을 '냉동해서 나중에 먹을 음식'으로 바꾸면, 이는 미리 조리해둔 가공식품 비즈니스 모델을 창조해내는 과정이 된다. 마지막으로 물리적 흐름 5번을 '최근에 석방되어 직업이나 기술을 배우려는 수감자들'로 바꾸면, 최근 널리 도입되고 있는 사회적 기업 모형, 예를 들면 DC센트럴키친DC Central Kitchen **과 같은 모델이 될 수 있다.

* 원문의 'Airstream Trailers'는 여행용 트레일러 회사 이름이고, 우리나라 식으로 '푸드트럭'이라 봐도 무방하다.

** DC센트럴키친은 요식업 관련 직업을 희망하는 청장년층 실업자 교육, 잔반 수거 및 활용을 통한 빈곤층의 식사 보조, 지역사회의 건강식 보급 등의 활동을 주로 하는 사회적 기업이다.

은 것도 많고, 명시되지 않은 것도 아주 많은 상태이기 때문이다. 가공되지 않은 아이디어를 평가할 만한 강력한 콘셉트로 변환하는 과정은 여섯 번째 도구인 '콘셉트 개발' 단계에서 살펴볼 것이다. 콘셉트 개발 회의는 브레인스토밍 시간에 도출한 내용을 기반으로 브레인스토밍이 끝난 지 며칠 이내에 작은 규모의 집단에서 실행해보는 것이 좋다. 두 번째 오류는 브레인스토밍에서 얻은 결과물을 완성된 해결책으로 변환하기 위한 자원과 방법을 다 확보해놓고도, 이를 완전히 무시하는 것이다. 일곱 번째 도구부터 열 번째 도구까지는 이런 오류를 극복하게 해줄 뿐만 아니라, 가장 설득력 있는 콘셉트를 만들어 세상에 선보이고 가치를 창조할 수 있도록 돕는다.

집에서도 해볼 수 있는 과제

자신의 경력을 개발하고 학습하는 일은 다른 급한 업무에 치여 뒷전으로 밀려나기 일쑤다. 다가올 한 해 자신의 경력 개발을 위해 디자인씽킹을 통한 접근법을 활용해보면 어떨까? 지금부터 설명하는 단계들을 이용해 브레인스토밍 과정을 진행해보자.

1. 자신과 자신의 상사, 자신의 부하직원에게 도움이 되는 경력 개발 경험을 만들려면 어느 정도의 예산이 필요할지 목표를 정하자. 그런 다음 이를 디자인 개요로 변환해보자.
2. 약간의 배경 파악을 위해 지난 5년간 자신의 경력 개발 내역을 문서화

해보자. 어떤 경험을 해보았는가? 그렇게 하기 위해 어느 정도의 노력이 필요했는가? 자신과 다른 사람에게 어떤 도움이 되었는가? 자신의 고조점과 저조점은 어디였는가? 이를 계속하여 플립차트 세 장 이내로 개요를 작성하자.

3. 브레인스토밍을 하는 데 충분한 연료가 될 수 있도록 여섯 가지 이상의 방아쇠 질문을 준비하자. "다른 사람들을 가르치는 것도 경력 개발을 하는 하나의 방법이 될 수 있을까?"와 같은 역방향 질문도 포함하자.

4. 경력 개발에 관한 브레인스토밍을 도와줄 사람을 한두 명 초대하자. (같이 일하는 팀원이나 멘토, 자신의 배우자여도 상관없다.)

5. 형식에 맞춰 브레인스토밍을 진행한다. (도움이 된다면 자신을 제3자인 것처럼 이야기할 수도 있다.) 기본 규칙을 필히 정하고 블루 카드 과정을 최소 세 차례 이상 진행하자. 메모 카드나 포스트잇에 최소한 50개 이상의 아이디어가 작성될 때까지 계속한다.

6. 이제 결과를 살펴보자. 방아쇠 질문은 효과적이었는가? 보드에 놀라운 아이디어가 몇 가지나 적혔는가?

참고: 여기서 나온 아이디어들은 잠시 보관해두자. 다음 도구인 콘셉트 개발에 관해 배울 때, 지금 도출한 아이디어를 써먹을 것이다.

CHAPTER 08: CONCEPT DEVELOPMENT
콘셉트 개발

콘셉트 개발은 브레인스토밍에서 얻은 최고의 아이디어들을 골라 조금 더 상세한 솔루션으로 조합한 뒤, 이를 고객의 기준과 비즈니스의 기준 모두를 이용해 평가하는 것이다. 영화감독이 촬영 후 편집실로 돌아가서 괜찮은 장면만을 골라 창조적이고 일관성 있게 편집하는 과정과 유사하다고 보면 된다. 외부 사람들을 포함해 다양한 구성원이 함께 해도 괜찮은 브레인스토밍과는 달리, 콘셉트 개발은 이에 전념할 전담팀이 필요하다. 외부 사람들은 콘셉트 개발 작업을 수행할 시간도 없지만 그 맥락을 파악하는 능력 또한 부족하다.

'다양한' 콘셉트를 만들어서 고객에게 선택의 여지를 주고 싶을 수도 있지만, 대개는 브레인스토밍 과정에서 200개의 아이디어를 뽑았다면 그 안에서 약 12개 정도의 콘셉트를 도출한 뒤 그중에서 세 개 정도를 고객에게 실험해보고, 최종적으로는 하나만 골라 사용하게 된다.

사용할 시기: 콘셉트 개발은 ('무엇이 떠오르는가' 단계의 일환으로) 브레인스토밍을 완료한 직후에 바로 진행한다. 다만 광범위하고 다양하며 참신한 대안을 창조하기 위해 자신을 한계까지 밀어붙였는지, 최고의 콘셉트

로 여겨지는 몇 가지에 집중할 준비가 되었는지에 대해 강한 확신이 있어야 한다. 자신이 도출한 콘셉트를 디자인 기준에 의해 평가할 수 있도록 준비해둔다.

콘셉트 개발이 프로젝트 리스크를 줄여주는 이유: 대부분의 브레인스토밍 결과물은 디자인 기준을 이용해서 평가하기에는 다듬어지지도 않았고 불완전하다. 콘셉트 개발은 브레인스토밍에서 가장 혁신적이었던 아이디어를 비즈니스 논리로 만들어가는 일련의 과정이다. 이 과정은 참신한 아이디어가 너무 일찍감치 가지치기 당하는 것을 예방하고, 확실하지 않은 결과에 미리 취해서 새로운 아이디어를 비즈니스에 적용해보지 않고 론칭하는 것을 방지하기 위한 아주 중요한 작업이다.

시작하기

레고 블록을 이용해 무언가를 만들어본 적이 있는가? 콘셉트 개발도 이와 비슷하다. '무언가를 여러 개' 만들고자 한다는 점을 제외한다면 말이다. 콘셉트 개발이 어떻게 이루어지는지를 이해하기 위해 지멘스Siemens의 한 사업 본부가 직면했던 난관을 극복하기 위해 브레인스토밍을 통해 얻어낸 산출물로 어떻게 흥미로운 콘셉트를 개발했는지 그 과정을 살펴보기로 하자.

⋯▶ 2003년, 지멘스 빌딩자동화Siemens Building Automation 사업본부는 꾸준히

매출이 성장하고 있었지만, 고객 만족도는 하락하고 있었다. 자체적으로 그 원인을 조사해보니 '특별 요청^{Ad Hoc request}'이라 부르는, 고객사들이 제품의 세부적인 사양을 변경할 수 있게 해준 제도가 문제였다. 고객사들과 일하는 지멘스의 직원은 2000명 정도의 서비스 기술자와 (북미 지역에만) 200명 정도의 거래처 영업 담당자였다. 서비스 기술자는 이미 판매한 제품에서 고객사가 마음에 들어하지 않는 부분을 변경해줘야 하는 이 업무를 기피했다. 또한 고객사의 건물 관리팀과 직접적으로 의사소통하는 업무를 되도록이면 하지 않으려 했다. 영업 담당자들은 (그들에게 수당을 벌어다줄) 신규 주문서를 작성하느라 바빠서 '특별 요청'을 빼먹기 일쑤였다. 지멘스는 매출 성장에 아무런 타격 없이 이 특별 요청 문제를 해결할 방법이 필요했다.

지멘스의 서비스품질팀은 이와 관련한 사항들을 연구해서 문제의 틀을 규정하고, 브레인스토밍을 통해 수십 가지 아이디어를 모았다. 그중에는 각 시설을 순회하면서 특별 요청을 해결해줄 특수기동팀을 조직하자거나 모든 특별 요청을 시스템에 기록하고 이를 중앙에서 관리하자는 의견도 있었다. 미리 정해진 특별 요청 양식에 따라 제안서를 작성하게 하자거나, 72시간 이내에 특별 요청을 해결할 수 있도록 보증제도를 도입하자거나, 서비스 기술자들의 휴대장치에 제안서를 자동으로 만들 수 있는 프로그램을 개발하자는 아이디어도 있었다. 이밖에 지멘스의 기술자 대신 지역 업체를 활용하거나, 특별 요청을 빠르게 완료하는 기술자에게 보상을 하는 '발 빠른 해결사^{Frequent Fixer}' 프로그램을 도입하자는 것도 있었다.

1. **레고 블록 모으기.** 가장 먼저 콘셉트 개발에 필요하다고 생각되는 핵심 재료를 조립한다. 그 재료에는 실행팀의 팀원들과 디자인 기준, 브레인 스토밍 결과물이 포함된다.

2. **블록 펼쳐놓기.** 마인드매핑(도구-4) 과정에서 만들어봤던 미술관 관람 Gallery walk 방식과 비슷하다. 아이디어를 쉽게 찾아볼 수 있고 위치를 옮길 수 있다면 100가지 이상을 처리해야 한다 해도 어려움을 느끼지 않을 수 있다. 모든 아이디어를 벽에 붙이고 상관관계나 일정한 패턴을 찾았을 때 항목을 이동시킬 수 있도록 여분의 공간을 남겨두자. 다음과 같은 방법을 사용하여 아이디어를 분류해보자.

- 중복되는 아이디어 제거하기
- 유사한 아이디어는 서로 옆에 놓기
- 누락된 것이 있는지 확인하고 아이디어를 추가하기
- 떠오르는 주제를 목록으로 만들기. 예를 들면,
  셀프서비스/ 대금 선불 지급/ 개인맞춤 서비스/ 소비자와의 직접 유통경로 설정/ 사전 준비 서비스/ 일반적인 해결책
- 디자인 기준을 이용하여 우선순위를 설정하기
- 반드시 필요한 아이디어와 테마에 별표 표시하기

⋯▶ 지멘스의 서비스품질팀은 이런 방식으로 브레인스토밍 결과물을 검토했다. 처음에는 어떤 아이디어도 특별하다는 생각이 들지 않았다. 완벽하고 일관성 있는 솔루션을 표현한 아이디어는 그 어디에도 없는 것

처럼 보였다. 거기에 있던 아이디어들은 그저 올바른 방식으로 결합할 경우 도움이 될 수도 있는 단순한 요소처럼 느껴졌다. 마크는 이렇게 말했다. "낙담했던 것은 아니지만 어떻게 진행해야 할지에 대한 확신도 없었어요. 고려해볼 만한 흥미로운 부분이 몇 개 있었을 뿐이죠. 결국 우리는 브레인스토밍이 한 번 더 필요하다는 것을 깨달았어요. 그리고 이번에는 흥미로운 몇 가지 조합을 만드는 데 집중해야 한다는 것도 알았죠."

3. **고정 주제 선택하기.** 명확한 콘셉트 도출을 위해 고정 장치가 될 만한 주제 5~12가지를 선택하자. 화이자 팀처럼 금연에 관한 아이디어를 만드는 중이라면, 단짝 제도나 집단 치료, 전화 상담, 금연을 시도한 사람들끼리의 경쟁, 각종 보장제도, 피드백 등과 같은 것들이 고정 주제anchor가 될 수 있다.

⋯▶ 지멘스의 서비스품질팀은 다음 몇 가지 고정 주제를 통해 콘셉트를 도출했다. 예를 들면,
- 거래처 영업 담당자의 생산성 향상 도구
- 고객의 셀프서비스
- 인센티브 제도
- 제3자를 통한 서비스 제공
- 서비스 기술자의 직접적 참여

4. **최초 콘셉트 만들기(또는 칠리 요리 만들기).** 이제 드디어 몇 가지 콘셉트를 만들어볼 준비가 되었다. 이 단계는 건축의 원리에서 이끌어낸 것이다.

브레인스토밍에서 얻은 서로 다른 요소를 결합하는 것인데, 다만 그 요소들이 주제별로 연결되고 조화로워야 한다. 또한 명확한 콘셉트가 형성되도록 해야 한다. 디자이너들은 이 과정을 두고 '조합하기 놀이combinatorial play'라는 멋진 이름을 붙였다. 설득력 있는 고객 가치와 실행 가능한 비즈니스 모델 두 가지를 모두 충족시키기 위해 결합할 요소들을 뽑아내고 선택하는 작업과 꽤 어울리는 이름이다. 이 경우 전체는 부분의 합보다 대체로 크다. 콘셉트 개발 단계에서는 언제나 '잘 결합한 아이디어의 조합'이 '단 하나의 번뜩이는 아이디어'를 능가한다.

아이디어를 조합하는 접근법 중 우리가 가장 선호하는 방식은 제1장(CHAPTER 01)에서 소개했던 일리노이 공과대학 교수인 제레미 알렉시스가 알려준 방법이다. 그는 학생들에게 '칠리요리 식탁'을 차려보라고 권하곤 했다. 다음과 같은 방법으로 말이다.

- 칠리에 넣을 수 있는 모든 종류의 재료를 생각하자. 고기와 콩, 채소, 향신료 등의 대분류가 여기에 해당한다. (제레미는 이런 것들을 '변수variable'라고 불렀다.)

- 이제 각 대분류별로 가능한 한 모든 품목을 생각하자. 서로 다른 종류의 고기와 향신료 등이 이에 해당한다. (제레미는 이런 것들을 '변수값value'이라고 칭했다.)

- 이제 서로 다른 변수와 변수값을 적절히 조합해서 여러 종류의 칠리요리를 만들어보자. 채식용(아주 많은 채소에 고기는 전혀 넣지 않는) 칠리를 만들 수도 있고, 고기를 사랑하는 사람의(온갖 종류의 고기를 넣고 채소는 모조리 뺀) 칠리나, 하와이안(햄과 파인애플이 들어가고, 카이엔 칠리는 자제

한) 칠리를 만들 수도 있다. 이미 다양한 아이디어가 생각났을 것이다.

제레미의 칠리요리 식탁은 새로운 조합을 이끌어내는 작업에 관한 멋진 비유라 할 수 있다. 이는 지멘스의 서비스품질팀이 진행했던 과정과 정확히 일치한다.

┈▶ 지멘스의 서비스품질팀은 '몇 가지 칠리요리 만들기'를 통해 다양한 솔루션을 도출해냈다. 예를 들면,

• 특별 요청을 해결하는 영업 담당자들을 위해 특별수당제도 및 생산성 향상 도구 개발
• 보상수리점 제도: 서비스 기술자들이 영업 담당자의 개입 없이도 특별 요청을 실행할 수 있게 하는 자원봉사 개념의 서비스 프로그램

보상수리점 콘셉트는 기존 인적 자원만으로도 충분히 할 수 있는 솔루션이었다. 서비스 기술자가 영업 담당자보다 10배는 많았기 때문이다. 기술자가 이 콘셉트를 판매와 관련된 것처럼 느낄까 봐 지멘스는 보상수리점을 '문제 해결 서비스센터'라고 이름 지었다. (기술자들은 원래 판매에 대해서는 부정적 시각이 있는 대신, 기술적 문제를 해결하는 작업은 너무도 좋아한다.) 또한 이 콘셉트는 기술자들이 해결할 문제를 직접 고르도록 했는데, (브레인스토밍에서 얻은 또 다른 아이디어였다.) 이는 기술자들이 서비스를 판다는 느낌을 훨씬 덜하게 했고, 사전 동의 방식이라서 거부감이 없었다. 지멘스는 이 보상수리점 콘셉트를 살짝 다듬은 후 실제로 구현해보

왔다. 첫 6개월 동안 서비스 기술자의 거의 50%가 (카탈로그에서 고른 선물을 보상으로 제공하는 방식인) 이 프로그램에 참가등록을 했다. 고객 만족도 또한 빠르게 다시 높아졌다.

지멘스가 브레인스토밍에서 도출한 각각의 아이디어는 혁신적이라고까지 할 수는 없다. 휴대장치에 응용 프로그램을 구축해서 제안서의 시간과 항목을 자동으로 생성하는 것 역시 그리 혁명적이라 할 수는 없다. 그러나 그들은 서비스 기술자들의 인식에 관한 문제, 즉 기술자들이 영업을 하고 있다는 생각이 들지 않도록 해야 하는 문제를 해결하는 과정에서 다른 아이디어(포인트 보상제도)와 결합하는 방식을 채택했고, 이를 통해 참신하고 설득력 있는 해결책을 만들어냈다. 이처럼 잘 결합한 작은 아이디어의 조합은 종종 디자인 프로젝트를 최후의 승자로 만들어주는 원동력이 된다.

지멘스가 발견한 가장 중요한 솔루션은 실행팀이 '무엇이 보이는가' 단계에서 진행했던, 즉 에스노그라피 방식으로 리서치를 하는 동안 관찰했던 결과들이 근거가 되었다. 마구잡이식 브레인스토밍으로 성공적인 프로젝트 결과를 도출하기란 매우 힘든 일이다. 디자인 프로젝트의 결과물은 사용자들의 충족되지 않은 가치를 기반으로, 원칙이 잘 갖춰진 디자인씽킹 프로세스를 거치면서 얻어내는 것이다.

집에서도 해볼 수 있는 과제

우리는 제7장(CHAPTER 07)에서 자신의 경력 개발에 관한 아이디어를 브레이스토밍 방식으로 찾아보는 연습을 했다. 이제 그 결과를 이용해 콘셉트 개발 과정을 수행해보자.

1. **레고 블록 조립하기.** 디자인 기준과 브레인스토밍 결과를 모두 모은다. 원한다면 브레인스토밍을 함께했던 동료 한 명을 참가시켜 이 단계를 돕도록 해도 좋다.

2. **블록 펼쳐놓기.** 빈 벽에 디자인 기준과 브레인스토밍 결과물을 모두 붙인다. 아이디어들을 분류하고 주제 목록을 만들고, 디자인 기준을 충족하면서도 필수적으로 여겨지는 아이디어나 주제를 5~10개 정도 선택한다.

3. **고정 주제 선택하기.** 경력 개발 콘셉트 도출에 고정 장치가 될 만한 주제를 3~5개 정도 선택하자. 다양성과 흥미를 감안해야 한다. 이 고정 주제들은 자신뿐만 아니라 상사나 잠재 고객들도 흥미를 느낄 수 있어야 한다.

4. **최초 콘셉트 만들기.** 고정 주제 중 하나를 골라 그와 관련있다고 생각되는 아이디어를 가져다 붙인다. 다른 고정 주제에 관해서도 같은 과정을 거친다. 일부 아이디어가 여러 가지 콘셉트에 사용될 수 있다고 해도, 각각의 콘셉트가 분명히 구분되는 한 고민할 필요는 없다.

5. **세부 내용 채우기.** 다음 양식에 따라 활동을 마무리하자.

- 내가 고려하는 교육/개발 경험은 어떤 종류인가? 그것은 어떤 효과가 있을까?
- 나에게 필요한 가치를 충족시키려면 어떤 핵심 경험이 필요할까? 그것이 내 상사와 동료에게 어떤 도움을 줄까?
- 이에 해당하는 비용과 리스크는 무엇인가?
- 이것으로 회사와 나 사이의 관계는 얼마나 돈독해질까?

'무엇이 끌리는가' 단계로의 이동

'무엇이 떠오르는가' 단계의 번뜩이는 창의성을 뒤로 하고, 이제 무엇을 해야 하는지에 관한 몇 가지 힘든 선택이 기다리고 있는 '무엇이 끌리는가' 단계로 이동할 차례다. 이 단계에서 우리는 이미 만들어둔 콘셉트들을 상세히 설명하기 위해 '냅킨 피치'라는 프로젝트 관리 보조도구를 이용할 것이다. 냅킨 피치를 '엘리베이터 피치Elevator Pitch'와 혼동해서는 안 된다. 엘리베이터 피치는 엘리베이터가 올라가는 2분 정도의 짧은 시간 동안 프로젝트를 개략적으로 설명하는 것을 뜻하는 용어다. 냅킨 피치는 이보다는 좀 더 숨 돌릴 여유가 있다. 그리고 이 보조도구의 역할은 서로 비교하기 쉽도록 각각의 콘셉트를 명확히 설명하는 데 있다.

금융서비스 회사인 하트포드The Hartford 사*에서 '백사슴'이라 불리는 기업혁신팀은 냅킨 피치의 한 방식을 사용하고 있다. 실리콘 밸리의 R&D 조

---

* '하트포드 금융서비스 그룹'은 미국의 종합 보험 서비스 그룹으로 원래 자동차 보험으로 유명한 회사이다.

직인 SRI인터내셔널로부터 받아들인 이 백사슴의 방식을 NABC라고 부른다. NABC는 완전히 펼친 냅킨의 각 사분면에 각각의 글자가 대응되는데, 다음 네 가지 전략적 질문에 대한 답을 전념해서 작성하게 하는 데 그 의도가 있다.

- **필요**Need: 우리가 해결해야 할 충족되지 않은 필요사항은 무엇인가?
- **접근**Approach: 필요를 충족하기 위한 우리의 접근법은 무엇인가? 그리고 그것은 얼마나 참신한가?
- **혜택**Benefit: 고객이 얻을 혜택은 무엇인가? 우리가 얻는 혜택은?
- **경쟁**Competition: 우리가 직면할 경쟁에는 무엇이 있는가? 그리고 우리가 가진 장점은 무엇인가?

혁신의 과정에서 잠재력 있는 콘셉트 여러 개를 놓고 힘든 선택을 해야 하는 상황은 피할 수 없다. 하지만 그 선택이 잘못된 것은 아닐지 고민이라면 걱정하지 말자. 1차 예선에서 최종 후보였던 냅킨들은 다음 단계 언제서든 다시 검토할 수 있으니 말이다. 표준 양식을 사용하면 경험이 쌓여감에 따라 비교가 가능해진다.

하트포드의 백사슴 팀도 디자인씽킹 도구들을 사용하는 다른 조직과 마찬가지로, 혁신 프로젝트를 하면서 단 한 가지 콘셉트만 전념하는 것은 피하는 것이 낫겠다고 생각했다. 설득력 있는 다양한 콘셉트를 탐구해야 '감탄 구역Wow Zone' 내에 들어있을 콘셉트를 보다 안전하게 골라낼 수 있을 것이기 때문이다.

이 책의 표지가 만들어지기까지

브레인스토밍과 콘셉트 개발의 관계를 보여주기 위해 이 책의 표지 선정 프로세스를 소개한다. 이 표지는 디자인씽킹 프로세스를 통해 만들어졌다. 어느 해 초여름, 진 리드카는 팀 오길비에게 이렇게 말했다.

"책 표지에 무엇이 들어가야 할지 좋은 생각 있으면 좀 알려줘."

업무시간에 맞춰 샬로츠빌로 떠나기 전, 팀은 '성장Growth'이라는 단어 중 'O'가 있어야 할 자리에 전구가 하나 그려져 있고, 그 아래에 납작한 배양 접시에 담긴 새싹이 전구의 빛이 내려쬐는 방향으로 자라나고 있는 그림을 보여주었다.

> " 완전 맘에 드는데.
> 표지는 이걸로 하면 되겠다!"라고 진은 말했다.
>
> "아직 다른 아이디어는 생각해보지도 않았잖아.
> 하나만 놓고 고르는 것은 선택이 아니지.
> 디자인씽킹 프로세스를 이용해보자고."라고 팀이 말했다.
>
> "이런. 그러지 뭐." 진은 그냥 그걸로 정하고 싶었지만,
> 굳이 말하자면 자신이 책에서 말하고자 했던 바를
> 실제 행동으로 옮겨야만 한다는 생각이 들어 그러자고 동의했다. "

샬로츠빌에서 돌아오는 동안 팀은 그의 동료 제니린 카귀올로와 브레인스토밍을 했다. 그들은 다음과 같은 다양한 방아쇠 질문을 사용해 표지로 쓸 만한 아이디어를 토의했다.

· 가장 마음에 드는 책 표지는 무엇이며 그 이유는 무엇인가?

- 자신에게 '성장'의 의미는 무엇인가?
- 자신에게 '도구'의 의미는 무엇인가?
- 자신에게 '디자인씽킹'의 의미는 무엇인가?
- 이 책에는 어떤 디자인 스타일이 필요한가?
- 어떤 종류의 표지가 관리자들에게 접근 가능하면서도 도전할 만하다는 생각이 들게 할까?

제니린은 팀이 운전하는 동안 브레인스토밍을 통해 얻은 18개의 대안을 노트에 개략적인 그림으로 그렸다. 사무실로 돌아온 팀과 제니린은 비슷한 주제를 다룬 책들이 어떤 유형의 표지 디자인을 사용했는지 조사했다. 이 조사의 목적은 우리의 의도가 명확하게 구분되면서도 표지 디자인에 명확히 드러나도록 하는 것이었다. 이 비교 과정에서 제니린이 대안으로 그려둔 18개 그림 중 사용해도 되는 것과 안 되는 것이 각각 몇 가지로 정리되었다. (이 과정은 두 시간이 채 걸리지 않았다.) 그것은 우리가 브레인스토밍 과정을 거쳐서 얻어낸 결과물이다. 이걸로 콘셉트 개발을 위한 준비가 모두 끝났다.

우리는 18개의 그림 모형을 다섯 가지 주제로 정렬했다. 자라나는 식물과 실제로 변해가는 스케치 장면, 도구에 대한 비유, 영리함을 나타내는 아이콘, 그리고 성분이나 패턴 그림 등. 우리는 진에게 다섯 가지 주제의 영역에서 최고의 콘셉트를 뽑아 넘겨주고 싶었다. 단 하나의 표지를 골라야만 했으므로 두 가지 서로 다른 콘셉트에 들어있는 요소들을 조합해야 할 수도 있었다. 우리는 선호하는 것을 고른 뒤, 그림을 조금 더 예쁘게 그리고, 적절한 글씨체를 골라 각각을 책 페이지 크기에 맞게 배열하고 제목과 주요 카피들을 써넣었다.

진과 다든스쿨의 세 동료는 이 표지들을 '고객들'처럼 생각하며 빠르게 검토하고 개선안이 무엇일지 의논하여 피드백을 주었다. 이 과정은 세 번이나 이루어졌다. 배양 접시 표지가 첫 번째 검토에서 살아남지 못한 것은 그리 놀라운 일이 아니다. 검토했던 사람들이 느끼기에 전구 이미지는 너무나 식상해서 다른 책들과 차별화되기 어려워 보였다. 이는 디자인한 사람을 비난하려는 게 아니라 꽤 설득력 있는 관점이다. 오래 지나지 않아 우리는 지금 이 책에 붙어있는 표지 디자인에 도달할 수 있었다. 모든 과정에 들어간 시간은 약 14시간이다.

What wows?

무엇이 끌리는가

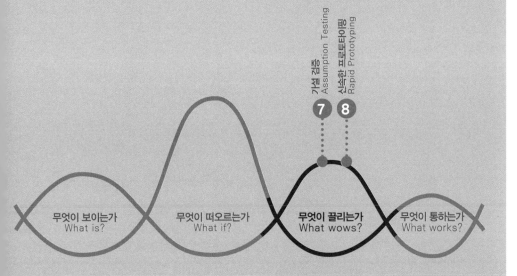

가설 검증 Assumption Testing
7

신속한 프로토타이핑 Rapid Prototyping
8

무엇이 보이는가
What is?

무엇이 떠오르는가
What if?

무엇이 끌리는가
What wows?

무엇이 통하는가
What works?

재정적으로 어려움을 겪는 50세 이하 사람들을 위한 AARP와 다이앤 타이의 준비 프로젝트를 기억하는가? 다이앤 팀은 새로운 웹사이트를 위한 브레인스토밍 과정과 서로 다른 여러 콘셉트를 개발하는 과정을 거쳐 '무엇이 끌리는가' 단계로 넘어왔다. 이 과정은 "모든 연령층이 내일의 삶을 위해 현명한 선택을 할 수 있도록 돕자."는 목표 하에 진행되었다.

그중 두 가지 콘셉트를 골라내어 냅킨 피치에 정리했는데, 첫 번째는 '부채 상환을 위한 대출공동체'라는 아이디어를 발전시킨 것이다. 이 아이디어는 Y세대 회원들이 빚을 관리하고 저축하는 습관을 기를 수 있도록 하려는 것이다. AARP는 50대 이상의 기존 회원들과 그들이 재정적으로 지원

냅킨 피치 1: 부채 상환을 위한 대출 공동체

필요Need: 부채 관리

학자금 융자가 있는 Y세대 고객들은

• '빚진 상태를 영원히 벗어날 수 없다'는 두려움을 느낀다. 이는 채무 관리에 대한 무관심을 유발할 수 있다.

• 서로 다른 유형의 부채 중에서 (예를 들면 신용카드 빚과 학자금 융자, 주택담보 대출 중에서) 어떤 것을 우선적으로 상환해야 하는지를 모를 수 있다.

• 그들에게 경제적으로 지원을 하느라 그들의 부모 또는 친척은 돈을 모으기가 어려워진다.

• 부채의 악순환에 직면한다.

접근Approach

AARP는 계약서 양식과 상환 계획, 결제 수단을 제공한다.

• AARP는 회원들이 성인이 된 자녀에게 돈을 지원하는 방법을 공식화하도록 도울 수 있다.

• AARP는 계약 및 상환 계획에 관한 다양한 양식과 활용 방법을 제공할 수 있다.

• AARP는 비용을 받지 않거나 적은 비용만 받고 공식적인 결제 수단을 제공하는 파트너와 협력할 수 있다.

혜택Benefit

• Y세대 사용자는 학자금 융자 상환이라는 쳇바퀴 도는 삶에서 벗어나 '새로운 융자를 받을 수 있는 기회'을 얻는다.

• Y세대 사용자가 계속 부채 상환의 책임을 져야 하더라도, 훨씬 더 낮은 이자율로 제공한다.

• 부모/친척이 대출 상환에 동의한다는 공식 계약서를 쓴다.

• 부모/친척은 자녀의 재정적 독립성과 책임감을 저해하지 않으면서도 계속해서 재정적으로 도움을 줄 수 있다.

다른 서비스 제공업체Ohter Service Providers ✱

• 소액 대출 지원 프로그램Circle-lending Platform

• 기존의 대출 서비스 업체

• 변호사

• 비공식 대출 공동체

해줘야 하는 Y세대에게 계약서 양식과 상호 소통 도구[interactive tool], 상환 계획 등을 제공함으로써 이를 용이하게 할 생각이다.

두 번째 콘셉트는 '평생 재무설계의 시각화'에 초점을 맞췄다. 여기에는 금융 전문가 자원봉사자들이 제공하는 전문 상담과 조언, 상호 연관성이

냅킨 피치 2: 평생 재무설계의 시각화

필요[Need]: 평생 재무설계

짓눌려 있는 집단이든, 대재앙 집단이든, 낙천적 집단이든, 성취자 집단이든 Y세대 고객들은 모두

- 삶을 좌우할 중요한 결정에 직면해 있다.
- 자신의 생활방식과 재무 관련 의사결정이 서로에게 어떤 영향을 끼칠지 시각적으로 형상화하는 데 어려움을 겪는다.
- 자신의 재무 상태에 관한 서로 다른 요구사항들을 중요성에 따라 우선순위를 매기는 데 어려움을 겪는다.

접근[Approach]

사용자의 라이프 사이클을 시각화하고 삶의 단계별로 조언을 얻을 수 있도록 가상현실을 만든다. 여기에서 가능한 기능에는 다음과 같은 것들이 있다.

- 결혼과 같은 중요한 이벤트를 모의 실험해볼 수 있는 도구
- 흔히 나타나는 함정을 설명하고 조언을 제공하는 서술적 구성요소
- 재무적으로 복잡한 여러 의사결정을 이해하기 쉬운 그림으로 도식화해서 보여주는 세밀하고 긴밀한 시각화 작업
- 영감 및 개인적 요소: '자신이 생각하는 모험'이나 '자신이 꿈꿔왔던 미래'에 관해 써보기
- 재미 요소: '게임오브라이프[Game of Life]'나 '세컨드라이프[Second Life]'와 같이 아바타가 삶의 각 단계를 대신 맞이하는 세상(가상현실)
- 50세 이상인 AARP 회원의 온라인 멘토 역할
- 금융 전문가가 제공하는 무료 상담

혜택[Benefit]

- Y세대 사용자는 극적인 삶의 변화가 주는 두려움을 가라앉힘으로써 자신의 꿈을 자유롭게 추구할 수 있다.
- Y세대 사용자는 '이미 겪을 만큼 겪어본' 경험 많은 조언자에게 개인적인 조언을 얻을 수 있다.
- 50살 이상의 AARP 회원은 공동체의 멘토 역할을 하면서 보람을 찾을 수 있다.

다른 서비스 제공업체[Ohter Service Providers] *

- 영리 목적의 (개별 대면 상담 위주의) 재무 상담사
- 영리 목적의 온라인 재무 상담사 (예를 들면 찰스 슈왑과 같은 온라인 증권사)
- 재무 관련 단체에서 제공하는 재무상황 점검을 위한 간단한 질문들 (예를 들면 USAA와 같은 회사)
- 신문 또는 온라인상의 상담 전문 칼럼니스트

---

* 이 사분면은 일반적으로 '경쟁[Competition]'이란 제목을 붙여야 하나, 비영리조직에서 경쟁관계를 따지는 것은 다소 모순이 있어 명칭을 바꾸었다. (p.310 참조)

있는 재무 자산 안내, 지속적인 공동체 협의 등과 같은 내용이 포함되어 있다.AARP 팀은 냅킨 피치를 이용해서 후속 과정이 더 진행되기 전에 검증해볼 필요가 있고 콘셉트들의 근간이 되는 40가지 가설을 정의했다. 다이앤은 이를 다음과 같이 설명했다.

> "우리는 가설들을 전부 펼쳐놓은 후, 몇 번의 반복 과정을 거쳐 중요한 가설들을 추려내기 시작했어요. 기존의 조사연구뿐만 아니라 연구 보고서나 뉴스 기사를 이용해서 가설을 지지하거나 반박하기 위한 증거를 찾았지요. 우리가 원하는 방향과 차이가 있는 가설을 발견하면 우리는 이렇게 말했습니다. '이것은 어떻게 해결해야 하지?' 그런 다음 프로토타입 제작을 위해서는 무엇을 해야 할지, 원래 연구를 보강하기 위해 비용을 다시 지출할 필요가 있는지 등의 의사결정을 하기 위한 과정으로 이어갔지요."

40가지의 핵심 가설 중 하나는 'AARP라는 이름을 붙인 새로운 상품은 일반 독립 브랜드의 상품보다 훨씬 더 강력할 것이다'라는 것이었다. 다이앤 팀은 이 가설을 지지했거나 반박했던 증거들을 신중히 검토해서 문서화했다. 예를 들어 전 세대를 대상으로 AARP를 '나이든 사람들의 대변자'라고 신뢰하는지 조사했다. 회원들과 그 가족들은 이러한 회사의 이미지가 새로운 상품을 조금 더 긍정적인 이미지로 만들어줄 거라고 응답했다. 하지만 AARP의 또 다른 조사는 회사의 이미지가 젊은 세대를 대상으로 서비스하는 콘셉트와는 모순되어 보인다는 결과를 얻었다. 게다가 서비스가 출시되자마자 Y세대에게 즉각적인 반응과 신뢰를 구축했던 마이스페이스^{Myspace}나 페이스북과 같은 사례를 참고해보면, 이미 시장 내에 확립되어 있는 AARP 브랜드의 가치를 청장년층 집단이 어느 수준으로 인식할지 여전히 의문이었다.

AARP 팀원들은 '회사의 이미지와 새로운 상품과의 연관성'이란 문제를 해결하기 위해 시장에서의 검증이 필요하다고 여겼다. 이들은 평생 재무설계의 시각화에 관한 네 가지 접근법(냅킨 피치 2번 참조)을 프로토타입으로 제작해서 검증하기로 하고 실행에 옮겼다. 이때 각 접근 방식마다 모기업과 연관성의 정도를 서로 다른 수준으로 설정했다. 첫 번째 프로토타입은 AARP 브랜드를 전적으로 활용했다. 두 번째는 "모든 연령대가 더 나은 내일의 삶을 위해 오늘의 선택을 현명하게 할 수 있도록 돕자."라는 핵심 문구와 AARP의 로고를 함께 사용했다. 세 번째는 '회사소개' 부분에만 AARP란 단어를 언급했다. 그리고 네 번째 프로토타입에는 새로운 상품에 대해 이야기하는 사용자의 영상을 이용했고, AARP가 이를 후원한다고만 알렸다.

자, 이제 한 걸음 뒤로 물러나 다이앤 팀이 지금까지 한 작업에 관해 생각해보자. 이들은 디자인씽킹 프로세스의 첫 두 단계를 완료했다. 이들은 '무엇이 보이는가' 단계에서 탐구조사를 통해 젊은 사람들의 삶에 대해 깊이 알게 되었다. '무엇이 떠오르는가' 단계에서는 브레인스토밍과 콘셉트 개발을 통해 젊은 세대를 위한 가치를 창조하고 회사의 목표를 충족할 몇 가지 콘셉트를 도출했다. 이제 투자를 위한 향후 의사결정에 지침이 되어줄 최고 콘셉트를 정의하는 어려운 선택의 시간이다. 이 단계를 수행하려면 해당 콘셉트가 성공하기 위해서는 반드시 '참'으로 판명되어야 할 핵심 가설이 무엇인지를 명확하게 꿰뚫어 봐야 한다. 그리고 그 콘셉트를 어떻게 검증할 것인지, 즉 이미 확보해둔 자료를 사용할 것인지, 또는 고객들에게 다가가 새로운 자료를 얻어낼 것인지에 관해서도 계획이 필요하다.

'무엇이 끌리는지'를 정하기 위해서는 현재 시점에서 미래를 검증해야만 한다. 아주 까다로운 과업일 수밖에 없다. 그러나 우리는 항상 이런 식으로 한다. 새로운 차를 시험 운전할 때나 거울 앞에서 정장을 몸에 대어볼 때, 그리고 회의에 앞서 논제의 초안을 작성할 때처럼 현재라는 땅에 발을 붙인 채 미래의 가능성을 검증하는 것이다.

핵심 가설을 발굴하고 검증하는 작업은 '무엇이 끌리는가' 단계에서 가장 강조하는 사안이다. 먼저 이 가설들을 가능한 정도까지 사고실험^{Thought} ^{Experiment}*으로 검증한다. 그런 다음 이 과정을 통과한 가설들을 물리적 실험을 통해 검증하는데, 이 실험은 새로운 상품의 프로토타입을 이용하여 (실제 고객들과 상호 교류할 수 있는) 시장 환경에서 진행하는 것을 원칙으로 한다.

사고실험은 실제 실험과 마찬가지로 명확하게 서술된 가설에서 시작하고, 각종 자료를 동원하여 '참'일지 '거짓'일지 그 가능성을 결정한다. 이는 시장 환경에서 진행하는 물리적 실험과는 달리, 논리와 기존 자료를 활용해 오직 생각으로만 이루어지는 두뇌 활동이라서 평소 회사에서 하는 분석 작업과 매우 흡사해 보일 수 있다.

한편 물리적 실험이 가설 검증 과정에 도움이 되려면, 새로운 콘셉트를 다른 콘셉트들과 구분해서 표현하는 효율적인 수단이 필요하다. 또한 (기

---

* '사고실험'은 이론을 바탕으로 실험에 필요한 장치와 조건을 단순화한 후 일어날 현상을 머릿속에서 생각으로 진행하는 실험을 말한다.

존 자료를 활용하는) 사고실험이 (현장에 나가서 새로 자료를 구하는) 물리적 실험보다 훨씬 더 경제적일 것이므로, 가능한 한 사고실험을 최대한 가설 검증에 활용하는 노력이 필요할 것이다.

시장 환경에 직접 대응해보는 단계(이는 제5부의 주제이다.) 없이 미래에 관한 가설들을 직접 검증하는 것은 절대로 불가능하다. 그럴 경우 증거를 찾을 수 있는 유일한 장소가 과거밖에 없기 때문인데, 불확실성 아래에서 과거 자료는 별 예측력이 없지 않은가. 과거 데이터의 사용 여부를 결정할 때는 역사학자 리처드 뉴스태트Richard Neustadt와 어네스트 메이Ernest May의 '적시에 생각하기Thinking in time' 프로세스를 활용할 수 있다.

> "'적시에 생각하기'는 세 가지 요소로 이루어집니다. 첫째, 미래는 오로지 과거에서 기인하므로, 과거에서 예측치를 찾을 수 있다는 인식입니다. 둘째, 현재 시점에서 미래를 위해 중요한 것은 과거에서 벗어나기나 대안, 변화 등이라는 인식입니다. 이는 익숙한 경로를 따르려는 유사한 흐름을 미래에 맞추어 전환해주는 수단이지요. (…) 셋째, 지속적인 비교입니다. 이는 현재에서 미래와 과거로 넘나들며 일정하게 움직이는 진동과 같습니다. 그 비교의 결과를 신속히 처리할지, 제한할지, 참고할지, 반박할지, 그대로 받아들일지 등을 고민하며, 그에 따른 미래의 변화에 세심한 주의를 기울이는 작업을 해야 하죠."[1]

'적시에 생각하기'는 다이앤이 앞서 설명한 '반복과정'과 같은 맥락이다. 어떤 면에서는 연립 방정식을 푸는 것처럼 여겨질 텐데, 실제로 그런 유형의 문제 해결법이다. 일반적으로 비즈니스 콘셉트에서 '감탄 구간'은 세 가지 항목이 서로 교차하는 지점에서 나타난다. 고객들은 원해야 하고, 회사는 생산해서 유통해야 하며, 그렇게 함으로써 조직은 사업의 목표를 달성할 수 있어야 한다. 지멘스 빌딩자동화 사업본부의 사례에서 보자면 보상수리점 솔루션이 이 교차점에 놓여 있었다(제8장 참조). 게다가 사업본부의 가장 풍부한 자산인 서비스 기술자를 활용해서 고객의 특별 요청 문제를 해결했기 때문에 강력한 성과를 거뒀다. 하지만 서비스 기술자의 참여 여부는 검증이 필요했던 대표적인 핵심 가설이기도 했다.

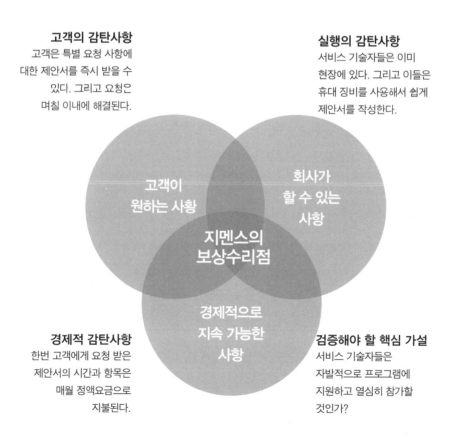

고객의 감탄사항
고객은 특별 요청 사항에 대한 제안서를 즉시 받을 수 있디. 그리고 요청은 며칠 이내에 해결된다.

실행의 감탄사항
서비스 기술자들은 이미 현장에 있다. 그리고 이들은 휴대 장비를 사용해서 쉽게 제안서를 작성한다.

경제적 감탄사항
한번 고객에게 요청 받은 제안서의 시간과 항목은 매월 정액요금으로 지불된다.

검증해야 할 핵심 가설
서비스 기술자들은 자발적으로 프로그램에 지원하고 열심히 참가할 것인가?

고객이 원하는 사항

회사가 할 수 있는 사항

지멘스의 보상수리점

경제적으로 지속 가능한 사항

이 단계에서의 도구

'무엇이 끌리는가' 단계의 두 가지 도구를 이용하면, 냅킨 피치에 담긴 콘셉트를 실제 시장에 내놓을 만한 상품 형태로 변환할 수 있다. '가설 검증'은 콘셉트의 성공을 전적으로 좌우하는 핵심 가설을 정의하고 사고실험을 이용해 검증을 시작하는 것이다. '신속한 프로토타이핑'은 차후의 조사와 검증, 정제를 위한 가장 효과적인 형태로, 앞서 제안한 콘셉트를 표현하기 위해 활용한다.

이 두 가지 도구는 '무엇이 끌리는가' 단계에서 집중해야 할 두 가지 사항 간의 균형을 잡아준다. 즉 '가설 검증'은 현 단계에서 아직 부족한 부분 (핵심 가설과 아직까지 남아있는 불확실성에 관한 단서들)을 해결하는 도구이며, '신속한 프로토타이핑'은 현재까지 밝혀낸 (그래서 프로토타입 제작에 포함될

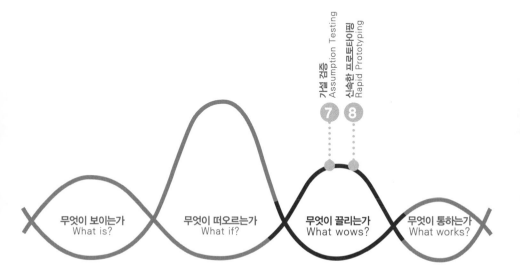

예정인) 부분을 다루는 도구이기 때문이다. 물론 이 두 가지는 서로의 과정이 각각 어떻게 진행되어야 하는지 알려주는 참고사항이 되기도 한다.

4부(SECTION 4)를 읽는 동안, 이미 알고 있는 것과 아직 모르고 있는 것 사이에 어떤 상호 작용이 일어나는지 관찰해볼 수 있을 것이다. 이는 디자인 프로젝트를 수행할 때 주의해야 할 불확실성의 핵심을 어떻게 파고드는지 알아보는 시간이기도 할 것이다.

'무엇이 끌리는가' 단계에서 가장 중요한 목표는 상대적으로 부실한 콘셉트를 발전시키기 위해 반복과정을 진행하며, 그 속에서 감탄할 만한 요소를 찾아 새로운 콘셉트로 표현하는 것이다. 디자인 프로젝트의 전 과정은 이 책이 제시하는 것보다 훨씬 더 복잡다단하다는 점을 다시 한 번 상기하기 바란다. 특히 이 단계는 지금까지 수립한 콘셉트들을 재정의하기 위해 기존에 확보해둔 데이터들을 반복 · 활용하고, 그러는 동안 가설 검증과 프로토타이핑, 고객과의 공동창조 등이 계속해서 상호 작용하므로 더 복잡하다고 할 수 있다. (고객과의 공동창조는 다음 단계인 '무엇이 통하는가' 단계에 위치시킨 도구이지만, '무엇이 끌리는가' 단계 또는 '무엇이 떠오르는가' 단계의 일부로 손쉽게 활용될 수 있다.)

CHAPTER 09: ASSUMPTION TESTING
가설 검증

가설 검증은 새로운 비즈니스 콘셉트가 될 핵심 가설들의 사실 여부를 데이터를 활용해서 평가하는 도구다. 이는 어떤 새로운 비즈니스 콘셉트도 실제로는 가설에 불과하다는 점을 인정하는 접근법이며, 고객이 바라는 가치에 대한 충분한 정보가 갖춰진 추측이라 할 수 있다. 다른 어떤 가설과 마찬가지로, 새로운 비즈니스 콘셉트는 그 콘셉트를 매력적으로 보이게 하는 몇 가지 가정을 그 기저에 깔고 있다. 가설이 '사실'로 드러나려면 근간이 되는 가정들이 유효해야 하며, 이를 검증하는 과정이 반드시 필요하다. 예를 들어 새로운 '가치 제안value proposition'이 '고객들은 실제로 편리함에 신경 쓰며 그에 맞는 추가 금액을 지불할 것이다'라는 가정을 바탕으로 하고 있다면, 그것이 사실인지 최대한 빨리 알아낼수록 좋다.

가설 검증의 첫 번째 단계는 가정들을 정의하고 식별하는 것이다. 두 번째는 이를 검증하기 위해 두 가지 선택사항 중 하나를 고르는 것인데, 하나는 시장에서의 현장 실험을 통해 새로운 자료를 수집하는 것이고, 또 다른 하나는 기존 데이터를 활용해 시장으로 들어가지 않고 분석적인 사고실험을 진행하는 것이다. 시장에서의 현장 실험은 비용이 들고 경쟁자들에게 보여지기 때문에, 이미 가지고 있는 데이터를 이용해 먼저 사고실험을 하는 것이 바람직하다.

사용할 시기: 일단 정의된 콘셉트가 하나라도 있다면, 가설 검증은 필수적이다. 이 도구를 '무엇이 끌리는가' 단계에서 소개하는 이유이기도 하다. 하지만 이는 훨씬 이전 단계나 이후에 진행할 '무엇이 통하는가' 단계에서도 가치 있는 기법이 될 수 있다.

디자인씽킹에 능한 사람들은 심지어 '무엇이 보이는가' 단계에서 에스노그라피 방식으로 데이터를 얻기 위해 현장조사에 나가기 전에 어떤 가설들이 존재할지 미리 정의하기도 한다. 고객들과 그들의 선호에 관한 가설을 표면화하는 것은 관찰자 입장에서 방심하지 않게 해줄 뿐만 아니라 이전에 가졌던 편견을 인식하도록 해준다. 이후 과정에서 우선순위를 정할 때도 도움이 된다. 보통은 사용 가능한 자원에 비해 시도해보고 싶은 콘셉트가 더 많기 마련이고, 설령 자원이 풍부하더라도 시장에서의 검증 작업을 군이 필요 이상으로 할 이유가 없기 때문이다.

가설 검증이 프로젝트 리스크를 줄여주는 이유: 디자인 프로젝트가 실패하는 대부분의 이유는 자신이 생각했던 가설과 현실이 다르기 때문이다. 가령 고객이 새 상품을 원하지 않았거나 회사가 실행할 수 없는 계획이거나 파트너가 좋아하지 않거나 경쟁자들이 빨리 따라하거나 하는 등이 실패의 이유가 될 수 있다. 고객들의 구매 여부를 확인하기 위해 새로운 콘셉트를 검증하는 것은 언제나 위험이 따르고 비용이 많이 들어가기 때문에 회사 입장에서는 가장 매력적인 콘셉트 하나만 검증해보기를 원하곤 한다. 일련의 사고실험으로 최초의 검증을 통과한 콘셉트만 시장에서 검증한다면 리스크와 비용을 최소화할 수 있을 것이다.

가설 검증은 콘셉트의 운명을 좌우할 요소를 정의하는 데 초점을 맞춘다. 여기에는 핵심적인 취약점을 냉정하고 철저하게 찾아보는 과정도 포함된다. 몇 가지 기본적인 요소를 살펴보자면, 채택률이나 시장진입 시기, 핵심 파트너와의 협력 가능성 등을 들 수 있다. 브리보 시스템즈의 마크 스테인은 '빨간 깃발Red Flag'라고 부르는 항목을 전자상거래 프로그램의 핵심적인 취약성 목록에 계속해서 남겨두었다. 그는 디자인씽킹 프로세스를 계속 진행하는 동안에도 이 항목을 꾸준히 갱신해나갔다.

자신을 벤처 투자가들을 설득해야 하는 기업가라고 생각해보자. 자신의 비즈니스에 대해 어떤 태도를 취해야 할까? 성공을 보장할 만큼 확신할 순 없지만 충분히 해볼 만한 가치 있는 도전이고, 참신하고 설득력 있는 해결책을 마련했으며, 결정적인 취약점이 무엇이고 그것을 검증하기 위해 무엇이 필요한지 명확한 관점을 가지고 있다는 자신감이 있어야 할 것이다.

가설 검증에 있어서도 원칙은 동일하다. 지속적인 성장을 위한 디자인 프로젝트는 알려지지 않은 가능성을 탐구하며, 불확실성에 직면했을 때 신중한 의사결정이 필요하다. 전문 투자자로부터 투기 자본을 얻으려는 게 아닌 이상, 디자인씽킹 도구들은 투자자의 대리인 역할을 한다. 즉 해당 콘셉트가 토대로 하고 있는 중요한 요소에 초점을 두도록 돕는다는 의미다. 그러므로 가격이나 비용, 채택률 등과 같이 경제를 움직이는 지렛대가 될 만한 것들에 좀 더 주의를 기울이자.

물론 성장을 염두에 둔 관리자라면 나쁜 소식이 있더라도 그것에만 집착하지는 않을 것이다. 하지만 새로운 콘셉트의 치명적인 결함이라면 빨리 찾을수록 창의성을 발휘해 더 일찍 수정하거나 이를 대체할 좀 더 유력한 콘셉트로 넘어갈 수 있지 않겠는가.

시작하기

앞서 제안한 비즈니스 콘셉트의 성공을 좌우할 핵심 가설들을 파헤쳐볼 시간이다. 가설 검증의 각 단계는 다음과 같다.

1. **신규 사업 진출 시 진행하는 일반적인 검증을 설계한다.** 이 단계는 새로운 콘셉트가 다음 단계로 가기 위해 '필히 거쳐야' 할 검증 단계이다. 새로운 아이디어가 매력적이고 실행 가능한 비즈니스로 발전하려면 무엇이 필요한지 확인해봐야 한다. 이 단계에서는 어느 업종이든 상관 없이 신규 사업을 검토하기 위해서라면 반드시 통과해야 하는 다음의 네 가지 테스트를 실시할 수 있다.

   a. **가치 검증**: 고객들은 회사가 이익을 남길 수 있을 정도의 가격에 해당 제품(서비스)을 구매할 것이다.

   b. **실행 검증**: 회사는 지출 가능한 수준의 원가로 해당 제품(서비스)을 생산해서 유통할 수 있을 것이다.

   c. **규모 확장 가능성 검증**: a와 b 단계를 통과했다면 사업을 계속하는 것이 가치가 있을 만큼의 매출을 일으킬 수 있을 것이다.

   d. **방어 검증**: a부터 c 단계까지 통과했다면 경쟁자들이 쉽게 따라할 수 없는 사업일 것이다.

매우 간단하다. 가치 있고, 실행할 수 있고, 확장할 수 있고, 방어할 수 있는지 고민하면 된다. 이 네 항목은 새로운 비즈니스 콘셉트의 매력도를 정의하고 검증할 때 필히 포함되어야 하는 핵심 포인트이다.

⋯▶ 당신을 대형 신용카드 회사로 인수된 주택 자금 융자 회사의 신규 사업 개발 담당자라고 가정해보자. 그리고 회사의 성장 동력을 파악하고 개발하는 임무를 부여받았다고 생각해보자. 모기업은 미국에서 가장 큰 신용카드 발급 회사 중 하나이다. 전 세계적으로 60만 개 이상의 카드 계정을 보유하고 있고, 마케팅 및 온라인 서비스 부문에서 선도기업으로 명성을 날리고 있다. 회사는 신용카드 외에도 차량 대출과 소규모 대출, 주택 담보 대출, 2차 모기지^{mortgages} 등 다양한 금융 서비스를 제공한다. 하지만 1차 모기지는 제공하지 않는다.* 어떻게 행동할 것인가. 2차 모기지에 문외한이라면 아마 처음에는 이 분야의 자세한 현황을 파악하는데 상당 기간을 보내야 할지 모른다. 하지만 어쨌든 최종적으로는 잠재력이 높다고 믿는 몇 가지 성장 기회를 정의할 것이다. 그중 하나가 고액 순자산을 보유한 고객을 타깃으로 은행 지점을 통해 제공하는 1차 모기지 상품이었고, 최종적으로 제안한 콘셉트가 다음 네 가지 검증을 모두 통과할 수 있다고 확신하고 있다.

---

* 1차 모기지는 금융회사가 자체적으로 예금이나 보험을 통해 대출 자금을 마련하고 이를 대출 수요자에게 대출해주는 방식이다. 2차 모기지는 금융회사가 특수목적 회사로부터 투자금을 받은 뒤, 그 자금으로 대출 수요자에게 대출해주는 방식이다. 우리나라의 대표적인 특수목적 회사는 주택금융공사이다.

1. 고객들은 행원들이 개인적으로 신경 써주는 데서 오는 편의성과 원스톱 상담, 그리고 그들의 신용등급보다 더 높은 우대금리에 가치를 둘 것이다.

2. 질 좋은 금융 상품과 온라인에서의 빠른 처리 속도를 자랑하는 모기업의 능력은 이미 잘 알려져 있다. 또한 자사의 각 지점에 모기업의 행원들이 이미 배치되어 있는 상태다.

3. 과거 자료에 따르면 모기업은 신용등급이 최상위인 고객을 35만 명 정도 보유하고 있다.

4. 뱅크 오브 아메리카Bank of America나 웰스 파고Wells Fargo 같은 주요 경쟁자들은 서브프라임 모기지 사업에서 발생한 혼란을 처리하느라 정신이 없다. 즉 다른 경쟁자가 응수할 위험 없이 해당 분야에 진입할 기회를 얻을 수 있다.

2. **회사 상황과 특정한 조건에 관련된 보다 세부적인 검증을 설계한다.** 이 역시 콘셉트가 다음 단계로 가기 위해 꼭 통과해야 할 검증이다. 예를 들어 이 새로운 콘셉트로 달성하고자 하는 전략적 목표는 무엇인가? 이 콘셉트의 목표를 달성할 방법과 그 근거를 설명하기 위해 어떤 가정을 세워야 하는가? 이 단계에서는 프로젝트 관리 보조도구인 '디자인 개요'와 '디자인 기준'을 참고하자. 디자인 개요는 혁신을 시작할 때 갈망했던 조직의 전략적 목표를 상기시킬 수 있어야 한다. 디자인 기준에는 고객에 관한 에스노그라피 조사 결과와 (가치사슬 분석을 기반으로) 비즈니스 콘셉트가 충족해야 할 중요한 사항이 포함되어야 한다.

…▶ 대형 신용카드 회사가 당신이 소속했던 회사를 인수하려 했던 중요한 동기는 바로 두 회사 간의 시너지를 기대했기 때문이다. 따라서 당신이 개발해야 하는 새로운 콘셉트는 이러한 전략적 목표에 정확하게 부합하는 것이어야 한다.

3. **각각의 검증(가치, 실행, 규모 확장 가능성, 방어)과 관련된 가설들을 밖으로 드러낼 수 있도록 최대한 명확하게 기술한다.** 각 가설들은 다음 사항을 중심으로 조합되고 구성되어야 한다.

• **고객**: 이 콘셉트가 고객들에게 더 우수한 가치를 제공할 수 있는 이유는 무엇인가? 고객은 비용을 얼마나 지불하려고 할까? 그 시장의 크기는 얼마나 될까?

…▶ 콘셉트에 관해 생각하면 할수록 자신이 제안한 가치가 몇 가지 중요한 가설에 의해 평가될 수 있음을 깨닫게 된다. 그중 하나가 부유층 고객은 행원을 통해 제공받는 대면 서비스에 큰 가치를 둔다는 점이다.

• **조직**: 조직은 어떻게 약속한 가치를 제공할 것인가? 이를 충족하기 위해 어떤 자원이 필요하며, 어떤 자원이 부족한가? 이를 보완해줄 파트너는 구할 수 있는가?

…▶ 모기업의 온라인 기능은 잘 구축되어 있지만, 새로운 상품을 판매하는 능력은 지점 행원의 능력에 달려 있다. 행원들은 필요한 능력을 갖

추고 있는가? 또한 모기업의 비즈니스 기반인 인터넷 신용카드 사업에서의 시장점유율이 개인 서비스 사업에서도 고스란히 나타날 것인가?

- **경쟁자**: 어떤 경쟁자가 영향을 받을까? 그들은 어떻게 반응할까? 경쟁자에게 빠르게 따라잡힐 위험은 없는가? 우리의 노력은 그들에 의해 방해받지 않을 수 있을까?

  ⋯▶ 해당 사업 분야에는 많은 경쟁업체가 있지만, 그들은 다른 회사의 사업 진입을 눈치 채지 못하거나 별 반응을 보이지 않을 거라 가정하고 있다.

4. **새로운 콘셉트의 매력 포인트에 결정적인 영향을 줄 가설을 정한다.** 여기까지 잘 진행되었다면, 실제 검증 작업을 할 수 있는 것보다 훨씬 많은 가설이 만들어졌을 것이다. 새로운 콘셉트의 성패를 좌우할 소수의 가설을 뽑아낼 수 있는가? 타이밍 역시 중요한 고려사항이다. 일반적으로 혁신 프로세스의 초기 단계에서 먼저 해야 할 두 가지 검증 항목은 '가치 검증'과 '실행 검증'이다. 규모 확장성 검증과 방어 검증은 상품에 대해 더 많이 알아야 하기 때문에 나중 차례가 된다. 새로운 콘셉트 대부분은 실행 검증보다는 가치 검증에서 실패한다. 그러므로 처음에는 이 부분에 집중하는 것이 좋다.

  ⋯▶ 가치 검증을 첫 시작점으로 정한다. 목표 집단인 부유층 고객들이 자사가 제공하고자 하는 개인 서비스나 원스톱 상담 어느 것에도 가치

를 두지 않는다면, 이 콘셉트가 성공할 가능성은 매우 낮기 때문이다.

5. **가설을 관리 가능한 숫자로 줄이고, 필요한 검증 자료를 파악한다.** 여기서 중요한 사항은 추정한 가설을 확인해주거나, 반증하게 될 자료에 어떤 것이 있는지 충분히 생각하라는 것이다. 관리자들이 자료에 집착한다는 점을 감안하면, 이는 식은 죽 먹기라고 생각할 수 있다. 그러나 이 작업은 놀라우리만치 어렵다. 관리자들 대부분은 이미 확보한 정보로 일하는 데 익숙하다. 하지만 여기에서의 방식은 필요한 정보를 파악한 뒤 그것을 어떻게 확보해낼지 알아내는 것이기 때문에 인내심이 필요하며 다양한 관점을 가진 구성원을 팀으로 만들어 작업할 필요도 있다. 여기는 '고정적 불확신론자designated douters'가 도움이 되는 구간이기도 하다. 혁신을 추진하는 관리자들은 '희망 없는 낙관주의'에 빠지는 경향이 있다. 반면 고정적 불확신론자들은 논리의 허점을 찾는 데 능하다. 성장 기회를 찾아내고 실행하려면 두 가지 자질 모두가 필요하다.

⋯▶ 팀원 중 한 명은 가설을 검증하며 발견한 점 모두를 '발생 가능한 결함'으로 간주할 수 있는 의심 많은 사람인 것이 좋다. 예를 들어 부유층 고객들이 (새로운 모기지 대출처럼) 중요한 금융 거래를 처리하는 금융 자문가를 이미 갖고 있다면? 그들은 이미 개인 서비스와 원스톱 상담을 제공받고 있으므로 담보 대출 회사가 제공하는 이런 기능은 필요하지 않을 수 있다.

6. **필요한 자료들을 다음의 세 가지 범주로 분류한다.** 세 가지 범주란 이미 알

고 있는 것, 모를 뿐만 아니라 알아볼 수도 없는 것, 모르지만 알아볼 수는 있는 것을 말한다. 각 범주를 차례로 살펴보자.

a. **이미 알고 있는 정보**: 각 가설과 관련하여 이미 보유하고 있는 사실들을 말한다. 믿음을 사실로 가정하지 않도록 조심하자. 이 두 가지를 혼동해서는 안 된다. 이때 의심 많은 팀원은 개인적인 (때로는 낙관적인) 해석 때문에 받아들여야 할 현실의 일부가 가려지는 위험을 줄여줄 것이다.

⋯▶ 이미 꽤 많은 정보를 가지고 있다. 예를 들어 모회사가 온라인 금융 거래를 수행하는 데 있어 훌륭한 가용 자원과 수많은 부유층 고객을 확보하고 있다는 사실 등이 그러하다.

b. **모를 뿐만 아니라 알아볼 수도 없는 정보**: 마법의 수정 구슬 없이는 절대로 알 수 없는 것들이다. 이는 진정한 불확실성의 구역, 알려지지 않은 구역이다. 사고실험이든 시장에서의 실제 실험이든 아무리 많은 실험을 해도 이 불확실성을 해결할 수는 없다.

⋯▶ 새로운 콘셉트가 성공하려면 몇 가지 큰 불확실성을 넘어야 한다. 대규모 주택 공급이 시작되거나 우대 금리 동결 같은 것이 그것이다. 이러한 불확실성은 약간의 예측은 할 수 있지만 '전문가' 의견을 제외하면 이를 검증할 방법이란 여의치 않다.

c. **모르지만 알아볼 수는 있는 정보**: 입수할 수는 있지만 해당 데이터를 구할 시간이 주어지지 않는 정보가 있다. 비용이 많이 들어가는 정보도 마찬가지다. 필요하지 않은 정보를 쫓아다닐 필요는 없다. 따라서 정말 중요한 정보가 무엇인지 파악한 뒤, 그 정보만을 얻는 데 노력을 쏟는 가설 중심의 접근법을 택하는 것이 필요하다.

이런 정보의 일부는 이미 회사 내에 있거나 해당 분야, 아니면 다른 분야에 존재할 수도 있다. 이럴 경우 그냥 가서 가져오기만 하면 된다. 이는 전략 컨설팅 회사들이 잘하는 일이기도 하다. 그러나 앞서 언급한 바와 같이, 미래를 예측할 때 과거 또는 현재 자료를 사용하는 것은 매우 위험한 일이다. 또 어떤 경우에는 그 미래를 실제로 발생하게 한 뒤 결과를 관찰하는 것이 필요하다. 시장 환경에 들어가 보기 전까지는 이런 범주의 가설들에 관한 좋은 자료를 얻을 수 없기 때문이다. 이때 '학습을 위한 론칭(도구-10)'은 적은 비용과 낮은 리스크로 시장에서 검증 작업을 가능하게 도와준다.

···▶ '편의성'이나 '개인 서비스' 같은 문제에 조언을 해줄 고객들의 정보가 모기업 데이터베이스에 있다는 것을 알았다. 지점에 배치된 행원들의 자질에 관한 일부 정보 역시 인력관리 부서에 있을 가능성이 크다.

7. **사고실험에 필요한 c 범주의 자료, 즉 '모르지만 알아볼 수는 있는 정보'를 빠르게 구할 방법을 찾는다.** 가설 검증이 흥미진진해지는 지점이다. 이 단계에서는 회사 외부의 회계 정보시스템이나 업종별 정보제공기관(무역협회, 건설협회 등)이 제공하는 자료에만 의존하면 안 되고 당신

스스로가 여러 자료들을 재구성해야 한다.

···▶ 목표 고객이 개인 서비스의 가치를 어떻게 느끼는지 알아보는 것은 사고실험에 적합하지 않다는 결론을 내렸다. 현재 해당 고객 집단의 정보는 데이터베이스에 있고 그들이 어떤 사람인지도 아는 상태다. 그들 중 일부에게 얼마든지 쉽게 물어볼 수 있는데 굳이 과거 자료를 기반으로 분석을 할 필요는 없지 않은가. 새로운 콘셉트의 가치를 높이기 위해 시장에서 직접 검증하기로 했다.

지점 직원들의 역량 수준에 대해서도 시장에서 직접 검증할 수 있다. 하지만 이 경우는 시장에서의 검증보다는 사고실험 정도가 충분해보였다. 직원들의 능력을 평가하려면 각 지점을 방문해야 하는데, 엄청난 시간과 비용이 들 것이기 때문이다. 그러므로 이 경우에는 회사 내부 어딘가, 예를 들면 교육이나 인사 담당 부서에서 이 항목에 관한 기존 자료가 있는지 먼저 찾아보는 것이 좋겠다고 결정했다.

8. **사고실험을 설계한다. 특히 가설이 잘못되었음을 입증할 수도 있는 데이터에 주의를 기울인다.** 검증작업은 얼마나 많이 하는 것이 좋을까? 아무리 많이 해도 충분치는 않다. 사실 이는 모든 관리자의 아킬레스건이다. 새로운 콘셉트가 성장을 가져다줄지 아닐지를 판단하는 것은 대단히 위험한 일이기 때문이다. 이 위험성을 줄일 방법은 없다. 대개 가설들은 고객들, 그리고 가치사슬상에 존재하는 파트너들이 어떻게 행동할 것인지에 관한 것들이 많다. 하지만 이는 파일럿 테스트 기간 동안 수집되는 전통적인 수익 관련 자료로는 절대 검증할 수 없다. 그러므로 위험성을

알려줄 만한 단서가 어떤 형태를 띠게 될지 명확하게 규정하는 것은 그 단서를 발견할 확률을 높이는 일이 된다. 이런 종류의 단서들은 브리보 시스템즈의 마크 스테인이 작성했던 '빨간 깃발' 같은 위험신호 목록 같은 형태로 만들어진다.

일단 사고실험이 진행되는 중이고 새로운 비즈니스 콘셉트의 매력 포인트를 보완하기 시작했다면, 이는 결국 (시장에서 실제 고객들을 대상으로 검증할 필요가 있는) 핵심 가설들에 시선을 돌릴 시간이라는 의미다. 이는 '무엇이 통하는가' 단계의 핵심사항이며 이를 수행하기 위해서는 다음 장의 주제인 프로토타입 제작이 필요하다.

집에서도 해볼 수 있는 과제

장치, 장난감, 게임, 연장 등 우리가 사용하는 모든 것에 대한 제품 설명서가 있는 '설명서 포털 사이트'를 개설하겠다는 아이디어가 있다고 하자. 이제 사람들은 무언가가 잘못되었을 때, 서랍 속을 뒤져 제품 설명서를 찾을 필요가 없다. 그냥 홈페이지(www.instructions.com)에 접속하여 필요한 설명서를 찾으면 되기 때문이다. 이 아이디어가 과연 좋은 사업 아이디어일까? 아닐까? 한 번 확인해보자.

1. 이 아이디어가 좋은 사업이 되려면 어떤 점들이 사실이어야만 할까? 이에 대한 간략한 목록을 만들어본다. 이 목록을 만들기 위해 벤처 투자자

가 물어볼 만한 예상 질문 열 가지를 작성해보고 그에 대한 대답을 생각해보자. 예를 들면,

- 대형 제조사들이 자사의 제품 사용 설명서를 얼마나 제공해줄까?
- 얼마나 많은 고객의 방문을 예상하는가?

2. 1번 질문에 대한 대답이 자신의 가설이 된다. 해당 사업에서 중요하다고 생각하는 3~4가지 가설을 뽑아보자. 그렇게 뽑은 것들이 핵심 가설이 된다. 예를 들면,

- 고객센터나 웹사이트에서 이미 설명서 내려 받기가 가능하기 때문에 소비자 가전제품 제조업체에서 설명서를 얻을 수 있을 것이다.

3. 각 핵심 가설마다 비용을 고려하여 검증할 수 있는 몇 가지 방법을 나열해본다. (단, 검증을 목적으로 시장에 출시해보는 방법은 제외한다.) 예를 들면,

- 인기 많은 일부 전자제품의 설명서를 내려 받아본다.
- 예상 고객 방문자 수가 필요하다면, 현재 사용되는 소비자 장치 전체의 총 방문자 수에 관한 제3자의 추정치부터 찾아본다.

핵심 가설들을 전부 검증하기란 불가능할 수도 있다. 하지만 몇 가지 가정을 확인해주거나 반박하는 데 기반이 될 정보는 발견할 수 있을 것이다. 이는 비즈니스 매력도를 결정하는 실행 단계의 시작점이 되며, 학습을 위한 론칭(도구-10)을 포함하여 다음 단계에서 명확한 초점을 제공한다.

CHAPTER 10: RAPID PROTOTYPING
신속한 프로토타이핑

신속한 프로토타이핑은 콘셉트를 시각적으로, 경우에 따라서는 실물로 형상화하는 작업을 말한다. 이는 '무엇이 떠오르는가' 단계에서 생성한 콘셉트를 여러 번, 그리고 빠른 속도로 실행 및 검증이 가능한 모형으로 변환하는 것을 목적으로 한다. 보통은 가설 검증에서 사고실험을 시작한 후에 프로토타입 제작에 들어간다. 하지만 이 책에서는 지금부터 준비하는 것으로 하자. 프로토타입에는 콘셉트의 세부사항과 형태, 그리고 그것이 주는 미묘한 느낌 등이 나타나야 한다. 다시 말해 콘셉트에 생명을 불어넣는 것이 프로토타입이다. 도블린 사의 래리 킬리는 프로토타이핑 과정을 "새로운 비즈니스를 신속하게 꾸미는 과정"이라고 말하기도 했다.

새로운 칫솔의 프로토타입을 제작하는 것은 쉽다. 새로운 비즈니스 모델의 프로토타입을 제작하는 것은 그보다 조금 더 어렵다. 하지만 두 프로젝트 모두 본격적으로 실행하기 전에 빠른 학습이 필요하다는 공통점이 있다. 초기 프로토타입은 대개 투박하고 미완성이며, 다소 '진행 중인 작품'처럼 보인다. 2차원의 고품질 프로토타입은 조금 더 발전된 형태다. 보통은 스토리보드나 사용자 시나리오, 체험 여행, 비즈니스 콘셉트의 형상화 등으로 제작된다. 최종적으로 사용되는 프로토타입은 다양한 기능과 세부사항을 포함한 모형에 '보강 작업'까지 거친 3차원 프로토타입 형태를 띤다.

사용할 시기: 프로토타입은 초기에 자주 제작한다. 이론적으로 완료된 상품을 '검증'하기 위해 제작하기보다 프로토타입을 제작하며 학습하는 것이 바람직하다. 효과가 있는 부분은 그대로 받아들이고 개선되어야 하는 영역은 바로바로 파악한다. 그러다 보면 과정이 간단하고 신속해져서 '시행착오를 빨리 겪을' 수 있다. 지금 하는 것이 나중에 하는 것보다 낫다.

신속한 프로토타이핑이 프로젝트 리스크를 줄여주는 이유: 프로토타입은 감당할 수 있는 손실을 계산해서 활용하는 과정이기 때문에 프로젝트 리스크를 줄일 수 있다. 학습할 가치가 있는 것은 무엇인가? 경쟁자들이 모르는 무언가를 배우기 위해 (심지어 콘셉트를 더 발전시키지 못하더라도) 비용을 어디까지 감당할 수 있는가? 프로토타이핑은 투자수익률(ROI)의 '투자(I)' 부분은 최소화하고 더 많은 콘셉트를 신속히 검증할 수 있게 해주는 과정으로, 디자이너들이 '선택최적화^{Optionality}'라고 부르는 작업에 가깝다고 보면 된다. 간단한 2차원 프로토타입의 제작비용은 펜과 종이 몇 장 정도일 수도 있다. 이런 2차원 프로토타입이라면 아주 많이 만들어도 부담이 적을 것이다. 콘셉트의 개별 부분뿐만 아니라 전체 프로토타입 제작도 감당할 수 있을 것이고, 잠재적 파트너와 고객에게 추상적인 아이디어를 실체화해 보여줌으로써 제품에 관한 의미 있는 피드백을 훨씬 더 많이 얻을 수도 있을 것이다. 프로토타입 제작의 목적은 사용자와 함께 검증할 수 있고, 개선할 수 있으며, 더 넓은 범위의 고객과 교류할 수 있도록 무언가를 신속하게 창조하는 것이다.

　디자인씽킹과 비즈니스씽킹 사이에서 가장 뚜렷하게 보이는 차이점 중 하나가 바로 프로토타입이다. 이를 위한 디자이너들의 열정은 광신도의 경계를 넘나든다. 최근에 진행했던 프로젝트에서 함께 일했던 디자이너는 우리가 문제 해결을 위해 일하는 동안 스케치를 계속해나갔다. 그녀는 나름의 방법으로 프로토타입을 제작하며 생각하고 있었던 것이다.

　관리자라면 프로토타입을 만들지 않고 생각하는 것이 더 익숙할지 모른다. 하지만 자신의 생각을 다른 사람이 볼 수 있게 하는 데도 익숙한가? 이것이 바로 프로토타입을 제작해야만 하는 이유다. 즉 자신의 생각을 명시적으로 보이게 해서 다른 사람을 빠르게 이해시키고, 생각을 공유하기 위한 것이다. 좋은 프로토타입은 2차원일 수도 있고, 3차원일 수도 있다. 만드는 데 60초가 걸릴 수도 있고, 60시간이 걸릴 수도 있다. 하지만 어떤 프로토타입이든 사람들을 하나의 경험으로 모을 수 있다는 것만은 분명하다.

　건축가가 도면을 그리고 모델하우스를 세우듯, 제품 디자이너는 3차원으로 존재하는 프로토타입을 만든다. 이와 반대로 비즈니스에서의 프로토타입은 이미지나 이야기 같은 시각적 내지 서술적 접근법을 이용하여 제작된다. 스위스컴의 한 디자인씽킹 전문가는 "이미지는 프로토타입을 어떻게 제작할까 몰두하기 전에 자신이 해당 콘셉트에 관심을 가지게 된 이유를 명확하게 설명해준다."라고 했다. 프로토타입은 역할극이나 가벼운 풍자를 포함할 수도 있다. 오늘날 컴퓨터는 프로토타입 제작에 관한 접근법을 완전히 바꾸어놓아 이제는 비디오 게임이나 시뮬레이션 프로그램 등으로도 제작이 가능해졌다. 어떤 프로토타입은 전체가 단 하나의 콘셉트를 표현하는 반면, 또 어떤 프로토타입은 전체를 분리해서 검증할 수 있도록 개별적인 요소 각각을 대표하기도 한다.

프로토타입은 다양한 형태로 제작될 뿐만 아니라, 디자인씽킹 프로세스 상의 서로 다른 단계에서 서로 다른 수단으로 사용될 수도 있다. 이는 브리보 시스템즈의 스마트박스 진화 과정을 보면 충분히 이해가 될 것이다.

'무엇이 떠오르는가' 단계에서 언급했던 브리보 시스템즈의 사례를 보면(p.144 참조), 마크 팀은 다양한 아이디어 중에서 유망한 콘셉트 세 가지를 정의했었다. 그중 오스카 더 스마트박스는 가설 검증 단계를 거치면서 선두주자로 떠올랐고, 마크 팀은 즉시 이 기기에 대한 몇 가지 중요한 질문을 던져 그 답을 얻을 수 있도록 프로토타입 제작에 착수했다. 오스카는 손으로 그린 2차원 프로토타입 단계를 통과해서 실제에 가까운 기능 위주의 프로토타입으로 만들어졌다. 그리고 훨씬 더 복잡한 시장 검증용 프로토타입으로 발전되었다. 브리보 시스템즈의 대표이사인 스티브 반 틸[Steve Van Till]은 시장에서 첫 검증 작업에 사용할 프로토타입을 벤처 투자자들이 참석한 제품판촉 회의에서 시연했던 때를 떠올리며 이렇게 말했다.

"오스카의 첫 번째 3차원 프로토타입은 전자두뇌와 볼트로 대충 고정해 둔 '키패드가 달린 이글루의 냉장고' 같았습니다. 인터넷에 연결하기 위해 직접 조립한 핸드폰용(블랙베리) 라디오를 사용했죠. 우리는 이 프로토타입이 제대로 작동할 것이라는 데 자신감이 있었어요. 하지만 벤처 투자자 미팅에 들고 나가기에는 너무나 투박하고 성의가 없어 보였지요. 그래서 우아한 둥근 모양으로 오스카의 미니어처 형태를 제작해서 외부 키패드와 연결했습니다. 그러고는 뉴욕의 '블루 칩 벤처 캐피탈 회사[Blue Chip VC]'에 이 프로토타입을 가져갔는데, 회의실의 마호가니 책상에 올려 놓으니 훌륭해 보였죠. 이제 오스카가 제대로 작동하는지 테스트해볼 차

레였습니다. 캐피털 측 파트너가 키패드로 접속 코드를 입력하고 약 45초
가 지났어요. 그 순간 적막을 뚫고 그의 블랙베리 핸드폰에서 수신음이 울
렸지요. 우리 운영센터가 보낸 '아마존닷컴에서 주문하신 상품이 방금 도
착했습니다.'라는 메시지였습니다. 우리는 그 파트너에게 한 번 사용한 정
보는 바로 삭제된다는 것을 보여주기 위해 키 코드를 몇 차례 더 입력했습
니다. 그의 핸드폰에 또 다른 메시지가 수신되었습니다. '최근 아마존닷컴
주문에 사용하신 키 코드가 세 차례 더 입력되었습니다. 하지만 단 한 번만
유효합니다.' 파트너는 그 메시지를 읽으면서 입가에 미소를 띠었습니다."

초기 프로토타입
- 개념을 그대로 그림(2차원)
- 제작 기간: 5분
- 재료 비용: 1달러

기능 위주 프로토타입
- 보강된 냉장고 모양(3차원)
- 전자식 여닫이 문 부착
- 키패드 부착
- 제작 기간: 3일
- 재료 비용: 600달러

시장 검증용 프로토타입
- IDEO가 설계/제작
- 모든 기능 탑재
- 금형 제작이 필요함
- 제작 기간: 3개월
- 재료 비용: 10,000달러
  (금형 제작비)

시작하기

1. **작고 단순하게 시작한다.** 지금까지 경험한 바에 따르면 거의 모든 회사가 프로토타입을 3차원의 매우 정교한 형태로 제작한다. 무언가를 정확하게 만드는 요령을 찾기 위해서라면 이는 훌륭한 접근법이다. 하지만 이 단계에서는 무엇을 만들어야 하는가를 알아내는 데 더 관심을 가져야 한다. 이런 이유로 디자인 프로젝트의 프로토타입 제작은 초기에, 자주 진행되어야 하며 미완성의 느낌을 허용해야 한다. 해석의 여지를 남겨둔 프로토타입은 사용자가 완성에 기여할 수 있게 해준다.

   ···▶ 카이저 퍼머넌테의 크리스티 주버는 '단순하게 시작하기'의 열렬한 지지자이다.

"무언가를 시도할 때 완성도가 낮은 것부터 시작하는 방식은 마법과도 같은 매력이 있습니다. 무언가 흔적을 남기고 싶다는 느낌이 자동으로 들거든요. 반대로 프로토타입이 세련되면 사람들은 이미 다 만들어졌다고 여기고는 그저 실행에 옮기기 위한 확인 도장을 받으려는 것이라고 생각하죠. 즉 프로토타입 제작자들이 피드백을 바라지 않는다고 판단해버려요."

2. **하고 싶은 이야기를 생각해낸다.** 이미지를 활용해 콘셉트를 시각화하자. 단어는 가능한 한 적게 사용한다. 작업을 진행하는 동안 적절하다고 생각되는 부분에는 '복잡성complexity'을 가미해도 좋다.

…▶ 크리스티 팀이 카이저 퍼머넨테 간호사들을 대상으로 하는 투약관리 방식을 설계하는 동안, 작업에 집중하게 해줄 방법에 관한 이야기는 계속 진화했다. 우리가 처음에 들었던 이야기는 롤러스케이트를 탄 간호사의 이미지였고, 이 이미지는 문제가 무엇인지 정의하고 있었다. 이 문제에 대한 해결책을 찾아야 했는데, 그들은 이를 콘셉트 개발 회의 시간에서 찾아냈다.

"이 간호사는 프로토타입으로 제작된 보급물품함에서 앞치마를 꺼내 입고 '방해금지!'라고 쓴 띠를 앞치마 앞에 둘렀습니다. 다른 사람들은 그 간호사가 약품을 나눠주는 곳에서 기존에 벌어지던 상황을 그대로 연기했지요. 사람들이 다가가서 말을 걸려고 하자, 그녀는 앞치마에 붙어있는 메시지를 가리켰습니다. 우리는 그 장면에 흥미로운 무언가가 있다고 여겼어요. 그래서 건설 현장에서 입는 저가형 조끼 몇 가지를 홈 디포Home Depot(건축 자재 및 인테리어, 공구 등을 판매하는 대형마트)에서 사다가 간호사들에게 나눠주고, 환자들에게 약을 나눠줄 때마다 입게 했어요"

간호사들은 자신들이 방해받지 않는 상황이 된 걸 매우 좋아했다. 하지만 대형 마트 점원의 유니폼과 비슷했던 그 조끼는 좋아하지 않았다. 그래서 카이저 팀은 환자에게 약을 전달하는 동안 간호사들이 착용할 형광색 허리띠를 제작했다. 허리띠는 방해 받고 싶지 않다는 시각적 신호로 작용했다. 여기서의 프로토타입은 조끼 이상의 역할을 했고, 우리가 논의한 이야기의 전부나 다름없었다. 누구에게, 언제, 어디서, 그리고 왜 필요한가에 대한 해답이기도 했다.

2차원 프로토타입의 제작 형태

2차원 프로토타입은 여러 형태로 제작할 수 있으며 그중 다수는 전혀 낯설지 않다.

순서도^{Flowcharts} : 프로세스 개선에 활용되는 것으로 관리자들에게도 잘 알려져 있다. 순차적 활동의 집합을 표현하며 화살표로 이들 사이의 관계를 설명한다. 저니맵 또한 순서도의 일종이다. 가치사슬도 마찬가지. 새로운 경험의 기본 구성 요소를 전달하기 위해 순서도를 사용해보자.

스토리보드^{Storyboards} : 단순한 밑그림이 될 수도 있고 디지털 사진이나 컴퓨터 스크린샷을 결합한 형태가 될 수도 있다. 만화책을 많이 읽어봤거나 장편 영화의 영상 제작 과정을 본 적 있는 사람에게 스케치 기반의 스토리보드는 이미 친숙할 것이다. 이 접근법을 이용해 기능적인 관점에서 한 발 더 나아가 삶의 이야기를 경험해보자. 또한 새로운 경험이 해결해줄 문제와 그 문제와 관련 있는 사용자에게로 초점을 이동해보자.

은유적인 프로토타입^{Metaphorical prototype} : 새로운 서비스를 비유적으로 설명하는 이미지 위주의 포스터 형태를 취할 수도 있다. 예를 들어 유서 초안을 작성해보는 두 시간짜리 프로그램에 관해 말하고 싶다면 '조의 마지막 유언과 유서'라는 단어가 찍힌 차를 운전하는 사람의 이미지를 보여주는 것이다. 이를 이용해 목표 고객으로부터 본능적 반응을 이끌어내거나 대화를 유도할 수 있다.

비디오^{Videos} : 비디오는 스토리보드와 스크린샷 등의 요소를 하나의 형식으로 결합한 형태이다. 예를 들어 넷플릭스^{Netflix}(주로 드라마나 영화 등 동영상 콘텐츠를 서비스하는 사이트)는 자신의 서비스에 고객이 익숙해지도록 이용 안내 프로그램을 플래시를 이용한 데모 영상으로 만들었다. 이 비디오는 서비스를 실제로 구축하지 않고 그 모습을 만들어 보여주는 데 성공했다.

대화형 구성 요소^{Interactive building blocks} : 사용자들에게 새로운 디자인 경험을 제공할 수 있고 다양한 접근법을 사용할 수도 있다. 카드 분류 프로토타입^{Card-sort Prototype}도 그중 하나이다. 이는 경험의 주요 요소를 제목으로 소개하고 미리 만들어둔 카드를 이용해 사용자들이 제목 아래의 요소를 직접 디자인하도록 유도한다. 카드 분류는 큰 개념의 개별 요소들을 프로토타입으로 제작할 때 유용하다. 사용자에게 어떤 조합이 더 좋은지 효과적으로 학습할 수 있게 해주기 때문이다. (제 11장에서 이에 관해 조금 더 설명할 예정이다.) '뽑아서 놓기^{Pick and Place}'를 이용한 형식도 있다. 이는 사용자를 갈림길에 도달하게 한 뒤, 스스로 방향을 결정하게 하는 스토리보드. 벽보나 컴퓨터 화면에서 이런 형식을 본 적이 있을 것이다. '뽑아서 놓기'의 핵심은 사용자들에게 그들의 선호도를 표현하도록 유도하는 것이다.

비즈니스 콘셉트 형상화^{Business concept illustrations} : 가장 정교한 2차원 프로토타입이다. 사용자의 경험과 기술, 비즈니스 모델 등과 같은 다양한 관점에서 새로운 경험을 표현하기 위해 제작된다. 청중으로 하여금 그 비즈니스 콘셉트가 이미 존재한다고 상상할 수 있도록 브랜드 포지셔닝 이미지나 광고 문구 등을 포함, 품질까지 신경써서 마감작업에 최선을 다한다.

3. **설명하지 않고 그저 보여준다.** 가상의 이미지와 형상을 이용해 프로토타입을 현실처럼 느끼도록 해보자. 이는 공감을 형성하기 위한 작업이다. 관찰자들을 해당 콘셉트 속으로 들어오게 하려는 노력이기도 하다. 어떻게 하면 그 콘셉트가 잘 작동할 수 있는지, 즉 어떻게 하면 사람들이 경험해보려 할지에 관한 구체적인 사항을 알아내는 데 초점을 둔다. 이야기와 지도, 사진, 영상 등을 이용해 대화를 이끌어낸다.

　…▶ 크리스티 주버는 침대시트와 압정만으로 프로토타입 제작의 위력을 드러냈던 또 다른 이야기를 해주었다. 카이저 퍼머넌테는 새로운 진료소 빌딩을 건축하는 중이어서 의사와 진료소 직원들이 별도의 사무실 대신 한 공간에서 같이 일해야 했다. 크리스티 팀은 의료진이 유용하게 활용할 수 있도록 해당 공간의 프로토타입을 어떻게 제작할지에 관해 고민했다.

　"우리는 환자를 돌보는 사람들에게 디자인에 관한 피드백을 받고 싶었어요. 그들의 소중한 시간을 많이 빼앗지 않으면서 말이죠. 하지만 도면만 그려서는 그렇게 할 수 없었습니다. 실제처럼 보이지 않았기 때문이죠. 소규모 모형 역시 적합하지 않았어요. 그래서 우리는 회의실을 그 공간처럼 꾸몄습니다. 침대시트를 가져다가 윗부분에 압정을 꼽은 다음, 타일로 된 천장에 걸었습니다. 우리가 적당하다고 생각했던 공간의 크기를 재서 시트를 걸고, 골판지 상자로 컴퓨터를 대신하고, 창고에서 오래된 환자 침대를 가져다가 집어넣었죠. 우리는 상자들로 싱크대의 위치까지 잡아놓은 다음 의료진을 데려왔습니다. 그리고는 그들에게 기회가 있을 때마다 이곳에 들러달라고 부탁했지요. 그들이 오면 우리 중 하나가 환자인 척하고 모형에서 함께 모의실험을 진행했어요. 그 실험으로 많은 것이 변했습니다. 우리는 훨씬 더 가까워졌고 직원들에게 직접 시도해보도록 한 덕분에 그들의 목소리를 들을 수 있었지요. 이는 아주 중요한 사건이에요. 이를 통해 아주 많은 신뢰를 쌓았거든요. 그 공간에서 알게 된 사실만큼 우리가 실패할 확률도 줄어들었겠죠. 어찌되었건 정말 좋은 아이디어였습니다."

4. 다양한 선택사항을 시각화한다. 몇 가지 새로운 선택을 해보자. 이를 위해서라면 침대시트 정도는 흔쾌히 옮기고 싶을 것이다.

⋯▶ 크리스티는 침대시트와 압정으로 만든 회의실 이야기를 계속했다.

"의료진은 우리가 무슨 일을 하려는 것인지 즉시 알아챘어요. 그들은 다가가서 싱크대에서 손을 씻는 척했습니다. 의자를 당겨 환자인 척하는 우리 옆에 앉기도 했죠. 그들은 골판지 컴퓨터 앞에 앉아 자세를 잡아보기도 하고 주위를 걸어다니며 이것저것 살펴보았죠. 우리는 잠시 하던 일을 멈추고 '어떤 것 같아요?'라고 물었어요. 그러자 그들은 '음, 사실, 이 공간은 조금 크네요. 이 정도는 필요하다고 생각했는데, 좀 큰 것 같아요. 물건들도 생각보다 많이 떨어져 있는 것 같고… 효율적이라는 생각이 들지 않습니다. 지금보다 가까이 붙어있으면 좋겠어요.'라고 하더군요. 우리는 일어나서 특정 위치의 압정을 뽑아 20cm 정도 옆으로 옮겨 꽂고는 실험용 책상으로 돌아와 앉으면서 이렇게 말했어요. '좋아요. 다시 한 번 확인해봅시다.'"

5. **제작자의 의견을 방어하기보다 프로토타입을 가지고 논다.** 만든 사람을 제외한 모든 사람들이 프로토타입을 가지고 놀게 한다. 단 검증 과정을 진행하는 중이라는 점은 항상 명심하자. 프로토타입은 좀 망가져도 괜찮다. 프로토타입의 제작은 중요하다고 정의했던 가설들을 검증하기 위한 작업이니 말이다.

집에서도 해볼 수 있는 과제

자신의 업무와 관련해서 참고했던 적이 있지만, 특별히 활용하기 어려웠던 보고서를 하나 찾아 그 보고서의 첫 페이지를 세 장 출력한다. 이제 이 보고서를 보다 활용하기 좋은 형식이 되도록 만들어보자.

- **형식1**: 종이로 출력한 보고서와 비슷한 형태지만, 색깔로 분류한다는 것이 다르다. 무시해도 좋을 내용은 녹색으로, 어느 정도 유의해야 할 내용은 노란색으로, 즉시 그리고 특별히 주목해야 하는 내용은 빨간색으로 표시한다.
- **형식2**: 컴퓨터상에서 보는 보고서와 비슷하지만, 보고서 위에 마우스 커서를 올려놓으면 팝업 창으로 대화상자가 열려서 데이터의 기준이 최근에 어떻게 변경되었는지, 그리고 어떤 수정 작업이 진행되었는지 알려준다.
- **형식3**: 컴퓨터 화면의 오른쪽 2/3는 정보가, 왼쪽 1/3은 실제 사람의 영상이 보이며, 그 사람이 마치 일기예보를 보도하듯이 자료를 설명한다.

각 형식마다 백지 한 장을 이용해서 단순한 형태의 프로토타입을 만들어보자. 동료에게 보여주고 피드백을 받아볼 수도 있을 것이다. 출력한 페이지의 일부를 사용하면 작업이 더 쉬워질 수 있다. 실력이 변변치 않아도 상관없으니 그냥 막 휘갈겨 쓰거나 그려보자.

마지막으로, 이 세 가지 아이디어를 공유하고 피드백을 요청할 수 있을 만한 사람을 찾아보자. 그 사람에게 그저 피드백만을 원할 뿐, 이 세 가지 프로토타입 중 어느 것의 제작에도 참여시키지 않을 것이니 부담을 느끼지 말라고 안심시킨다. 그는 어떤 반응을 보이는가? 이것이 무엇인지 알아차렸는가? 내용을 확실히 이해했는가? 만약 이 세 가지 대안을 말로 하거나 파워포인트 슬라이드로 설명했다면 어떤 피드백을 받았을까? 다른 피드백을 받았을 것이라고 생각하는가?

참, 유의할 사항이 있다. 한 종류의 프로토타입에 자신이 가진 아이디어 모두를 몰아넣지 말라는 것이다. 각각을 명확히 구분되는 별개의 요소로 분류하고 차이점을 뽑아내자. 꼭 한 종류만 선택하지 않아도 된다. 궁극적인 해결책은 최고 요소 몇 가지를 결합한 것일 수도 있다. 중요한 점은 서로 다른 접근법을 시도해보고, 무엇을 학습하는지 알아보고, 그 과정에서 마음이 어떻게 바뀌는지 확인하는 것이다. 생각하기 위해 프로토타입을 제작하는 것이지 짜맞추기 위해 만드는 것이 아니다.

'무엇이 통하는가' 단계로의 이동

다른 단계들 사이의 이동과 마찬가지로, '무엇이 통하는가' 단계도 프로젝트 관리 보조도구에 의해 이동된다. 우리가 제시하는 마지막 도구인 '학습 가이드learning guide'이다. 이는 '무엇이 통하는가'에서 벌어질 중요한 학습을 달성하기 위해 '무엇이 끌리는가'에서 얻은 결론을 명확한 지침으로 변환하는 것이다. '무엇이 통하는가' 단계에서는 실제 고객들을 참여시켜 아직 남아있는 가설들을 검증해볼 수 있다. 그렇게 하면서도 비용 투입은 최소가 될 수 있다.

학습 가이드는 먼저 새로운 콘셉트의 전략적 의도를 상기시켜준 다음, 검증되지 않은 핵심 가설 중에서 시장에서 첫 번째 실험으로 확인해야 할 것들을 강조한다. 또한 그 가설들을 검증할 때 사용할 수단과 그렇게 하는 데 따른 위험을 감당할 수 있을 만큼 비용 투입 규모를 정한다. 이 과정에서 고객과 상호 소통하게 되고, 이를 통해 더 많은 것을 배우게 되므로 학습 가이드는 더욱 더 명확히 작성되어진다.

스타트업 기반의 회사에서 학습 가이드는 투자 유치를 위한 토대로 활용될 수 있다. (벤처 투자회사가 이와 똑같은 용어를 사용하는 건 아닐 수도 있다.) 전형적인 벤처 투자회사venture capital가 지금 막 스타트업한 회사에 투자할 때는 학습의 주요 목표가 충족되는지를 중요하게 보는데, 여기서의 학습은 핵심 고객을 대상으로 한 콘셉트의 검증 과정을 의미한다. 시장에서의 반응이 긍정적이면 후속 자금을 계속해서 투자하겠지만 그렇지 않다면 벤처 투자회사는 아마도 투자를 종료할 것이다. 한편 스타트업 회사는 투자를 받든 안 받든 학습 가이드를 통해 시장에서 실제로 효과 있는 것과 없는 것을 전략적으로 판단할 수 있게 된다. 이는 선택한 시장에서 미래의 투자 기회를 판단할 소중한 지식 자본이 될 것이다.

규모가 큰 회사들은 학습 기회를 자신이 속한 조직 내에서 충분히 만들어낼 수 있다. 이때 조직 내에서 사용할 학습 가이드의 구조는 대체로 덜 형식적인 반면, 투자 결정의 기준이 되는 학습 방식은 훨씬 더 구체적인 형태를 띤다. 오늘날 기업들은 학습 수익률^{return on learning}이나 학습 고리^{learning loops}, 학습 계약^{learning contracts}, 신속한 성과 창출^{rapid results} 등으로 불리는 규칙들을 활용하는 사례가 점점 더 늘어나고 있다. 이 모두는 지식 자본을 금융 자본과 교환하는 원칙하에 이루어지는 것이다.

흥미롭게도 학습 가이드 과정에서 발생하는 가장 큰 문제는 상업적 성공이라는 현실적인 희망을 주지 못할 경우 쓸모없는 지출이 된다는 것이 아니라 '실패'를 면하기 위해 안전하게 일한다는 것이다. CSC* 의 렘 레셔^{Lem Lasher}는 그의 회사가 학습 가이드 양식을 사용하는 이유를 다음과 같이 말했다.

> "우리는 실패를 피하기만 하려는 사람은 원하지 않습니다. 그래서 위험한 일을 시도하기 위해 성공을 재정의했지요. 우리는 프로젝트 관리자들에게 이렇게 부탁했습니다. '물론 제대로 돌아가게 노력해야 해. 하지만 제대로 돌아가지 않는 이유를 아는 것 또한 성공의 한 형태가 아니겠어? 다만 그걸 빨리 배우면 돼.' 이런 식으로 틀을 잡고 나자 우리는 안주하려던 마음에서 벗어날 수 있었어요."

'이른 성공을 위해 빨리 실패하는' 것은 디자인씽킹의 본질적인 역설이다. 프로젝트를 수행함에 있어 학습 가이드는 조직이 감당할 수 있는 방식으로 가장 중요한 교훈을 끌어낼 수 있는 메커니즘을 제공함으로써 이 역설을 가능하게 한다.

---

* CSC는 기업의 IT 인프라와 각종 솔루션을 제공하는 다국적기업이다.

What
works?

무엇이 통하는가

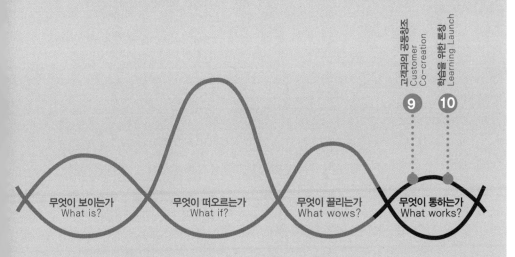

무엇이 보이는가
What is?

무엇이 떠오르는가
What if?

무엇이 끌리는가
What wows?

무엇이 통하는가
What works?

디자인씽킹 프로세스의 마지막 구간 이야기를 시작하기 위해 데이브 제럿의 사례로 돌아가 보자. 제1장(CHAPTER 01)에서 만나봤던 그는 회계법인의 고위경영자였다. 그가 투자하는 액수 대비 최대한의 효과를 끌어내는 전문가라는 사실은 이미 짐작했을 것이다. 그에게 핵심 목표는 가능한 한 빠른 시점에 고객의 참여를 유도하는 것이다.

"지금까지 혁신의 역사는 좋은 아이디어를 채택해서 비즈니스 모델을 만들고, 시장에 가서 팔아보려고 시도하는 것이었습니다. 그러면 어떻게 되는지에 관해서는 다들 잘 알고 있을 것입니다. 우리는 수도 없이 잘못된 출발을 해왔습니다. 기술자에게 자동차 디자인을 맡긴 것과 같은 상황이었죠. 그들은 외관을 신경 쓰지 않습니다. 오로지 기계, 즉 기술에만 관심이 있어요. 우리는 일종의 기술자나 마찬가지였습니다. 해당 분야에서 필요로 하는 솔루션 구축 방법에 대해서는 잘 알고 있지만 여기에는 디자인이 필요합니다. 디자인이 가미되지 않으면 구매하는 대중에게 굳이 필요가 없는 것들만 제공해줄 뿐입니다.

지금 우리가 하는 일은 특정 요소에 관심이 있는 사람들을 골라 하나의 잠재 고객 그룹으로 묶어내는 것입니다. 그리고 그 그룹과 함께 서로 다른 시각과 방식으로 대상을 바라보면서 시장에 접근할 수 있는 새로운 기회를 만들어내기 위해 하루나 이틀 정도의 프로세스를 수행합니다. 프로세스의 마지막 과정에서 우리는 스토리보드를 제작하여 해당 콘셉트 몇 가지를 잠재 고객들에게 보여주죠. 그러고는 우리가 제시한 해결책에 대해 어떻게 생각하는지 묻습니다. 개인적으로 (스토리보드의 형태를) 만화라고 말하고 싶진 않지만, 어쨌든 그와 비슷해 보이는 유형입니다."

데이브가 언급한 '하루나 이틀 정도의 프로세스'는 새로운 콘셉트를 도출하는 과정이며, 이는 '학습 가이드'의 형태로 변환된다. 그와 크로우 호위스Crowe Horwath 사의 팀원들은 핵심 가설들을 탐구하기 위해 몇 가지 새로운 콘셉트들을 스토리보드로 만들었다. 이 다음부터가 고객의 피드백이 가장 중요한 부분이다. 데이브는 하나의 사례를 제시했다.

"우리는 자동차 판매 대리점에 도입하고자 했던 재고 관리 시스템에 관한 스토리보드를 만들었습니다. 스토리보드에 서로 다른 색깔의 자동차들이 서로 대화를 나누는 상황을 표현했습니다. 빨간 자동차가 '이봐, 난 너희를 굳이 잘 알고 지낼 필요가 없어. 여기 오래 머물지 않을 거거든. 나는 금방 팔릴 테니까.'라고 말합니다. 그러자 다른 한 자동차가 '나는 여기에 1년 동안이나 머물렀지만, 아무도 신경 쓰지 않던데?'라고 말합니다. 우리는 자동차 대리점의 CFO(최고 재무 책임자) 그룹에 이 콘셉트를 설명하고 스토리보드를 서로 돌려보게 했습니다. 그러고는 그들에게 이해되는 콘셉트에는 녹색 스티커를, 공감이 되지 않는 콘셉트에는 빨간색 스티커를 붙여달라고 했지요. 그런 다음 보드를 회의실 앞쪽에 걸어놓고 어떤 측면이 이해가 되었는지, 무엇에 흥미를 가졌는지, 전혀 관심을 갖지 않은 부분은 어디인지에 관해 이야기를 나누었어요. 그러자 꽤 괜찮은 공감대가 생겼습니다.

이후 우리는 그 개략적인 프로토타입에서 얻은 결과로 더욱 개선된 두 번째 스토리보드를 디자인했고 그들에게 이렇게 말했습니다. '여러분께서 말씀해주신 사항들을 반영했습니다. 이것은 한 발 더 나아간 스토리보드입니다. 우리가 정확한 방향으로 진행하고 있습니까?'"

파트너들을 디자인 접근법으로 유도하는 것은 그리 쉬운 일이 아니다. 데이브 또한 그랬다.

> "우리가 처음 (이런 방식을) 시작했을 때는 좋아하지 않던 사람이 참 많았어요. 우리가 찾아가면 그들은 마치 시간을 빼앗기고 있다는 듯이 쳐다보았어요."

그러므로 디자인 접근법을 공개적으로 시도했던 첫 번째 그룹이 직원의 지인들이었던 건 어쩔 수 없는 일이었다. 그들은 크로우 사의 컨설턴트이자 고객이었으니 말이다. 하지만 놀라운 사실은 그들이 이런 방법을 매우 좋아하기 시작했다는 사실이다.

> "그들에게 제대로 먹혀들었어요. 하나같이 열중하며 즐거운 시간을 보냈죠. 한 시간 정도 걸릴 것이라 생각했던 회의가 두 시간씩 걸렸습니다. 이런 상황을 이끌어낸 사람들은 우리 직원들이었죠. 창조적인 예술가도 무엇도 아니었는데, 놀라운 결과 아닌가요?"

데이브는 고객들이 열정적으로 참여했다는 사실에 매우 기뻐했다. 하지만 뭐니 뭐니 해도 가장 큰 성과는 역시 비용 부분이었다.

> "익숙했던 이전 방식과 비교하면 천문학적인 비용이 절감되었어요. 스토리보드를 만들고 몇 사람이 외부로 나가서 고객들과 만나고 오는 일은 한두 시간밖에 안 걸리는 일입니다. 아이디어에 진전이 없어도 고객

과의 만남은 언제나 가치가 있었습니다. 게다가 고객들은 존중받는 느
낌을 받는다고 했어요. 그들이 생각하는 바를 우리가 신경 쓰고 있다는
생각이 든 거죠. 그래서 우리는 고객과의 시간을 줄이지 않았습니다. 비
용도 절약했지요. 예전에는 고객의 지원도 없었고 소프트웨어 프로토타
입을 2만 5천 달러나 들여서 제작했는데 말이지요."

데이브 제럿의 사례에서 보듯이, 아무리 유망한 콘셉트라 하더라도 새
로운 콘셉트를 가장 적은 비용을 들여서 다음 단계로 넘어가는 방법을 찾
기란 그리 쉬운 일이 아니다. 이전 단계인 '무엇이 끌리는가'에서는 디자인
관점에서 프로젝트의 고조점을 느낄 수 있었다. 잠재 고객을 대상으로 '감
탄'의 경험을 만들어냈고 그 경험의 기반이 될 가장 필수적인 가정들을 확
인했다. 또한 네 단계로 이루어진 비즈니스의 실현 가능성 검증 과정을 통
과했고, 프로토타입 제작을 이용해 콘셉트를 표현했다. 이제는 그저 바라
보기만 보면 된다. 아름답지 않은가?

이 정도에서 깃발을 꽂고 사진을 찍는다면 얼마나 좋을까? 하지만 여기
를 산 정상이라고 생각했다면 그것은 오판이다. 또 다른 험준한 정상이 바
로 앞에 놓여 있다. 흥미롭고 잠재력 높은 콘셉트가 시장 환경에 직면하는
지점이 바로 그것이다. 우리는 이 네 번째이자 마지막 단계를 '무엇이 통하
는가' 단계라고 부른다. 그리고 이는 창조와 혁신 간의 핵심적인 차이가 무
엇인지를 보여주고 있다. 창조는 참신한 방식으로 무언가를 하는 것이고,
혁신에는 창조가 만들어낸 경제적 가치가 필요하다. 창조가 수익이나 이윤

학습 가이드

크로우 사의 학습 가이드에는 '무엇이 통하는가' 단계의 목표가 다음과 같이 요약되어 있다고 생각해볼 수 있다.*

전략적 의도 Strategic Intent	회사는 (a) 대리점이 판매가 잘 이루어지지 않는 자동차를 쉽게 식별하고 실제 운반비용에 따라 가격을 책정하며, (b) 향후 대리점의 주문 프로세스에서 판매량이 적을 가능성이 있는 제품을 최소화하는 방향으로 유도하는 '자동차 대리점을 위한 재고 관리 소프트웨어'를 제공한다. 전사적인 목적은 소프트웨어 개발 투자비와 유지비용을 감당할 수 있는 수준에서 최소로 하고, 이를 통해 대리점의 자동차 판매 수익율을 향상하는 것이다.
검증되어야 할 남아있는 핵심 가정 Remaining Key Assumptions to Be Tested	• 시스템이 개발되면 대리점 직원은 자동차가 도착한 후 1일 이내에 데이터를 입력하는 작업을 99% 이상 완수할 것이다. • 시스템에 입력된 데이터는 현재의 판매 인센티브 제도에 맞춰 (소프트웨어의) 작업 프로세스에 즉시 반영될 수 있으며, 관리자와 영업사원 모두 이를 참고하여 윈윈 전략을 세울 수 있을 것이다.

시장에서의 검증 계획
In-Market Test Plan

검증되지 않은 가설	성공 판단 지표
1. 시스템이 개발되면 대리점 직원은 자동차가 도착한 후 1일 내에 데이터를 입력하는 작업을 완수할 것이다. 2. 시스템에 입력된 데이터는 현재의 판매 인센티브 제도에 맞춰 (소프트웨어의) 작업 프로세스에 즉시 반영될 수 있으며, 관리자와 영업사원 모두 이를 참고하여 윈윈 전략을 세울 수 있다.	• 60일의 테스트 기간 동안 대리점 직원은 95% 수준에서 신차가 도착한 지 36시간 안에 해당 자료를 정확하게 입력한다. (여기에는 학습 곡선을 적용했다.) • 참여한 24명의 영업 담당자 중 80%가 해당 시스템을 '양호한' 또는 '우수한'으로 평가한다. • 참여한 관리자 여섯 명의 평가가 모두 같다.

지출해야 할 투자비용 Financial Capital to Be Expended	향후 60일간 두 곳의 대리점에서 행해질 독립형 소프트웨어 프로토타입의 '학습을 위한 론칭'에는 다음과 같은 자원이 필요하다. • 학습을 위한 론칭 관리자 1명과 지원 인력 1명, 두 명 모두 프로그램에 파트타임으로 참여한다. • 전문 인력의 업무시간은 200시간을 초과하지 않는다. • 필요하다면 소프트웨어 수정을 위해 50시간을 추가한다. • 출장비로 사용될 회사 부대비용은 5천 달러를 초과하지 않는다.

* 이 문서의 모든 설명과 수치와 일정은 우리의 추정치이며, 크로우 사 내부에서 사용됐던
  실제 학습 가이드는 아니다.

증대를 일으키는 건 아니다. 오직 혁신만이 그렇게 한다.

그렇다. 창조된 작품들은 아름답다. 그 작품들과 사랑에 빠지고 싶은 심정은 충분히 이해한다. 하지만 선택된 모든 콘셉트를 시도해보기에는 비용이 너무 많이 필요하지 않은가. 그것이 딜레마인 것이다. 반면 단 하나의 콘셉트를 개발했을 때도 위험하긴 마찬가지다. (초창기의 크로우 사가 그랬듯이) 고객이 우리의 걸작에 관심이 없으면 금고에서 어마어마한 돈이 단번에 확 빠져나가는 상황에 이를 수도 있다.

실행팀이 다수의 콘셉트를 구상하고 난 후 그중 하나를 골라 시장에서 검증하는 것이 일반적인 진행방식이다. 선택하는 방법은 매우 분석적이어야 하며, 보통은 의사결정 매트릭스나 스티커 투표Dot-voting* 방식으로 이루어진다. 하지만 이런 접근법에는 편견이 가득 차 있다. 리스크에 대한 두려움 탓에 팀원들이 몸을 사릴 수도 있고, 그렇게 해서 얻어내는 결과는 종종 초등학생들도 다 알 만한 콘셉트가 되어버리기 때문이다. 다시 말해 고객의 열정에 불을 지필 확률이 거의 없는, 지극히 안전한 도박을 할 수도 있다는 의미다. 이런 상황은 피해야 하지 않겠는가. 이를 타개하고 도와줄 사람은 오직 한 사람밖에 없다. 이전 단계에서 300개의 포스트잇을 채울 만큼 영감을 제공해주었던 사람, 바로 '고객'이다.

이제는 일부 잠재 고객들만 관찰하지 말고, '무엇이 보이는가' 단계를 탐구할 때처럼 발생 가능한 몇 가지 상황 속에 고객들과 함께 들어가 공동

---

* 의사결정 방식 중 하나인 '스티커 투표'는 큰 보드에 일정한 크기로 구획을 나누고 투표에 참가하는 사람이 각자 선호하는 내용이 들어있는 구역에 동그라미 스티커를 붙여서 자신의 의사를 표현하는 것이다. 참가자의 투표가 끝나면 가장 많은 스티커가 붙은 순서대로 선호도를 비교할 수 있다.

으로 해결책을 만들도록 하자. 이는 이미 제작해둔 프로토타입을 고객의 손에 쥐어주고, 고객에게서 얻은 자원을 투입하여 다시 프로토타입을 업그레이드하자는 의미다. 이 과정에는 '학습을 위한 론칭'이라 부르는 도구가 사용되며, 이 도구는 시장 환경에서 검증할 준비가 될 때까지 쓰인다.

디자인씽킹 프로세스의 최고 절정인 '무엇이 통하는가' 단계는 우리에게 투자 의사결정을 내릴 수 있는 견실하고 충분한 정보를 제공한다. 또한 시장에서의 성공이 될지, 아니면 감당할 수 있는 비용 내에서의 학습이 될지에 관한 의사소통을 활발하게 해준다. 그래서 많은 관리자가 '무엇이 통하는가' 단계를 브레인스토밍이나 프로토타이핑과 같은 '디자인'스러운 과업이 아닌, 기존 업무방식에 가까운 '안전지대'에서의 활동으로 생각한다. 여러 면에서 이 단계는 파일럿 테스트Pilot Test처럼 보인다. 그러나 실제로 그렇지는 않다. 이 단계는 기존 제품의 생산공정을 (이미 알고 있는 확실성을 이용해서) 시험하는 것이 아니다. 고객들과 함께 새로운 상품을 (알고 있지 않은 가능성들을 탐구해서) 공동창조하는 것이다. 새로운 콘셉트와 시장과의 첫 대면이 이루어지는 동안에도 디자인씽킹과 디자인 활동은 여전히 계속되고 있다.

'무엇이 통하는가' 단계의 도구들을 탐구하는 동안 어떠한 결정도 유보하기 바란다. 아무리 새로운 제품도 실현 가능하지 않다고 결정될 수 있다. 디자인씽킹 방식 또한 계속 유지해야 한다. 즉 학습 가이드에 따른 학습에 초점을 맞추어야 하며, 예기치 않은 방향으로 향하는 단서를 받아들일 준비도 해야 한다.

이 단계에서의 도구

'무엇이 통하는가' 단계에는 디자인씽킹 도구상자에서 소개할 마지막 도구들이 등장한다. '고객과의 공동창조Customer Co-creation'는 개략적으로 제작한 프로토타입의 테스트 과정에 잠재 고객 몇 명을 참여하게 하는 도구이다. 이 도구는 그들 고객의 필요사항을 진정으로 충족해줄 상품을 개발하기 위한 것이다. 그런 다음 업그레이드된 프로토타입을 '학습을 위한 론칭Learning Launch' 기간에 시장에서 반영해본다. 본래의 콘셉트와 상업적으로 개발이 완성된 제품 사이에 남아있는 핵심 가설들을 검증하기 위해서다. 이제는 '집에서도 해볼 수 있는' 과제로 연습하는 대신, 시장에서 시도해볼 수 있는 준비가 완료된 셈이다.

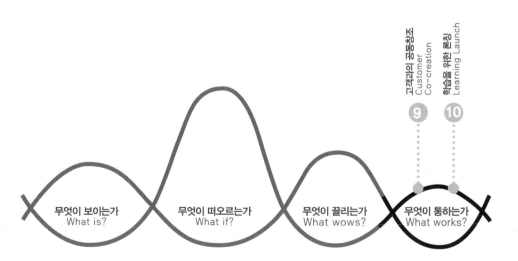

고객과의 공동창조
Customer
Co-creation

학습을 위한 론칭
Learning Launch

9   10

무엇이 보이는가
What is?

무엇이 떠오르는가
What if?

무엇이 끌리는가
What wows?

무엇이 통하는가
What works?

CHAPTER 11: CUSTOMER CO-CREATION
고객과의 공동창조

고객과의 공동창조는 새로운 제품 개발에 잠재 고객을 참여하게 하는 프로세스이다. 이는 잠재 고객들에게 미리 제작한 프로토타입의 일부를 제공하고, 그들의 반응을 관찰한 후 그 결과를 이용해 개선된 상품을 만들어가는 방식을 반복한다. 전형적인 공동창조 구간은 세 라운드로 진행된다. 각각은 이전 라운드에서 얻어냈던 변화와 개선점을 토대로 진행한다.

혁신이 고객에게 도움이 되고 재무적으로나 심리적으로나 투자할 만한 가치가 있다고 평가되려면, 고객을 반드시 이 프로세스에 끌어들여야 한다. 관리자들뿐만 아니라 향후 서비스를 제공할 사람들로부터 활력과 열정을 불러일으키려면 말이다. 진정으로 고객 중심적이 되고자 한다면, 디자인 프로젝트에서 고객과의 공동창조는 선택사항이 아니라 필수사항이어야 한다.

사용할 시기: 빠르면 빠를수록 좋다. 완벽함과 세련됨에 가치를 부여하는 오늘날의 6시그마 세상에서는 고객에게 미완성의 투박한 '물건'을 보

여주는 일을 주저하는 경향이 있다.* 그러나 이런 경향은 극복되어야 한다. 혁신은 학습과 밀접한 관련이 있고, 대부분의 교훈은 고객들로부터 나온다. 고객 앞에서 그들이 반응할 만한 무언가를 더 빨리 하면 할수록 차별화된 부가가치가 담긴 해결책에 더 빨리 도달하게 된다. 고객들 또한 참여했다는 사실에 큰 만족감을 얻을 것이다.

고객과의 공동창조가 프로젝트 리스크를 줄여주는 이유: 고객과의 공동창조는 성장과 혁신에서 가치를 향상시키고 위험을 감소시키는 가장 좋은 접근법 중 하나이다. 생소한 콘셉트를 소개할 때는 언제나 잘못될지도 모른다는 우려가 있을 수밖에 없다. 이러한 우려를 덜기 위해 저비용, 저품질의 시제품을 제작해서 고객과의 공동창조 과정을 거쳐야 하는 것이다. 리스크를 줄이고 혁신의 속도를 높이려면 말이다. 새로운 제품을 정식 출시하는 경우, 공개하는 데만 몇 달의 시간과 수십만 달러 이상의 비용을 쏟아 부어야 하지만 고객과의 공동창조는 1~2주 정도에 몇 천 달러 내지 그 이하의 비용만으로도 진행할 수 있다. 바로 이런 이유 때문에 고객과의 공동창조를 디자인 프로젝트의 리스크를 줄이는 가장 확실한 방법이라고 하는 것이다.

자신의 조직이 대규모 투자와 그에 수반되는 모든 리스크 회피에 전력투구하는 성향이라 해도 고객과의 공동창조를 엇나가는 행위로 간주하지 말자. 그보다는 조직의 투자 자원을 어떻게 하면 효율적으로 배분할지에

---

* 6시그마^{Six Sigma}는 대표적인 품질경영 기법 중 하나로, 제품 생산 시 불량률을 정규분포 확률의 표준편차 6배 구간 바깥쪽에 위치하게 할 정도, 즉 백만 개의 총 제품 중 불량품이 3~4개 이하로 생산될 수 있도록 불량율을 최소화하는 관리방법이다.

관한 가이드를 세우려는 노력으로 생각하자. 고객과의 공동창조를 통해 나온 결과물은 문제를 정의하는 데만 국한되지 않는다. 잠재적인 해결책을 파악할 때도 이용할 수 있다. 그래서 경우에 따라서는 그 결과를 큰 규모의 프로젝트에서도 응용할 수 있는 것이다.

시작하기

고객과의 공동창조를 효과적으로 하기 위해 고차원의 지적 수준을 갖출 필요는 없다. 그저 몇 가지 간단한 원칙만 알면 된다. 적당한 고객을 선정하여 놀이집단으로 끌어들이고, 가지고 놀 만한 가치가 있는 무언가를 제공하고, 그들의 피드백을 주의 깊게 듣는 것이다. 이전까지는 이렇게 해본 적이 없을 것이다. 하지만 데이브 제럿처럼 일단 시도해보면 절대 예전 방식으로 돌아가고 싶어지지 않을 것이다. 다이앤 타이 또한 고객과의 공동창조에 관한 몇 가지 좋은 활용법을 찾아냈다. AARP와 다이앤 타이의 사례를 통해 고객과의 공동창조에 관한 활용 팁을 자세히 살펴보도록 하자.

1. **관심 있어 하는 고객을 참여시킨다.** 고객들의 신뢰가 필요하다. 고객과의 공동창조에 참여하는 참가자들은 향후 이루어질 제품/서비스 계획에 미리 참여하는 것이므로, 해결책에 목말라 하고 완전히 솔직할 수 있을 만큼 동기가 부여된 상태여야 한다.

2. **다양한 고객층을 참여시킨다.** 고객과의 공동창조를 위해 다양한 고객

그룹을 끌어들인다. 목표 고객들만 초대하고 싶은 유혹이 들겠지만, 목표 집단 이외의 고객들도 자신이 제공받고 싶은 사항에 촉각을 곤두세우고 있을 것이다. P&G 또한 스위퍼^Swiffer라는 제품으로 출시되었던 청소 시스템 개발 과정을 보면 전문 청소부와 전업주부, 대학의 남학생 기숙사 거주자(실행팀에 자신감을 주었던 그룹이다!) 등을 끌여들여 함께 작업했었다. 세 그룹 모두 스위퍼의 최종 형태 제작에 기여했음은 물론이다.

⋯▶ AARP의 다이앤 팀은 목표 고객들과 함께 이틀간 강도 높은 공동창조 회의를 진행했다. 보스턴의 회의장을 사용했고 20명을 모집해 개략적으로 제작한 프로토타입을 가지고 각각 90분간 의견을 나누었다.

3. **판매를 목적으로 하지 않는 접근법으로 시작한다.** 고객과의 공동창조 회의는 '제품'을 팔기 위한 영업 상담이 아니다. 우리의 경험에 따르자면 대화의 80%를 고객들이 주도하는 것이 가장 적절해보였다. 데이브 제럿 또한 이렇게 말했다.

"스토리보드가 좋은 이유는 무언가를 판매하려고 시도하지 않는다는 거예요. 이처럼 해당 프로젝트의 목표에 접근하려면 '어떤 접근방식이 더 효과적일 것인가', '고객들에게 더 가치 있는 것은 무엇인가?' 하는 것을 이해하려는 노력만이 필요할 뿐입니다."

4. **한 번에 한 명의 고객과 대면한다.** 비효율적으로 보일 수 있겠지만, 고객과의 공동창조는 통계적으로 유의미한 표본 크기를 만들려는 것이 아님

을 기억해야 한다. 회의에 참가한 고객들이 동시다발적으로 의견을 쏟아내는 특정 고객으로부터 영향을 받지 않도록 개별 대면 방식을 취해야 더 많은 것을 배울 수 있다.

5. **소수의 선택 메뉴만을 제공한다.** 충분히 고려된 단 하나의 콘셉트를 제시하는 것은 고객과의 공동창조 목적을 무시하는 것이나 다름없다. 고객에게 두세 가지 선택사항을 주고 그들이 관심을 보이는 한 가지를 골라 탐구하도록 하자. 시간적 여유가 있다면 두 번째로 많은 선택을 받은 콘셉트도 살펴본다. 자신이 선호하는 콘셉트를 고객이 선택하지 않는다고 실망하지 말자. 그것을 배우는 것만으로도 이 과정은 충분히 가치가 있다.

또 하나, 사람들이 고르지 않을 것 같은 선택사항 또한 포함시키자. 참신함에 대한 고객들의 생각을 파악하기 위해 매우 극단적이거나 평범한 콘셉트를 검증해보는 것도 좋다. 때때로 고객들은 놀라움을 선사할 것이다. 구글 지메일의 알파 테스트*를 감독했던 관리자들은 개인의 메일을 읽고 타깃 광고를 제공하는 소프트웨어 알고리즘을 고객이 싫어할 것으로 예측했으나, 일단은 고객의 반응을 실험해보았고 결국 지메일은 엄청난 성공을 거두었다.

　…▶ 다이앤 팀은 고객과의 공동창조 회의를 위해 몇 가지 콘셉트를 준

---

* 알파 테스트Alpha Test란 프로그램 신규 개발 과정에서 회사의 이해관련자 및 회사 직원, 믿을 만한 얼리 어답터 등을 대상으로 제품을 먼저 테스트하는 것이다. 알파 테스트 이후 일반 고객들을 대상으로 진행하는 테스트를 베타 테스트라고 한다.

비했으나 참가자들이 어떤 것에 끌리는지 확인하기 위한 용도로만 설계하진 않았다. Y세대 고객이 AARP에서 제공하는 상품과 어떤 방식으로 상호작용하고 싶어 하는지 이해하려는 의도 또한 있었다. 다이앤 팀은 몇 개의 그림과 이를 묘사하는 문장을 적은 다음과 같은 종이 카드를 준비했다.

"AARP는 간단한 개별 대출 양식을 제공한다."
"자신의 예산을 비슷한 처지에 있는 고객의 그것과 비교해준다.
"개인의 평생 재무계획을 시나리오 형태로 시각화하는 도구를 이용해 제시한다."

종이 카드를 이용한 이유는, 그들의 필요사항에 맞게 카드를 묶어 최적화된 AARP의 상품을 만들 수 있기 때문이다. 각각의 참가자들은 그 카드를 '필수적인'과 '중요한', 그리고 '있으면 좋은' 범주로 분류했다.

6. **시각적 자극을 제공하되 투박한 상태로 제공한다.** 고객과 함께 미래를 만들어가고 싶다면, 그들에게 미래를 볼 수 있게 해주어야 한다. 그러나 이 단계에서 딱히 멋진 무언가가 필요하지는 않다. 대충 그린 스케치 혹은 포스터 정도면 충분하다. 고객의 조언을 참고하여 제품이나 서비스를 지속적으로 수정할 거라면 초기 반복 작업에서의 프로토타입은 시각적 충실도를 비교적 낮게 유지하는 것이 좋다. 처음부터 세련되게 제작하면 참가자들에게 "훌륭해 보이네요!" 정도의 반응밖에 얻지 못한다.

···➤ 이와 관련해 다이앤 타이는 다음과 같이 말했다.

"가장 중요한 점은 실수를 두려워하지 않아야 한다는 거예요. 기꺼이 결정을 내리고자 하는 의지가 필요하죠. 자신의 생각이 틀렸다고 인정하는 것은 그 후에 해도 괜찮습니다. 저 또한 완벽주의 성향이 있어서 힘들었지만, '고객과의 공동창조' 과정이 고객과의 신뢰를 쌓는 도약이 되었죠. 고객에게 미완성인 물건을 내놓는 것은 썩 내키지 않는 일이지만, 그것이 결국 긍정적인 결과를 가져왔습니다. 최종 결과물로 향해 가는 과정의 일부였으니까요. 최종 완성품을 잘 만들려면 고객과 공동창조 시간 만큼은 미완성인 상태로 꺼내놓아도 좋다는 생각을 가져야 합니다."

일부 콘셉트를 불완전하게 남겨두는 것은 고객의 창의성과 자신감을 끌어내는 훌륭한 방법이다. 그 빈 공간을 무엇으로 채워 넣어야 할지 이미 알고 있다 하더라도, 고객이 찾아낸 것들을 확인하는 과정에서 그것은 더욱 분명해질 수 있다. 예를 들어 다이앤 팀은 '둥지 안의 알 시각화하기'(p.244 참조)라는 도구를 이용해 '평생 재무계획의 시각화' 콘셉트를 개략적으로 종이에 적어 프로토타입으로 만든 후 고객과의 공동창조 회의 시간에 참가자들에게 보여주었다. 다이앤 팀은 참가자들이 프로토타입 하단에 있는 버튼을 클릭한 후 이야기하는 것을 유심히 들으면서, 이 콘셉트가 재무계획 수립보다는 교육 및 동기부여에 활용될 가능성이 높다는 것을 깨달았다.

7. 고객들과 시각적으로 소통할 수 있는 방법을 마련한다. 선택한 것을 표현

(예시) 공동창조 회의 초대장

제목 : 제품 개발회의에 초대합니다

안녕하세요,

귀하를 현재 개발 중인 ○○○ 제품/서비스 조사연구에 초대하고자 이 글을 씁니다. 저희 ○○○ 사는 ○○ 분야의 회사이며, 새로운 제품/서비스에 관한 콘셉트를 개선할 수 있는 방안에 관한 의견을 경청하고 있습니다. 귀하가 필요하다고 생각하시는 바를 새로운 제품/서비스에 충분히 반영할 수 있도록 도움을 주시면 감사하겠습니다.

이번 조사연구의 주요 목적은 고객 여러분이 필요로 하는 내용을 더욱 잘 이해하여 보다 나은 서비스를 제공하기 위한 혁신적인 방법을 찾는 데 있으며, 현재 조사연구를 위한 참가자를 모집하고 있습니다. 경험과 전문지식 측면에서 볼 때 귀하는 이번 조사의 가장 이상적인 참가자이십니다.

저희가 요청하는 바는 90분간의 인터뷰 조사와 회의 참여입니다. 이를 통해 제품/서비스 개발에 필요한 귀하의 경험 및 통찰력을 얻고자 합니다. 바쁘시겠지만 참여해주신다면, 감사의 표시로 귀하가 원하는 자선단체에 200달러를 기부하겠습니다. 또한 귀하의 노고에 감사하는 의미로 소정의 감사패를 준비했습니다.

조사연구에 관한 보다 자세한 사항을 알고 싶다면 언제든 아래의 번호로 전화주십시오. 모쪼록 귀하와 귀하 부서에 있는 다른 분들과 이야기를 나눌 수 있기를 기대하고 있겠습니다. 감사합니다.

(담당자 이름)

(담당자 연락처 정보)

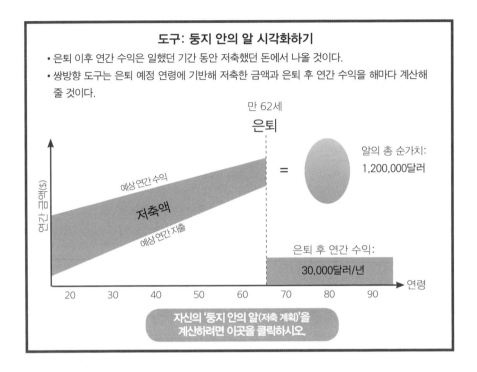

할 수 있는 간단하고도 시각적인 방법을 제공하면, 고객은 상대가 듣고 싶어 하는 생각이 아닌 그들이 진짜로 선호하는 바를 말할 것이다. 데이브 제럿의 빨간 스티커와 녹색 스티커처럼 말이다. 스토리보드의 인물에다 빈 말풍선을 그려넣는 것도 좋은 방법이다. 다이앤 팀이 사용했던 카드를 분류하여 묶는 것 역시 고객과의 소통을 위한 또 다른 수단이 될 수 있다.

8. **토의할 시간을 남겨둔다.** 고객과의 공동창조에서 토의하는 시간은 고객이 실제 선택하게 하는 시간보다 훨씬 더 중요하다. 때때로 믿기지 않는 선택을 할 때를 대비해 고객의 얼굴을 촬영하기도 하지만, 이런 불일치

영역은 종종 명확한 질문을 통해서도 알 수 있다. 즉 고객이 질문을 던졌을 때 그와 관련하여 재질문을 하면 불일치 영역을 발견할 수 있는 것이다. 예를 들면 고객이 "개인정보는 어떤 식으로 처리하나요?"라고 질문했다면, 그에 관한 준비된 답변을 들려줄 것이 아니라 다시 질문하는 것이다. "어떤 식으로 처리하면 좋을까요?"

> AARP 사용자들이 카드를 확인하고 정렬하는 동안, 다이앤 팀은 각각의 요소를 언제 어떻게 사용할 것인지를 설명했다. 5일 동안 20번째 인터뷰까지 진행하고 나서야 다이앤 팀이 보기에도 패턴이 분명해졌다. 몇 가지 주요 주제가 드러났는데, 다음과 같은 내용이었다.
>
> • 가정의 재무상황을 공유하는 사람들 사이에서, 예를 들어 부모와 성인 자녀의 소통을 위해 재무 관련 용어의 설명은 분명히 필요했다.
> • 판매 제안을 포함한 자가진단 도구는 불신했다.
> • 기관 및 전문가의 권위에 대해서는 놀라울 정도로 강한 신뢰를 보였다. (물론 아무것도 판매하지 않을 때에 한해서였으며, 상당 부분은 AARP가 비영리 단체처럼 보였기 때문이다.)

9. **적시에 피드백을 제공한다.** 공동창조 회의에 참가한 고객은 프로토타입이 만들다 만 것처럼 보여도 신경 쓰지 않는다. 하지만 개선 과정에서 자신의 조언을 활용했는지는 매우 궁금해 한다. 그러니 그들이 제품 개발의 어느 부분에 공헌했는지를 알려주자. 이는 고객과의 공동창조 과정에서 지켜야 할 약속 중 하나다.

여러 가지 장점이 있음에도 고객과의 공동창조는 익숙하지 않은 용어일 수 있다. 게다가 고위 경영자들에게는 별 필요 없는 과정으로 비치기도 한다. 이를 불식시키기 위해 '고객의 목소리 듣기'라고 바꿔 부르는 회사도 있다. 무엇이라 부르든 지멘스 빌딩자동화 사업본부는 이를 통해 제대로 된 효과를 거두었다.

지멘스 서비스품질팀은 고객과의 공동창조 회의 시간에 새로운 상품의 일부를 빈 말풍선으로 구성하여 간단한 스토리보드로 만들고 이를 참가한 고객들에게 보여주었다. 고객들은 빈 풍선말에 만족하거나 혼란스럽거나 실망했던 감정들을 써넣었고, 지멘스 팀이 이를 회사와 공유했음은 물론이다. 고위급 관리자들은 무슨 폭로 기사라도 읽듯이 고객이 쓴 풍선말들을 들여다보았다. 그리고 이 의견들은 몇 달 뒤 출시된 상품의 구성에 직접적으로 영향을 미쳤다.

이와 같은 작은 승리를 거두게 되면, 이후에는 더 많은 관심과 주목을 받으며 더 넓은 범위의 공동창조를 진행할 수 있게 된다. 아마도 고위 관리자들은 "고객이 프로토타입에 어떤 반응을 보였는가?"라고 묻기 시작할 것이며, 그렇게 되면 모든 디자인 프로젝트마다 고객과의 공동창조를 적용할 수 있게 될 것이다.

집에서도 해볼 수 있는 과제

일단 자신이 관리·통제할 수 있는 것들을 생각해보자. 부하 직원의 인사고과 면담 과정은 어떨까? 인사고과 면담 과정을 공동창조로 진행하기 위해 핵심 직원 하나를 참여시키는 실험을 시도해보자. (편의상 그 직원을 엘렌이라 부르겠다.)

1. 빈 화이트보드(또는 플립차트)를 찾아 다섯 개의 패널판에 스토리보드를 만들자. 최대한 단순하게 그린다.

- **패널1**: 관리자의 말풍선 "엘렌의 연간 성과에 관해 검토할 차례입니다. 업무 역량이 좋은 엘렌은 내게 정말 중요한 사람입니다. 그녀는 최선의 대우를 받아야 마땅합니다."

- **패널2**: 엘렌이 다음과 같이 말풍선으로 표현된 이메일을 읽는다.
  버전1: "제 선임을 보조하여 자료 수집을 하면서 제가 알게 된 내용을 요약해보겠습니다."
  버전2: "제 선임은 검토 중인 주요 프로젝트 목록을 제게 주었습니다."
  버전3: "제 평가를 위해 조언을 해줄 분들을 알려드립니다."
  버전4: 기타 (직원들이 채워 넣을 공간)

- **패널3**: 관리자가 핵심 인물들로부터 자료를 수집한다.
  버전1: 세 명에게서 상세한 자료 수집
  버전2: 여섯 명에게서 고급 자료 수집

- **패널4**: 피드백을 검토한다.
  버전1: 서면 피드백과 토의를 함께하는 회의를 1회 진행한다.

버전2: 서면 피드백을 먼저 받은 다음 회의를 1회 진행한다.

버전3: 회의를 2회 진행하되 1회는 피드백을, 1회는 미래 계획에 관해 진행한다.

- **패널5** : 엘렌은 향후 5년간의 인사고과 면담 과정을 머릿속으로 그려본다. 그것이 그에게 어떤 의미인지에 관한 말풍선은 다음과 같다. "흠, 나는 그 면담을 기억합니다. 그것은 제게 _____ 을 가르쳐주었습니다."

2. 엘렌을 초대하여 이 스토리보드를 함께 논의해보자. 그는 어떤 대안을 선택했는가? 그것이 마음에 든 이유가 무엇인가? 부족한 점은 무엇인가?

3. 공동창조의 기본 규칙을 따르자. 처음에는 관찰하고 경청하자. 최대한 많이 배우려면 지시적이지 않아야 한다. 마지막 10분 동안은 조금 더 직접적인 질문을 하고 토의의 비중을 높이자.

4. 배운 내용을 떠올려보자. 스토리보드는 엘렌에게 새로운 단서를 제공했는가? 즉 인사고과 면담 과정을 공동창조 시간을 갖기 전과 다르게 인식하였는가?

학습을 위한 론칭

학습을 위한 론칭 Learning Launch은 시장 환경 내에서 신속하고 저렴하게 진행할 수 있는 실험으로, 고객과의 공동창조와 신제품의 상용화 사이에 놓인 다리라고 할 수 있다. 즉 물리적·시간적 차원을 통합한, 사실상 고객과의 '4차원적 공동창조'라고 생각하면 된다.

완전한 신제품 출시와는 대조적으로 학습을 위한 론칭의 성공은 얼마나 많이 판매하는가가 아닌, 얼마나 많이 '학습하는가'에 있다. 론칭의 목적 또한 남아있는 중요한 가설들이, 다시 말해 '무엇이 끌리는가' 단계에서 수면 위로 떠올랐거나 사고실험(p.192 참조)을 통해 이미 적절히 다루어졌던 가설들이 매력적인 비즈니스 아이디어인 이유를 검증하는 데 있다. 학습을 위한 론칭은 가설 검증 이후에 이루어지며, 사고실험 대신 학습 가이드를 이용해 '실제 고객'들을 대상으로 실험한다는 점에서 차이가 있다.

사용할 시기: 학습을 위한 론칭은 고객들을 실제 게임에 참여시킬 준비가 다 끝났을 때 실시한다. 그들이 어떻게 생각하는지를 질문하는 것은 새로운 콘셉트를 개발할 때야 유용하겠지만, 콘셉트 개발이 한참 진행된 지금의 단계에서는 부적절하다. 콘셉트를 진짜로 검증하려면 고객이 일정 기

간 이상 직접 참여하여 '실제 행동을 통해' 열의가 있는지 알아보는 과정
이 포함되어야 한다. 고객이 그 콘셉트에 가치를 부여하는지, 그들이 말했
던 것을 그대로 실행에 옮기는지 살피는 것이다. 가장 이상적인 모습은 고
객이 자신의 행동에 비용을 지불할 의사가 있는 것이다.

학습을 위한 론칭이 프로젝트 리스크를 줄여주는 이유: 디자인씽킹의 특
징 중 하나는 관리자가 논쟁이 아닌, 시장 환경 내에서의 활동을 통해 학습
할 수 있다는 것이다. 과거의 데이터를 이용해 새로운 상품이 시장에서 보
일 성과를 예측하는 데는 몇 가지 심각한 문제가 있다. 이런 비즈니스 접근
법은 어느 시점이 지나면 실제 실험 대신 분석에 초점을 맞춤으로써 리스
크를 증가시킨다. 투자비용은 점점 더 늘어나고, 설상가상으로 자신이 만
들어낸 콘셉트와 사랑에 빠지게 되면 결함의 징후가 나타나도 이를 인식
하지 못한 채 그냥 지나칠 가능성이 높아진다.

"서둘러 결혼하고 두고두고 후회한다."라는 격언은 비즈니스에도 똑같
이 적용된다. 그러므로 자신의 투자가 어디에 기반을 두고 있는지 확실히
이해할 필요가 있다. 가설 검증 과정에서 이슈가 된 가설이 있다면, 이를
실제로 검증하는 데 어떤 데이터가 필요한지, 그 데이터를 어디에서 구할
수 있는지를 알아내는 과정이 있어야 한다는 말이다.

학습을 위한 론칭은 고객과의 공동창조와 파일럿 테스트의 중간 정도에
해당되는 작업이다. 관리자와 고객 모두가 이를 실제 상황이라고 느껴야
하는 것은 고객과의 공동창조와 다른 점이며, 진행하는 동안 제품이나 서
비스의 구성요소를 변경하지 못하도록 엄격히 제한한다는 것은 파일럿 테
스트와 다른 점이다. 구성요소의 변경이 꼭 필요하다면 론칭 기간이 끝난

뒤에 하도록 한다(일반적으로 파일럿 테스트는 상용화 이전의 개선에 초점을 두며 프로젝트를 대폭 변경하거나 당분간 미루자는 결론이 나오는 경우가 거의 없으나 학습을 위한 론칭은 그렇지 않다).

학습을 위한 론칭을 실시하고 있는 관리자들은 자신이 실험을 하고 있다는 생각을 하고 싶어 하지 않는다. 그들은 곧바로 새 사업에 뛰어들고 싶어 한다! 하지만 새로운 비즈니스가 장애물을 통과해 앞으로 나아가게끔 열정을 갖는 것과 그 비즈니스에 내재된 약점들을 무시하는 것은 명확하게 구분할 수 있어야 한다.

스탠포드 대학 디자인 학부 교수들은 디자이너가 되고자 하는 학생들에게 "프로토타입은 항상 올바로 만들어졌다는 생각으로 대하고, 가설은 항상 틀릴 수 있다는 생각으로 대하라."라고 조언한다. 우리도 이 조언에 동의한다. 학습을 위한 론칭은 이 두 가지 접근방식 간의 차이점을 찾기 위해, 그리고 올바르게 그 단계를 밟아가기 위해 노력하는 과정임을 기억하자.

시작하기

학습을 위한 론칭 그 자체를 설계하는 것은 그리 어렵지 않다. 일단 실제로 작동되는 프로토타입을 제작한다. 그리고 충분한 시간을 확보한다. 학습을 위한 론칭의 핵심을 제대로 설명하기 위해 전자상거래 소프트웨어 업체인 브리보 시스템즈의 사례를 계속해서 살펴보도록 하겠다.

⋯▶ 2000년 10월말에 브리보 시스템즈의 마크 팀은 '오스카 더 스마트

박스' 콘셉트를 이용해 두 가지 중요한 이정표를 세웠다. 그들은 전자상
거래 배송을 관리하는 소프트웨어 응용 프로그램을 완성했고, 배송 받
을 스마트 우편함의 디자인을 확장성 있게 만드는 작업까지 마쳤다. 마
크는 다음과 같이 말했다.

"제작비용이 300달러 이상으로 올라간다면 우리는 그 장치를 직접 제조
할 수 없어요. 메이택Maytag이나 월풀Whirlpool 같은 대형 제조사를 파트너
로 유치해서 맡겨야 하죠. 당시 우리는 오스카의 생산에 필요한 총 비용
을 개당 1000달러 정도로 예측했고, 2000년 연말 연휴 시즌까지 출시하
는 것을 목표로 잡았어요. 그때가 이 시스템이 효과적인지 입증할 완벽
한 시간이었기 때문이에요. 우리는 서둘러 시장에서의 실험을 위해 '브
리보 100'을 새로이 만들었습니다."

'브리보 100'은 마크의 학습 목표에 따라서 제작된 시제품이다. 만약 그
가 제5부(SECTION 5, p.232 참조)에서 보았던 것과 같은 학습 가이드 템플릿
을 사용했다면, 아마 오른쪽 페이지와 비슷한 형태로 작성되었을 것이다.

(예시) 브리보 시스템즈의 학습 가이드

1. 전략적 의도
전자상거래의 최종 도착지 문제를 (a) 가정으로 배송되는 전자상거래 상품의 경로를 조정하고 (b) 수송에 관여하는 폐쇄형 정보^{Closed-loop Information}를 인터넷 기반의 소프트웨어로 만들어 모든 부분에 제공함으로써 해결한다.

2. 검증되어야 할 핵심 가설
이 비즈니스 콘셉트가 성공하려면 다음의 핵심 가설들이 사실이어야 한다.
1. 명확한 소비자 가치: 소비자들은 무인 배송을 선택할 수 있는 편리함에 감사하며 수수료(월 15~20달러)를 기꺼이 지불할 것이다.
2. 설치에 대한 거부감: 미적 요소를 중요시하는 소비자들도 자신의 집에 오스카 우편함의 설치를 거리낌 없이 설치할 것이다.
3. 배송업체의 협력: 미국의 모든 주요 배송업체(우체국, 페덱스, UPS)들은 오스카 장치에 배송품을 넣어둘 것이다.
4. 파트너 제조사: 이름 있는 제조사들은 오스카 장치를 제작하고 시장에서 유통하고 싶어 할 것이다.
5. 보안과 내구성: 오스카 장치는 안전하며 추운 날씨에도 버틸 수 있을 것이다.
6. 장치 제작 비용: 오스카 장치는 300달러 이하의 비용으로 제작할 수 있을 것이다.

3. 시장에서의 검증 계획
학습을 위한 론칭 기간에 탐구되어야 할 검증되지 않은 가정들은 다음과 같다.

검증되지 않은 가설	성공 판단 지표
1. 명확한 소비자 가치	소비자들은 40일간의 시험 기간 동안 최소한 6번의 온라인 거래를 한다. 실험 후 설문조사에서 배송업체 직원의 90% 이상이 오스카를 선호한다. 실험 후 설문조사에서 50% 이상이 오스카를 구매하고 싶어 한다.
2. 설치에 대한 거부감	실험 후 설문조사에서 67% 이상이 외관상으로 봐줄 만하다고 생각한다.
3. 배송업체의 협력	95% 이상의 배송 성공률('실패'에는 소비자가 집에 있을 때 배송업체 직원이 오스카를 그냥 지나치는 경우도 포함한다.)
4. 보안과 생존 가능성	기물 파손 또는 날씨로 인한 문제가 5% 이하로 발생한다.

4. 지출해야 할 투자비용
브리보 시스템즈의 학습을 위한 론칭에는 다음과 같은 비용이 필요하다.
- 인건비(7주 동안의 전일 근무자 10명 필요) : 주당 16,000달러의 소진율로 총 105,000달러
- 트럭 임대와 고객 보상 등을 위한 회사 부대비용 22,000달러
- 총 비용 = 127,000달러

* 이 학습 가이드에 포함된 모든 설명과 수치와 일정은 우리의 추정치이며, 브리보 시스템 사 내부에서 사용됐던 실제 학습 가이드는 아니다.

마크 스테인과 벤처 투자자들은 이러한 중요 가설들을 검증하는 데 비용을 지출할 만한 가치가 있다고 여겼다. 설령 결과가 실망스럽고 비즈니스 콘셉트의 실현 가능성에 의문이 제기되더라도 말이다.

학습 가이드를 만들 때는 위와 같이 네 가지 항목으로 구성된 형식을 따르도록 한다. 학습을 위한 론칭은 가설을 검증하기 위한 가장 저렴한 형태의 실험일 뿐이다. 기존에 보유하고 있던 프로젝트 관리 기법에 이러한 학습 가이드가 뒷받침된다면, 학습을 위한 론칭은 거의 다 준비된 것이나 다름없다. 이 과정을 통해 다음과 같은 성공 원칙들도 습득할 수 있게 된다.

1. **범위를 엄격하게 설정하기.** 파일럿 테스트가 아니라 학습을 위한 론칭이기 때문에 끝맺음에 관해 계획하는 것이 중요하다. 시간과 지역, 고객의 수, 기능(고객이 시험해볼 수 있는 기능의 범위), 협력업체 등과 같은 핵심 변수에 대해 명확하게 정의를 내리자. '충분히 오래'는 얼마만큼을 의미하는가? 브리보 시스템즈는 명확한 목표를 설정했다.

'12월 한 달 동안 워싱턴 D.C. 지역에
사전 제작한 오스카 박스를 100개 설치하기'

브리보 시스템즈가 정했던 범위는 명확했고, 실제로 40일 동안 학습을 위한 론칭을 진행했다. 신규 사업치고는 꽤 적절한 기간이었다. 대기업에서라면 어느 정도가 적당할까? 우리가 연구한 바에 따르면 학습을 위한 론칭 기간은 최대 100일 이내로 제한하는 것이 좋다. 이는 인간의 조건에 가장 잘 들어맞는다. 인간은 기간이 정해져야 강도 높은 집중력을 보일 수 있으며(최대 100일 정도), 그렇게 한 뒤에는 잠시 휴식을 취하면서 다음번 노력을 위해 재충전해야 한다. 맥도날드는 이를 '100일간의 질주 100-day bursts라고 표현한다(학교도 한 학기가 지나면 방학을 갖지 않는가). 자기가 속한 조직이 100일 동안 할 수 있는 것이라고는 위원회를 구성하고 수많은 파워포인트 슬라이드를 만드는 것 정도에 불과하더라도 이 100일 간의 질주에 동참하자. 물론 이 정도로는 주어진 프로젝트를 즐길 수도, 우리가 이야기하는 일종의 혁신을 쟁취할 수도 없다고 할지 모르겠다. 하지만 혁신은 적게 투자해서 빠르게 실행하는 것과 밀접한 관련이 있다. CSC의 혁신본부장인 렘 래셔의 말을 들어보자.

> "CSC에 큰 영향을 주는 프로젝트는 언제나 야심찬 목표와 높은 직위의 스폰서, 적당한 예산, 그리고 빠듯한 시간 계획으로 구성됩니다. 이는 프로젝트를 성공시키기 위한 최적의 조건입니다."

학습을 위한 론칭의 기간을 어느 정도로 제한하든 그 내용은 문서화할 필요가 있다. (공식 계약에서는 비밀유지 항목을 추가해야 할 필요가 있을 수도 있다.) 설령 문서화하지 못했더라도 고객에게 기대하는 바는 아주 명확히 해두어야 한다. 그렇지 않으면 실험이 끝난 후 오스카 스마트박스를 다시 뜯어가는 이유를 이해하지 못한 채 불만이 가득차 있는 고객들을 대면해야 할지도 모른다. 이를 '성공의 재앙success disaster'*이라고 부른다.

---

* '성공의 재앙'은 말 그대로 엄청난 성공을 거뒀으나 그 성공을 적절히 관리, 유지하지 못했을 때 생길 수 있는 문제점을 의미한다.

2. **핵심 가설에 세심한 주의를 기울여 디자인하기.** 자신이 정의한 핵심 가설들을 검토하고, 아직 검증되지 않은 것들의 목록을 작성하자. 이 과정에서 어떤 것들을 학습을 위한 론칭으로 검증할 수 있을지 선택하자. 마크 스테인은 '브리보 100'의 목표를 다음과 같이 정의했다.

> "학습을 위한 론칭에서 필요한 박스와 서비스는 무료였지만 우리는 참가자들에게 예상 소매가격을 말해주었고, 그래서 실험 말미에 가격에 관한 피드백을 얻을 수 있었어요. 고객의 참여를 독려하기 위해 50달러 상당의 아마존닷컴 상품권도 증정했죠. 우리의 목표는 박스 하나당 여섯 번의 배송과 95%의 배송 성공률 같은 것이었습니다. 배송 실패는 박스 때문일 수도, 소프트웨어 때문일 수도, 오스카 박스를 찾지 못하는 배달 기사, 또는 다른 무엇 때문일 수도 있다고 보았습니다."

그런데 위와 같은 그의 언급에서는 또 다른 핵심 가설, 즉 오스카 장치의 제작비용을 개당 300달러 미만으로 맞출 수 있다는 가설이 누락되어 있다. 그러므로 핵심 가설들을 검증할 계획을 세울 때는 다음과 같은 사항을 확인해야 한다.

- 프로토타입에 검증할 필요가 있는 핵심 가설들이 모두 반영되어 있는지 확인한다.
- 검증할 계획인 가설들을 구체적인 측정치로 변환한다. 예를 들어 브리보 시스템즈는 박스당 배송 횟수와 배송 성공률을 측정치로 설정했다.
- 필요한 자료, 특히 행동에 관한 자료를 어떻게 판단할 것인지를 명확

히 한다. 브리보 시스템즈는 사람들이 자사 온라인 계정에 얼마나 자주 로그인하는지를 확인할 수 있었고, 이를 온라인 구매 관련 정보에 대한 관심의 신호로 간주했다.

• 증명되지 않은 데이터를 찾아내는 데 주의를 기울인다. 불교에는 "소매치기는 성인군자를 만나도 오로지 성인군자의 호주머니만 본다."라는 격언이 있다. 학습을 위한 론칭이 성공하려면 이전보다 관점을 더욱 확대할 필요가 있다. 증명되지 않은 데이터는 가설이 틀렸음을 입증해줄 수 있는 관측치나 다름없다. 이런 류의 데이터는 찾으면 대박이지만 놓치기 쉽다는 함정이 있다. 마크 스테인의 경우 증명되지 않은 데이터를 놓치지 않기 위해 '주의를 기울여야 할 위험신호' 목록을 만들어두었는데, 여기에는 이전 단계에서부터 기록해둔 문제점들이 모두 포함되어 있었다. 가령 브리보 시스템즈의 배송 시스템을 강력하게 위협했던 문제 중 하나는 "고객이 집에 있을 경우 배송기사는 스마트박스를 그냥 지나치지 않을까?"였다. 즉 고객이 집에 있으면 예전 방식처럼 초인종을 누르고 고객에게 직접 물건을 전달하지 않을런지가 확인되지 않았던 것이다. '브리보 100' 실험 결과 이런 우려는 불필요한 것으로 증명되었다. 오스카 박스를 이용하면 배송 시간이 절약되었기 때문에 배송기사들은 집에 사람이 있든 없든 오스카 박스를 이용하는 방식을 더 선호했던 것이다.

• 감당할 수 있는 (경제적) 손실을 계산해서 예산과 맞춘다. 학습을 위한 론칭에 필요한 예산을 해당 과정에서 검증해야 할 핵심 가설들에 대입해보자. 이들을 검증하는 것이 예산만큼의 가치가 있는가? 그렇다면 이는 '감당할 수 있는 손실'이 된다. 즉 학습을 위한 론칭 이후 이

프로젝트를 중단한다고 해도 그 가설들이 사실인지 아닌지를 알아낸 것만으로도 가치가 있다는 의미이다. 비용만큼의 가치가 없다면 학습을 위한 론칭을 더 저렴하게 진행할 수 있도록 다시 디자인해야 한다.

3. **원칙을 잘 따르고 적응력 있는 팀 꾸리기.** 이 책에서 언급했던 다른 혁신 활동과 마찬가지로 학습을 위한 론칭도 팀 활동을 전제로 하며, 팀 구성을 어떻게 하는가에 따라 결과에 차이가 날 수 있다. 성장과 혁신에 열정적인 지원자들만으로 팀을 꾸리고 싶을 수 있지만 의심 많은 회의론자도 한두 명 포함시키자. 그래야 원하는 답만 나오는 검증 과정으로 설계하는 오류를 피할 수 있다. 재무적인 관점을 가진 직원 또한 매우 쓸모 있다. 프로젝트 관리 기술은 당연 필수다. 듣기에는 수월하게 진행될 것 같지만, 전통적인 비즈니스 접근법으로 일해왔던 관리자들에게 학습을 위한 론칭은 완벽히 이해되기 어려운 과정일 수 있다. 그러므로 이런 일을 해본 적이 있는 사람을 찾자. 마크 스테인은 자기 팀의 응집력을 이렇게 표현했다.

"브리보 100은 지금까지 회사생활을 하면서 가장 좋아했던 시간이었습니다. 모두가 하나의 목표에 집중했지요. 보통은 파가 갈리고, 싸우고, 시선을 피하는 일이 생겨요. 상상할 수 있는 모든 일이 생기지요. 하지만 우리 팀은 고작 네 명에 불과했기에 그런 일은 없었어요. 고객의 집에 박스를 설치하던 때가 생각나네요. 네 명뿐인 우리가 하기에는 한계가 있었죠. 우리가 어떻게 했을 것 같으세요? 우리는 자원봉사자 가입 양식을 만들었습니다. 결국 회사 직원 모두가 자원봉사자가 되어 최소 한 번 이상 설치에 참여했죠."

4. 피드백 주기를 빠르게 운영하기. 학습을 위한 론칭은 디자인 프로젝트가 처음으로 현실과 접촉하는 순간이다. 놀랄 만한 상황을 예상하고 신속하게 대응할 준비를 하자. 대기업의 경우 주간 회의를 활용할 수도 있지만, 브리보 시스템즈는 해결해야 할 문제점이 많았기에 피드백의 순환 주기 역시 빠르게 운영했다.

> "12월 첫 두 주일 동안 우리는 매일 밤 9시 30분에 점검회의를 열었어요. 팀 구성원 전체가 참여해야 했지만 아무도 회의시간에 대해 불평하지 않았죠. 오히려 '이봐, 뭐 도와줄 거 없어?'와 같은 분위기였습니다. 무선 네트워크를 확실하게 찾아낼 수 있도록 오스카 박스의 위치를 설정하고, 블랙베리 라디오와 유선으로 연결한 회로기판에 습기가 차는 것을 해결하기까지 머리가 터질 정도로 토론하고 연구했어요. 첫 주 내내 그랬죠. 해결책을 찾자마자 우리는 바로 현장에 돌아가 모든 오스카 박스마다 뇌수술을 해주었습니다."

반대 의견을 처리하고 갈등 요소를 구조적으로 해결하고 상황에 따라 조정하는 능력은 학습을 위한 론칭에서 매우 훌륭한 자산이 된다.

5. 실제인 것처럼 느끼게 하기. 학습을 위한 론칭이 잘 이루어지려면, 모든 참가자가 신뢰로 엮여 있어야 한다. 그러려면 고객과 파트너들, 그리고 내부 팀원들 모두가 실제 상황인 것처럼 느끼게 할 필요가 있다. 만약

이 과정을 게임이나 가상현실처럼 느낀다면, 여기서 생성되는 행동 관련 자료는 일단 의심해야 한다. 세련된 느낌을 주는 데 초점을 맞추라는 게 아니다. 애플이 아이-기즈모i-gizmo*를 새로 도입했을 때와 같아야 한다는 얘기다. 그렇다면 다양한 선택사항을 다 점검하라는 이야기인가? 그럴 시간은 이미 지났다. 학습을 위한 론칭은 '필요한 기능들이 여기에 다 있다. 이상 끝!'이라고 단언할 수 있어야 한다. '브리보 100'이 실제로 실행되기 시작했을 때, 이 플랫폼은 모든 온라인 공급업체 및 미국의 우체국 네트워크, UPS와 페덱스 등 모든 배송업체가 사용할 수 있었다. 가격 또한 현실적이었다. 만약 학습을 위한 론칭에서 제품이나 서비스를 무상으로 증정해야 할 필요가 있다면, 브리보 시스템즈가 그렇게 했듯이 적어도 고객들에게 가격이 얼마인지 말해주고 그에 대한 피드백을 요청토록 하자.

6. **모든 사항에 관해 대안을 준비하기.** 상상할 수 있는 모든 문제가 발생한다. 중요한 점은 '문제'가 아니라 '문제가 생겼을 때 할 수 있는 일이 무엇인가?'이다. 마크 팀은 수분 침습과 합선 등의 손상으로 타버린 박스를 교체하기 위해 오스카의 '뇌(전자 모듈)'의 대체부품을 추가 제작했다. 그들은 설치 수요가 급증하는 상황을 해결하기 위해 초과분 설치를 담

---

* '아이 기즈모'는 애플에서 제공하는 온라인 및 전자기기, 각종 IT 기술 및 트렌드에 관한 기사를 담은 온라인 잡지이다. 저자들이 이 책을 탈고한 시점에선 이 잡지가 한창 발행되고 있었으나, 2012년 이후 발행 중단되었다. 여기서 이 사례를 언급한 의도는, 이 잡지가 단순히 애플이 생산하는 제품군만 기사로 다뤘던 게 아니라 업계 전반을 폭 넓게 다뤘던 것을 빗대어 '부수적인 사항에 부족함을 느끼지 않도록 일종의 토털 패키지처럼 준비하고 제공해주어야 한다'는 의미인 것으로 파악된다.

당하는 직원을 훈련시켰다. 그리고 배송에 문제가 있던 고객 모두에게 아마존닷컴 쿠폰을 주었다.

진입차선의 중요성

학습을 위한 론칭 단계에서는 해당 제품 혹은 서비스가 어떻게 작동할지 알기 위해 '일정 범위' 내에서 모든 실험을 다한다. 하지만 그 범위는 어떻게 정하는가? 이에 관한 방법론은 종종 간과되곤 한다. 즉 고객이 '어떻게 상품을 학습하고, 시도해보고, 사용자가 되고, 다른 사람을 가입시키는가?'에 관한 사항이 없는 것이다. 우리는 이 과정을 '진입차선On-Ramps'이라고 말한다. 최근 스타벅스는 모닝커피를 구입한 고객들을 대상으로 오후 2시 이후에 차가운 음료를 구입할 때 사용할 수 있는 2달러짜리 쿠폰을 증정하기 시작했다. 쿠폰은 스타벅스에서의 새로운 경험인 오후 시간의 차가운 음료에 관한 진입차선으로 생각할 수 있다. 우리가 접해본 것 중에 가장 특이한 진입차선은 온스타OnStar의 '하드웨어와 서비스 1년 무료 제공' 방식이었다.

고객의 특별 요청을 처리하기 위한 지멘스의 보상수리점을 기억하는가? 이 콘셉트가 성공할 수 있었던 이유는 핵심 가설에 입각해서 진행했기 때문이다. 이에 해당했던 핵심 가설은 '서비스 기술자가 자발적으로 보상 프로그램에 등록할 것이다.'였다. 이것만 충족해도 지멘스는 고객을 위한 특별 요청 수리 서비스를 적극적으로 제공할 수 있었던 것이다. 그런데 회사는 어떻게 서비스 기술자들이 자발적으로 움직일 동기를 부여했을까(즉 진입차선은 무엇이었을까)? 지멘스는 새로운 프로그램에 관한 안내문을 우편 엽서에 적어서 각 기술자의 집주소로 보냈다. 물론 그에 따른 보상 내역을 눈에 잘 띄게 배치했다. 아마 기술자의 배우자들이 그 엽서에 적혀 있는 프로그램을 보고 "여보, 당신 이 프로그램에 등록했어? 이거 괜찮아 보이는데?"라고 했을지도 모른다. 결과는? 첫 100일 사이에 프로그램에 등록한 서비스 기술자가 절반을 훨씬 넘었다. 고객 만족도 수준도 기록적으로 다시 높아졌다.

학습을 위한 론칭에서는 가능하다면 진입차선 전략을 실험해볼 필요가 있다. '마케팅 부서에서 알아서 하겠지.' 하고 내버려둔다면, 새로운 성장을 찾기 위한 디자인 프로젝트의 운명을 그들의 손에 맡겨 버리는 것과 진배 없다. 만약 우리가 관리자들을 대상으로 "사용해본 고객들은 매우 좋아한다."라는 말을 할 때마다 1달러씩 내라고 했다면, 우리는 진작에 억만장자가 되었을 것이다. 잠재 고객이 저절로 해당 제품이나 서비스를 인식하고, 이해하고, 고려하고, 시도하고, 구매하고, 사용하고, 재사용까지 하면서 제품이나 서비스를 대변해주기 위해 진입차선에 들어서는 일은 절대 없다는 의미이다. 대변할 정도에 이른 사람들은 성공적인 신제품 혹은 새로운 서비스의 티핑 포인트Tipping Point를 창조하는 사람들이다. 스타벅스가 그렇게 생각했다면, 마찬가지로 우리도 그렇게 할 필요가 있다.

사회화 기술과 학습을 위한 론칭

학습을 위한 론칭은 더욱 쉬워졌다. '사회화 기술social technologies'이라는 강력한 새 지원군을 얻었기 때문이다. 실행팀에 디지털 원주민(35세 미만의 직원)이 포함되기 시작하면서, 많은 잠재 고객과 협업할 수 있게 해주는 이 기술이 자연스럽게 받아들여졌다. 한때 12명 이하 단위로 일하던 시절도 있었지만, 구글의 시장 예측 소프트웨어는 1만 2000명의 협업을 가능하게 했고, 트위터는 백만 명 이상의 사람들과 대화를 가능하게 했다.

사회화 기술의 중추는 웹 2.0에 의해 형성되었다. 다음은 포레스터 리서치^{Forrester Research}가 정의한 방식이다.

> "웹 2.0은 새로운 비즈니스 기회와 기술 관련 상품, 사회 구조의 변화를 지원하는 사람과 콘텐츠와 자료 사이에서 효율적인 상호 작용이 이루어지게 하는 기술과 응용 프로그램의 집합이다." [1]

지금 우리는 10년 전에 인기가 있던 아이디어 관리 체계에 관해 이야기하는 것이 아니다. 대부분의 아이디어는 혁신과 아무런 관련이 없다. 라우터(공유기) 시장은 시스코^{CISCO}가 지배할 것이며, 음성 인식 소프트웨어 분야는 뉘앙스^{Nuance}가 선도기업으로 우뚝 설 것이라고 IBM이 예측했을 때 "우리도 그 정도 예상은 할 줄 알거든."이라고 말했던 사람은 아무도 없었다. 하지만 IBM은 이미 그런 콘셉트들에 관해 생각하고 있었다. (사실 이런 장치들을 먼저 개발한 회사는 IBM이었다.) 다만 성장의 기회로 활용하는 데 실패했을 뿐이다.

IBM을 포함한 많은 회사가 자신이 생각해낸 유망한 아이디어를 성장의 기회로 삼을 수 없었던 '실패 방식'은 다음과 같은 특징이 있다.

1. 해당 콘셉트를 고객의 충족되지 않은 니즈와 연결하는 데 실패했다.

2. 아이디어와 우선순위의 바다 속에서 선택을 하는 데 실패했다.

3. 다른 사람들을 이해시킬 수 있을 정도의 프로토타입을 제작하거나 시각화하는 데 실패했다.

4. 아이디어를 형상화하는 과정에서 실제 고객을 참여시키는 데 실패했다.

이런 실패 방식을 해결한 사회화 기술이 커뮤니스페이스나 링크드인, 트위터, 페이스북, 블로그와 위키피디아 등과 같은 소셜 네트워크 서비스Socail Network Service(이하 SNS)들이다. 홀마크Hallmark는 이런 SNS 매체를 통해 기존 검증을 완전히 거스르는 새로운 콘셉트를 주기적으로 탐구하고 있다. 2004년 크래프트 푸드Kraft Foods 사 또한 이를 이용하여 포장음식과 다이어트에 관한 대화의 장을 조성했다. 이를 계기로 크래프트 푸드 사는 고객들이 다이어트 음식이 아니라 1회 식사에 관해 더 많이 고민하고 있음을 알게 되었다. 이는 용량을 제한한 한 끼 식사와 보상(식사를 제한적으로 하는 것에 따르는 효익)에 관한 토의로 이어졌다. 100kcal 포장이라는 콘셉트는 그렇게 태어났고 크래프트 푸드 사는 블록버스터급의 대성공을 거두었다. 이 모두가 SNS를 통해 학습했던 것들을 기반으로 했다. [2]

빠르게 성장하는 회사는 대부분 SNS를 이용하여 대중의 지혜를 모으고, 이를 통해 앞으로 시장이 형성될 방향을 정확히 예측하곤 했다. 크라우드캐스트Crowdcast나 잉클링Inkling이 대표적이다.* 이 회사들은 초기 콘셉트를 개발했을 때부터 SNS를 통해 잠재 고객들을 프로젝트에 참여시키고, 이

---

* 두 회사 모두 온라인 비즈니스를 위한 시스템 툴을 개발하는 회사다.

로부터 강력한 새로운 성장의 기반을 다지는 데 성공했다.

SNS는 동료, 친구, 고객은 물론 낯선 사람들과 상호작용하는 방법을 근본적으로 변화시켰다. AARP가 평생 재무설계를 시각화하여 상품으로 개발하는 데 자신들의 독자적인 소셜 네트워크를 어떻게 사용했는지 생각해보자. 이는 라이프튜너LifeTuner 커뮤니티로 발전했고, 디자인 혁신전략과 관련한 상을 수상하는 영광을 안기기도 했다.**

⋯▶ 다이앤 팀은 고객과의 공동창조 회의 시간에 카드를 분류했고, AARP는 여기서 학습한 내용을 바탕으로 평생 재무설계 시각화 콘셉트를 냅킨 피치(p.188 참조)에 맞춰 정리한 뒤, 기능 중심의 온라인 프로토타입으로 개발했다. 하지만 그들은 그것으로 끝내지 않았다. 그들이 했던 다음 과업은 SNS 커뮤니티인 커뮤니스페이스Communispace에 400명의 젊은 성인을 대상으로 하는 온라인 커뮤니티를 구성하는 것이었다.

"그 온라인 커뮤니티는 우리의 방식을 검증·학습하고 프로토타입 디자인을 계속해서 개선해나갈 수 있도록 구성되었어요. 우리는 커뮤니티 회원들을 24시간 내내 관찰이 가능하도록 그룹화했습니다. 그리고 회원들을 대상으로 매주 4~5가지의 개별 활동이나 설문조사, 토의, 브레인스토밍을 진행했죠. 이런 활동은 1년 넘게 이루어졌습니다. 나중에는 그들 자신이 제품 개발의 공동창조자라고 생각하게 될 정도였지요. 그런 생각이 들기 시작하자 그들에게 물어보고 반응이 어떤지 살피기 전에는

** 당시에 해당 웹사이트 www.lifetuner.org는 미국 산업디자인협회IDSA에서 주관하는 국제 우수 디자인 시상식The International Design Excellence Awards, IDEA에서 금상을 수상했다.

다음 프로세스의 진행이 꺼려지더라고요

커뮤니티 회원들과의 소통은 우리가 준비한 프로토타입의 웹사이트 링크를 알려주는 방식으로 이루어졌어요. 그들이 직접 살펴볼 수 있도록 하고 디자인이나 사용자 인터페이스(이하 UI)에 관한 의견을 얻기 위해서였습니다. 우리는 대략적인 틀에다 화면의 스크린 샷을 붙이는 방식으로 UI를 보여준 뒤, '여기를 클릭해서 한 번 둘러보시고 어떻게 생각하는지 말씀해주세요.'와 같은 이야기를 남기곤 했어요. 한창 지어지고 있는 집의 단면도를 보여주고 피드백을 얻는 것과 같았죠.

어느 날 커뮤니스페이스에서 AARP 브랜드에 관한 몇 가지 추가질문을 던지고 있는데, 갑작스레 초대된 한 명이 '내가 정말 AARP에게 원하는 것은 기존 회원들과 교류하는 거예요. 그들은 우리를 도울 수 있는 경험을 이미 가지고 있잖아요. 그리고 나는 부모님이 아닌 다른 나이든 사람들과 이야기하고 싶어요.'라고 하더군요. 그러자 거기 있던 다수가 맞장구를 치며 '멋진 생각!'이라고 말했어요. 우리는 정말 놀랐습니다. 그들은 멘토와 연계할 수 있는 실질적인 방법을 원하고 있었던 거예요. 이는 'Been There'라고 부르는 사이트의 기능과 'been there, done that'이라는 페이지로 이어졌습니다. 이 아이디어는 AARP와 딱 어울리면서도 매우 독특한 것이었죠."

커뮤니스페이스와 같은 SNS는 고객과의 공동창조를 하기에 매우 훌륭한 가상 공간이다. 사실 고객과의 공동창조와 학습을 위한 론칭을 위한 SNS의 잠재력은 이제 겨우 눈을 뜨기 시작한 단계이다. 우리는 이제 이전까지 전혀 만나본 적 없던 고객들에 관해서도 학습할 수 있다!

실제 비즈니스 규모로 확장하기

학습을 위한 론칭을 할 때에는 의사결정을 할 수 있는 기준을 만들 필요가 있다. 핵심 가설들을 검증했다면 디자인 프로젝트를 계속 진행할지, 진행한다면 어떻게 진행할지 등에 관해 분명한 의사결정을 내릴 수 있어야 한다. 이때 진행하지 않겠다는 결정을 내린다 하더라도 '보류'로 남기고 완전히 '폐기'하지는 말자. 학습을 위한 론칭 단계까지 왔을 정도로 강력한 콘셉트라면, 이 단계에서 발견한 문제들은 일시적인 것일 확률이 높다. 시대는 변하고 기술과 고객의 준비 상태 등도 변하기는 매한가지다.

추가 개발을 위한 투자를 받아 계속 진행하겠다는 결정을 내렸다면, 학습을 위한 론칭에서는 어떤 기능을 향상해야 하는지, 어떤 고객에게 초점을 맞출 것인지 등 전형적인 신제품 개발 과정에서 이루어지는 다양한

화이자의 파블로프에 활용된
학습을 위한 론칭

더욱 광범위한 금연 서비스를 디자인해서 '니코레트' 브랜드를 다시 활성화하기 위한 화이자 건강사업부의 시도를 기억하는가(제 제2장 p.46 참조).

파블로프Pavlov라는 프로젝트 암호명으로 개발된 이 서비스는 학습을 위한 론칭 기간인 2006년 초에 노르웨이에서 실제 고객들과 처음 만났다. 당시 해외마케팅 수석 부사장인 로리 키엔 콧처Lauri Kien Kotcher을 비롯하여 화이자 경영진은 니코레트의 유통 시스템이 어떻게 돌아가는지, 흡연자들의 담배를 끊으려는 시도가 더 성공적이 될지 확인해보고 싶어 했다.

그들은 유통 전략에 관한 학습 목표도 가지고 있었다. 파블로프를 니코레트처럼 약국 진열대에서 판매하는 것은 어떨까? 아니면 흡연하는 직원의 건강보험 비용을 부담하는 고용주에게 판매하는 것이 더 성공적일까? 마지막으로 실험해볼 유통경로는 당시 화이자에게는 친숙하지 않던 온라인이었다. 화이자는 이 세 가지 유통경로를 모두 실험했고, 판매의 거의 대부분이 온라인에서 발생했음을 확인했다. 이는 아마도 그들이 학습을 위한 론칭을 통해 알게 된 가장 의미 있는 발견이었을 것이다.

측면을 파악해야 한다. 사실 학습을 위한 론칭의 산출물 중 하나는 해당 프로젝트를 전통적인 개발 프로세스로 인도하는 것이다. 이는 디자인씽킹이 자신의 임무를 다했다는 의미이기도 하다. 디자인씽킹 프로세스를 따른다면, 우리는 다음과 같이 프로젝트 리스크를 줄일 수 있다.

- 현재의 현실을 탐구하고 도전할 내용을 틀로 구성하기 (무엇이 보이는가)
- 성장을 위한 새로운 가능성을 생성하기 (무엇이 떠오르는가?)
- 가설을 검증하고 콘셉트를 정제하여 프로토타입을 제작하기 (무엇이 끌리는가)
- 우리가 실행할 수 있는 무언가를 형상화하는 데 고객을 끌어들이기 (무엇이 통하는가)

전자상거래 솔루션의 마지막 구간을 상용화하기 전, 브리보 시스템즈는 여전히 실제 개발 작업을 하지 못한 상태였다. 그러나 신제품 출시에 따른 리스크는 '브리보 100'의 학습을 위한 론칭 단계 이후에 급격히 달라졌다. 이에 관해 마크 스테인은 다음과 같이 말했다.

> "우리가 그 40일 동안 학습했던 것들을 생각하면, 저절로 감탄사가 나옵니다.. 회사에 엄청난 공헌을 했지요. 벤처 금융 투자를 2단계까지 받을 수 있었고, 제조사와의 협력 관계도 맺을 수 있었거든요. 우리가 개발한 소프트웨어와 팀, 고객과 파트너에 대해서도 많은 것을 알게 되었습니다."

브리보 시스템즈는 '알려지지 않은 불확실성을 다루는' 탐구 과정에서 '알고 있는 불확실성을 다루는' 문제 해결 과정으로 전환할 준비를 끝마쳤다. AARP의 다이앤 팀도 커뮤니스페이스의 고객 커뮤니티에서 1년 넘게 회원들과 상호 교류한 결과 비슷한 전환 과정을 마쳤다.

그러므로 '무엇이 통하는가' 단계에서의 성공이 어떤 형태를 취하는지에 관해서는 다음과 같이 말할 수 있겠다.

"기존 프로세스를 통해 해결책을 만들 수 있다는 확신을 얻을 때까지 리스크 목록에서 몰랐던 사항들을 줄여나가는 것!"

SECTION 6:
조직에서
디자인씽킹을 주도하는 방법

이제 이 책에서 배운 내용을 자신의 조직에 적용하는 방법을 살펴보면서 이 긴 여정의 대미를 장식하려 한다. 이를 위해 또 한 명의 디자인씽킹 전문가이자 관리자인 잭퀴 조던Jacqui Jordan을 소개한다. 남반구 출신인 그는 우리가 지금까지 만나봤던 다른 관리자들과 매우 비슷해보였다. 전통적인 비즈니스 접근법을 훈련해온 잭퀴가 디자인씽킹에 대해 알게 된 것은 호주에서 가장 큰 보험회사 중 하나인 썬코프 그룹Suncorp Group 기업금융본부의 전략기획팀을 10년가량 이끌고 나서부터였다. 그 전까지 그는 디자인씽킹에 관해 경험해본 적이 없었다.

"디자인 접근법은 실제 조직에서 바로 적용할 수 있어요. 그 개념을 일단 이해하면, 그대로 해보고 싶은 충동을 느끼게 되죠. 아마 지금까지 일하던 방식을 못 견디게 될 거예요. 또 디자인 접근법이 아주 많은 문제의 해결책처럼 보이게 되죠. 그러나 훌륭한 해결책을 얻으려면 그 과정에서 겪을 수많은 난관을 극복할 수 있을 만큼 용감해져야 해요. 제 경우 가장 큰 난관은 경력이었어요. 전 디자인스쿨에 다닌 적도 없고 아이데오나 구글 같은 회사에서 일한 적도 없거든요. 제 방식대로 디자인 접근법을 활용해서 업무를 잘 해낼 수 있다는 믿음을 가져야 했죠. 그러고 나니 보험회사 같은 가장 전통적인 조직에서도 디자인과 상상력의 힘을 활용하는 것이 가능했어요."

현재 잭퀴는 여러 사업 분야에 활용 가능한 디자인 접근법을 만들고 있다. 또한 다양한 업무에 가치를 추가로 부여할 수 있는 디자인 능력을 직접 보여주고 있다. 브로커 유통 채널에서 시장점유율을 높이고, 보험금 청구방식을 개선하고, 심지어 서로 완전히 다른 두 개의 기업문화를 통합하는 등이 그것이다.

2007년에 썬코프가 또 다른 호주의 보험회사 프로미나^{Promina}를 인수합병했을 때, 업무통합을 지원했던 그의 디자인 프로젝트는 큰 성과를 거두었고 전 조직의 관심을 끌었다. 잭퀴의 상사인 마크 밀리너^{Mark Milliner}는 이를 두고 다음과 같이 설명했다.

> "호주의 영리보험 시장은 해마다 8%씩 축소되고 있습니다. 그런데 우리는 합병 후 첫 해에 1%의 성장을, 두 번째 해에는 8%의 성장을 각각 거두었어요. 고객 만족도 점수에서는 9점을 받았죠. 6~7점에 그쳤던 이전 점수에 비하면 꽤 높아진 수치였습니다. 보험 수익도 아주 커졌고, 직원 참여율도 80%에 이를 정도로 높아졌지요. 그리고 열정적인 사람들을 얻었어요. 무엇보다도 직원들 사이에 신뢰감이 구축되었습니다."

물론 잭퀴는 이런 긍정적인 결말을 맺지 못했던 다른 디자인 접근법들도 목격해야 했다.

> "어떤 팀은 교과서에나 있을 법한 이론적 접근법으로 애쓰고 있더라고요. 디자인 접근법은 우리가 평상시 일하는 방법과 매우 달라서 이를 실무에 적용하려면 자신감뿐만 아니라 경영층의 확신도 필요해요. 그런데 그 팀은 처음부터 엄청난 효과를 원했고, 회사의 크고 중요한 문제들을 디자인 접근법을 통해 해결하려 했죠. 하지만 디자인 접근법을 A부터 Z까지 완벽하게 적용하려는 계획에 경영진의 승인을 얻기란 쉬운 일이 아

니예요. 결국 그들은 아무것도 얻지 못했어요."

잭퀴는 작게 시작하고 주목을 거의 받지 않는 것이 디자인씽킹을 전통적인 기업 환경에 도입하는 가장 좋은 방법이라고 했다.

"작은 규모로 시작하는 것이 전체를 한꺼번에 바꾸는 것보다 낫습니다. 각 프로젝트에 2~3가지 정도의 디자인 도구를 골라 실행해보세요. 더 쉽고 부담도 덜하다는 사실을 알게 됩니다. 지난 1~2년간 우리는 디자인 도구상자를 꾸준히 구축해왔지만 사람들은 여전히 그 도구들을 디자인씽킹 방법론이라고 공개적으로 말하지 않아요. 하지만 이 도구들이 저항을 피하고 업무 그 자체에 초점을 맞춰줄 거라 확신합니다. 디자인적 사고를 꼭 '디자인씽킹'이라고 명시할 필요는 없어요. 이는 사람들을 기겁하게 하고 신경을 곤두서게 할 뿐입니다. 우리의 최고 미덕 중 하나는 디자인 도구를 응용한다는 것을 최대한 쉬쉬하는 것이었어요. 그저 점진적으로 그 도구들을 기존의 전략 과정과 통합하고 실제로 효과 있는 것들을 접목하고 정제할 뿐이었지요."

경영성과에 집중하는 것 역시 필요하다고 그는 믿었다.

"상식에 관한 표현이 상식으로 이해되지 않는 경우도 있다는 걸 아세요? 이는 '성장'과 '디자인'이 연결되어야 하는 매우 명확한 이유예요. 그래서 저는 디자인씽킹 방법론을 구체적으로 사용하고, 실용적인 사례로 근거를 뒷받침하며, 디자인씽킹 방법론과 실제로 손에 잡히는 경영

성과 간의 관계를 보여줄 필요가 있다고 생각합니다. 이것이 대기업에
서 디자인씽킹이 고전하는 주요 원인 중 하나거든요. 고객과 직원에게
는 도움이 되지만 손익에는 도움이 되지 않는다고 여기는 것말입니다."

다른 방법, 다른 결과?

앞에서 우리는 디자인씽킹 전문가들과 디자인 프로젝트팀을 여럿 만나
보았고, 그들의 방식을 살펴보았다. 제1장(CHAPTER 01)에서 언급했던 것처
럼 디자인씽킹은 '분석적 사고'의 대체제가 아니다. 성장과 관련한 문제에
접근하는 분명히 다른 방식이다. 또한 지식을 습득하는 다른 방식이기도
하다. 그런데 정말 디자인씽킹은 더 나은 결과물을 생산할까?

썬코프의 잭퀴 조던은 철학적인 이유 이상으로 디자인씽킹을 신뢰하고
있었다. 그는 디자인씽킹을 작은 규모로 시작하여 기존 프로세스에 통합
했다. 조직이 신뢰할 만한 성과, 즉 성장세가 하락하는 시장에서의 수익 성
장, 치열한 경쟁이 벌어지는 중간 유통 채널에서의 시장점유율 급증 등의
성과를 만들어냄으로써 자신이 믿는 바를 관철해냈다.

앞장에서 만나봤던 디자인씽킹 전문가들의 결과는 어떻게 됐을까?

AARP의 다이앤 타이 팀은 멋진 아이디어가 엄청난 성과를 내는 상황을
충분히 만끽했다. 2009년 10월 27일 라이프튜너 웹사이트가 오픈되자 한
달이 채 되기도 전에 사이트 접속자 수가 일곱 달치 목표를 초과했다. 사이

트는 6주가 되기도 전에 구글에서 조사한 접속 품질 부문에서 5위를 차지
했다. 새로운 브랜드는 소셜 네트워크 영향력 측정에서 100점 만점에 97
점을 기록했다. 금융 전문가 그룹이 활동을 시작했고 첫 6개월 동안 접속
자 수가 또 다시 세 배로 늘어났다.

2010년 6월, 라이프튜너는 가장 권위 있는 국제 디자인 시상식인 아이
디이에이 시상식IDEA Awards에서 금메달을 획득했다. 전략 프로젝트가 해야
할 일을 아주 정확하게 해냈다는 평가도 받았다. 중요한 단서를 찾아 개발
하고, 이를 토대로 조직과 고객 모두에게 '가치'를 만들어냈다는 것이다.
거대한 조직의 생리를 알고 있는 사람들에게 이 이야기는 훨씬 더 강한 자
극을 주었다. 〈비즈니스위크Business Week〉 지는 다음과 같은 기사를 실었다.

> "라이프튜너는 큰 기업에서 놀라운 신상품을 내놓은 것 이상의 의미를
> 지닌다. 라이프튜너는 전통에 얽매여 조심스럽게 움직이는 오래된 그룹
> 도 혁신이 가능하다는 사실을 보여주었다"[1]

화이자 건강사업부 역시 성공적이었다. '금연을 위한 파블로프 프로젝
트'는 2007년에 액티브스탑ActiveStop이라는 제품을 출시했고, 이는 10여 개
국에서 절찬리에 판매되었다. 수많은 흡연자를 금연으로 인도하면서 니코
레트 시절의 성장과 명예를 회복했다. 화이자 건강사업부는 2008년 존슨
앤존슨Johnson&Johnson에 인수되었기 때문에 더 자세한 자료는 구할 수 없었
다. 다만 파블로프 팀이 만들어낸 경제적 가치 일부는 회사의 인수 가격으

로 미루어 짐작할 수 있다.*

카이저 퍼머넌테의 크리스티 주버는 2003년부터 디자인씽킹을 시작했다. 카이저 혁신컨설팅 팀에서 그와 동료는 투약 프로세스나 간호사 교대 체계 개선, 응급진료 과정설계 등의 과제에 디자인씽킹을 적용해왔다. 7년 동안 그들은 사용자 중심의 디자인과 신속한 프로토타입 제작, 그리고 실패에 대한 신속한 대응 등에서 일련의 성공을 거두었고 이를 통해 자신감과 추진력을 얻었다.

크로우 워스의 고위급 임원인 데이브 제럿은 회사의 재무적 현실을 숫자로 표현하는 공공회계 분야에서 일한다. 그러나 그 또한 회사가 '비용을 절감했다'라고 인정할 수 있을 만큼 디자인 접근법을 활용한 증거가 충분하다. 고객들이 원치 않는 복잡하고 정교한 프로토타입 제작을 더는 하지 않았기 때문이다.

한편 브리보 시스템즈의 스마트우편함 '오스카'는 우여곡절이 많았다. 학습을 위한 론칭 단계를 성공리에 마친 뒤, 브리보 시스템즈는 메이택 Maytag(미국의 가전제품 제조회사)과 제조 파트너십을 체결했으나, 이 회사가 대대적인 구조조정을 단행하면서 이 신규 사업을 맡아 일할 사람이 남아 있지 않게 되었다. 전국 유통망을 보유한 이름 있는 제조사와의 협업이 불가능해지자 도박과 다름없어진 브리보 시스템즈의 비즈니스 모델은 그대로 묻힐 수밖에 없었다.

이때 회계 컨설턴트인 마크 스테인과 CTO(최고기술책임자)였던 스티브 반 틸Steve Van Till이 선반에 잔뜩 쌓인 오스카의 프로토타입과 예비 오스카

---

* 실제로 인수 발표가 난 건 2006년 12월이었고, 2008년까지 단계적으로 합병 작업이 진행된 듯 하다. 당시 인수 가격은 무려 166억 달러, 2016년 5월 17일 환율 기준 약 19.4조 원이다.

'뇌'의 재고를 해결할 대안 시장을 발견했다. 바로 상업용 건물의 보안관리 시장이다. 브리보 시스템즈의 소프트웨어는 인터넷을 이용해 빌딩의 문을 여닫기에 완벽했고, 프로그램의 적용 대상을 스마트우편함에서 빌딩으로 바꾸면 대형 제조업체의 필요성이 사실상 제거된다.

10년 후, 브리보 출입통제시스템Brivo Access Control System은 상업용 건물의 직원 출입 관리 솔루션 부문에서 시장의 선도기업 위치에 올라섰다. 그리고 최근에서야 스마트우편함 '오스카'의 기억은 되살아났다. 브리보의 대표이사인 스티브는 이렇게 말했다.

> "재미있는 일이죠. 현재 우리 시스템은 '어둠 속의 배달Dark Delivery'*이라 불리는 무인배달 방식으로 주요 소매업체들이 사용하고 있어요. 이는 오스카 생산의 최종 진화 단계인 셈이에요. 다만 큰 건물을 우편함 상자로, 우편함의 문 대신 하역장을 사용하는 구조로 변화했습니다."

2000년 12월, 학습을 위한 런칭에 성공했다고 여겨지던 프로젝트였음에도 오스카는 결국 상용화에 실패했다. 하지만 그것이 정말 실패였을까? 우리는 절대로 그렇지 않다고 생각한다. 유일하게 실패했다고 평가할 만한 디자인 프로젝트는 중요한 가설들을 검증하지 않은 프로젝트뿐이다.

관리자가 가설을 검증하는 단계까지 이르지 못하는 가장 흔한 이유는 실험을 진행할 기회를 얻지 못했기 때문이다. 그리고 그렇게 되는 원인을 보면 주로 조직 외부보다 내부 상황과 관련이 있다. 즉 조직이 직면하는 성장

---

* Dark Delivery라 이름 붙인 이유는 사람이 배달할 필요가 없으므로 밤중에도 배달이 가능하기 때문이다.

과 혁신의 가장 큰 장벽은 경쟁자, 고객, 시장상황이 아니라 시도할 기회를 얻기도 전에 거부권을 행사하는 조직 내의 고정적 불확신론자에 의한 것일 때가 훨씬 많다는 의미이다.

디자인씽킹을 도입하는 것은 쉬운 일이 아니다. 다시 제1장(CHAPTER 01)으로 돌아가 전통적인 MBA식 접근법과 디자이너의 접근법 간의 가설과 사고방식, 가치와 실행법 등을 비교한 표를 살펴보자.(p.28 참조) 새로운 접근법의 필요성이 널리 대두된다 하더라도, 반드시 그 접근법의 도입과 전파의 과정이 순탄하게 이루어진다는 보장은 없다. 잭퀴의 말을 들어보자.

"지금은 경영환경이 훨씬 더 복잡해지고 빠르게 진화하고 있어요. 그렇기 때문에 전통적인 선형적 문제 해결 방법론은 속도가 너무 느리거나 제대로 사용할 수 없지요. 이건 그리 놀랄 일이 아닙니다. 하지만 불편하고 복잡한 문제일수록 그에 대한 해결책을 도출하는 것 역시 수월하지 않습니다. 그런데 사람들은 그걸 깨닫지 못하고 있어요. 심지어 어떤 해결방안에 대해 깊이 고민하는 과정 자체가 그 아이디어에 대한 자신의 믿음을 강화하는 것일 때도 있더군요. 지금까지 관리자들은 대개가 원인을 알아내는 방식으로 해결책을 찾았습니다. 그래서 그렇게 빠르게 대답을 찾은 겁니다. 하지만 디자인 접근법은 해답을 알고 있는 척하지 않기 때문에, 그리고 관심의 대부분을 해결책보다는 문제 자체에 두고 있기 때문에 사람들을 불안하게 만드는 거지요."

첫 번째 디자인씽킹 프로젝트를 성공으로 이끄는 법

지금까지 이 책에서 만난 디자인씽킹 전문가들도 분명히 첫 번째 도전이 있었을 것이다. 즉 디자인씽킹이 지닌 힘에 자신감을 얻어서 자신이 속한 조직에 적용하려고 용기를 내었을 때가 분명 있었을 것이다. 이 책에서는 대부분 그들이 따라갔던 과정에 초점을 맞추었지만, 디자인씽킹 프로세스를 진행하는 것이 그들에게, 특히 이미 잘 안정된 큰 조직의 사람들에게 항상 쉬운 일만은 아니었다는 사실을 이제는 털어놓아도 좋을 듯하다. 다행스러운 점은 우리가 만난 디자인씽킹 전문가들이 디자인씽킹으로 개발한 상품이나 서비스를 성공적으로 런칭하는 데 필요한 실용적인 조언을 아주 많이 해주었다는 것이다.

1. **올바른 도전 과제를 고른다.** 디자인씽킹이 필요한가, 아닌가? 간절히 바란 끝에 처음으로 휘파람 부는 법을 배웠을 때를 기억해보자. 하지만 휘파람을 마음껏 불면 주변 사람들이 짜증을 내기 시작한다. 디자인씽킹 또한 그런 식이다. 어디에서든 그 활용법을 찾을 수 있지만, 그것이 주간업무회의를 진행하기 위한 최적의 도구라는 보장은 없다. 디자인씽킹은 다른 모든 형태의 문제 해결 방법을 구식으로 만들어버리는 패러다임의 변화가 아니다. 그저 특정 종류의 문제에 최적화된, 문제 해결을 위한 또 다른 접근법이다. 디자인씽킹에 적합한 과제는 다음과 같은 특징을 지닌다.

  • (알려진 확실성을 이용하기보다) 알려지지 않은 가능성을 탐구하는 것인가?

- 아직 존재하지 않는 가치와 차별화 요소를 창조하는 것인가?
- 익숙하지 않은 맥락에서 새로운 성장 기회를 포착하는 것인가?
- 다른 방법으로 풀리지 않았던 복잡한 문제를 해결하는 것인가?

올바른 도전 과제를 고를 때 유의해야 할 또 한 가지 사항은 누가 이에 관해 신경을 쓰는지 주의 깊게 살펴야 한다는 것이다. 특히 상사가 무언가를 조목조목 따진다면 더욱 그렇다. 이에 대한 잭퀴 조단의 말을 들어보자.

> "대형 디자인 프로젝트를 시작하려면 경영진의 강력한 후원이 필요해요. 제 경우에도 프로젝트 진행을 스톱시킨 유일한 걸림돌이 상사의 승인이었던 적이 두어 번 있었죠. 그것이 얼마나 중요한지는 도저히 말로 설명할 수가 없어요."

이미 안정기에 접어든 큰 회사에서 성공적으로 성장을 이끈 리더들에 관한 우리의 연구 결과는 잭퀴의 생각을 뒷받침한다.[2] 조직의 체계와 프로세스가 그들의 디자인 프로젝트를 어느 정도까지 지원해주는지에 관해 질문했는데, 놀랍게도 응답자 중 50%가 그들의 조직이 실제로 사업을 성장하게 할 디자인 프로젝트를 억제한다고 밝혔다. 하지만 80% 이상이 경영진의 후원을 받은 적이 있다고도 했다. 이는 자신이 속한 조직의 체계와 프로세스를 교묘히 피해 프로젝트를 성공시킬 수는 있지만, 자신의 상사는 결코 피해갈 수 없다는 점을 시사한다!
경영진의 관심과 후원을 이끌어내는 것은 긍정적인 측면이 많다. 고위 관리자들에게 기대할 만한 사항은 다음과 같다.

- 자원 : 시간, 사람, 예산
- 조직의 장벽으로부터 보호해줄 방어망
- 영향력 있는 동료와의 연계
- 외부 자원에의 접근
- 고객 및 파트너에의 접근 권한 부여
- 프로젝트에 방향 전환이 필요할 때 역동적인 의사결정 지원
- 목적의식 : 해당 프로젝트가 매우 중요하다는 의미

한 가지 분명한 사실은 디자인씽킹을 좋아하는 상사를 만날 때까지 버티자고 한다면, 아주 오랫동안 기다려야 할 수도 있다는 점이다. 물론 프로젝트를 시작하려면 지금 시도하려는 것이 무엇인지 알아주고 디자인 접근법의 논리를 이해하는 열린 마음을 가진 상사가 필요하다. 그러나 사용할 도구와 실행법까지 모두 이해하는 사람일 필요까지는 없다. 그런 사람이 어디에 있는지 알 도리가 없지 않은가.

마케팅을 전공한 사람만이 디자인씽킹을 이해하리라는 것도 고정관념에 가깝다. 썬코프에서는 회계부서가 가장 열정적인 디자인씽킹 전문가들임이 드러났다(이들은 처음에는 디자인 접근방식이 가능하지 않다고 한참 반대했다). 크리스티 주버는 의료진에게서, 데이브 제럿은 그의 직원들과 세무 전문가들에게서 디자인씽킹을 이해하는 사람들을 찾았다.

마지막으로, 어느 정도 긴급함이 수반된 문제를 고르는 것이 중요하다. 그런 다음 그 문제의 해결에 실제로 관심있는 사람들이 납득할 만한 목

표(비용감축, 수익증대, 고객만족도 향상)를 문자와 측정치로 구성한다.

만약 현재 직면한 도전 과제가 충분히 가치 있고 디자인 접근법에 적합하다면, 그리고 경영진의 후원까지 마련되어 있다면, 준비가 다 된 것이다. 다음 단계는 어느 범위까지 디자인 접근법을 적용시킬지를 정하는 것이다. 범위가 얼마나 큰지, 이를 해결하기 위해 어떤 자원이 필요한지 등과 같은 의문을 해결하는 단계다.

2. **작게 생각한다.** 초기부터 디자인씽킹을 극대화하고 싶은 충동을 자제하자. 이 조언은 디자인씽킹에 성공했던 거의 모든 관리자가 되풀이해서 들려줬던 사안이다. 잭퀴가 말한 것처럼 관리자들이 '유기적 성장'을 추구하는 동안 스스로 빠져드는 문제들은 '크게 생각하라'는 잘못된 조언에서 기인할 때가 많다. 화려한 성공의 이면에는 아주 많은 고통스러운 실패가 존재한다. 그러므로 자신이 찾아낸 성장의 기회가 조직에서 충분히 확장 가능한지 반드시 확인할 필요가 있다. 추정치 검증 과정을 통해 한두 개, 어쩌면 그 이상의 시도를 해보고 가능한 한 최대로 불확실성을 제거해야 하는 것이다. 이에 대해 카이저의 크리스티 주버는 이렇게 조언했다.

"만약 조직 내의 모든 사람이 지켜보고 있고, 자신이 가진 모든 것을 걸어야 하는 매우 규모가 크고 까다로운 프로젝트라면, 이는 시작하기에 썩 좋은 상황이 아닙니다. 자신이 스스로 성공을 이끌 수 없는, 사방에서 압박을 받는 압력밥솥과 같은 상황에 처하게 되니까요. 이는 자전거 타는 법을 배울 때와 똑같습니다. 처음 자전거에 올라탔는데 산꼭대기에서 아래쪽으로 내려오는 산악자전거부터 시작하지는 않죠. 연습용 자전거로 한적하고 안전한 도로에서 시작하지 않나요? 작게 시작하고 새로운 기술 조합을 이용해 자신만의 방식을 학습할 필요가 있습니다. 왜냐하면 디자인씽킹은 또 다른 사고방식이기 때문이죠. 우리가 하려는 일에 처음부터 전 세계의 식량 문제를 해결하는 수준의 기대를 가지면 곤란합니다. 다만 조직에 유의미한 해결책을 만들어내기 위해 노력한다는 사실은 모두가 알고 있어야 해요. 우리가 그 과정을 따라 학습하는 동안 서로에게 인내심을 가져야만 한다는 사실도요. 그러니 쉽게 가야 합니다! 연습용 자전거로 이제 막 시작했다는 점을 깨달아야 해요. 그렇게 해도 괜찮습니다. 그게 우리가 무언가를 배우는 방식이에요."

먼저, 몇몇 작은 과제를 도전하고 해결해보면서 디자인씽킹의 근육을 키우자. 예를 들면 신입직원의 오리엔테이션 프로세스를 수정하거나 주간 단위 고객분석 리포트를 새로 도입하는 등의 간단한 과제들 말이다. 이런 것들은 상사의 승인이나 전체를 대상으로 하는 발표, 주무 실행팀, 많은 비용 등이 필요한 일이 아니며, 당장 해치워버릴 수 있는 규모이기도 하다. 리스크 관리 프로세스를 동원할 필요도 없다. 이런 프로젝트는 이미 여러 차례 해보았겠지만, 이 책에서 배운 도구들을 사용해 한두 가지쯤 더 시도해보자.

3. **팀원을 주의해서 선발하고 관리하기** 여러 분야의 전문가로 팀을 구성하는 것이 많은 장점을 지닌다는 사실은 지난 20년간 관리자들에게 주입되어온 사실이다. 하지만 우리는 여전히 '다양함'과 '정치적으로 폭넓음'

을 혼동하고 있다. 디자인 프로젝트에서 추구해야 할 사항이 다양성인 것은 맞다. 팀이 가진 디자인 잠재력은 모든 팀원의 경험을 기반으로 그 경계선이 그어진다. 이를 '집단지성'이라고 할 수 있다. 사실 팀원 모두의 지식과 경험이 비슷하다면 같이 일할 것이 많지 않다. 프로젝트를 하다 보면 서로 다른 기술과 강점, 경험 등이 필요한데, 이때 다양한 부서가 관여하는 것은 중요하지만 필요충분 조건은 아니다. 가설을 생성하는 사람과 가설을 검증하는 사람이 필요한 것이다. 어떤 관리자는 이를 두고 '선발투수'와 '마무리투수'가 필요하다고 비유했다. 최고의 능력을 보이는 팀은 다음과 같은 특성을 지닌다.

• 결과의 불확실성에도 불구하고 과정을 진행하는 동안 자신감을 유지하는 강한 의지와 열정을 보유한 리더

작전 회의실 War Room

작업물을 전시해둔 물리적 공간을 마음속에 그려보자. 탐구조사 기간 동안 모아둔 사진과 각종 맵, 페르소나와 설명서, 심지어 칠리 요리법까지 모든 자료를 벽에 건 물리적 공간 말이다. 이는 디자인 프로젝트팀이 찾아낸 단서들과 그에 관한 피드백을 공유하기 위해 모이는 공간이 된다. 또한 팀에게 응집력과 정체성을 부여하고, 부서 간 협업을 가능하게 하며, 진행상황을 능률적으로 보고할 수 있는 공간이기도 하다.

'작전회의실'이라 부르는 이곳은 디자인 프로젝트 과정에서 추진력을 유지하는 최선의 방법이 된다. 마이크로소프트의 엑스박스 X-Box 개발팀은 이 작전회의실을 별로 바라지 않던 곳에 구축했다. 컨설턴트들의 방문을 위해 따로 만들어놓았던 곳이었는데, 엑스박스의 개발팀장이었던 존 헤이즈 Jon Hayes 는 이 작전회의실을 프로젝트의 '화석 보관소'라고 불렀다. 임원들이 "어떻게 되어 가는가?"라고 물을 때마다 존은 "작전회의실에 있는 모든 물품을 파워포인트에 담을 수 없으니, 직접 와서 보십시오."라고 대답했다. 그들은 말 그대로 벽 네 면에 의사결정 사항을 추적할 수 있게 전시해두었고, 무슨 일을 진행했는지 기억할 수 있게 했다. 그 안에 걸어 들어갈 때마다 회의실은 프로젝트의 이야기를 생생히 들려주는 듯했다.

'주간 회의' 예시

여기서 말하는 '주간 회의'는 순전히 프로젝트의 진행사항을 체크하기 위한 기능적 회의를 말한다. 따라서 매주 같은 시간에 열리는 것이 좋으며, 다음과 같이 단순하고 반복 가능한 형식을 취해야 준비하기에도 용이하다.

1. 출석 확인
a. 누군가 빠졌다면 이 회의 결과는 누가 전달해줄 것인가?

2. 현재 진행상황 간략 보고 (보통은 간트 차트
GANTT Chart나 달력을 이용한다.)*

3. 다음 주에 해야 할 핵심 활동
a. 주요 진행 경로상에 있는 항목
b. 필요한 의사결정 사항

4. 프로젝트 완수까지 남은 핵심 활동
a. 위험성이 가장 큰 항목
b. 조언사항 · 해당 항목 관리에 성공하기 위한 핵심 요소

5. 이 회의에서 도출한 활동 항목
a. 의사결정/변경이 필요한 계획
b. 활동 항목
c. 만나서 해결해야 할 이슈들

---

* 간트 차트는 일정관리를 위한 도구 중 하나로, 흔히 엑셀에서 업무별로 셀을 나눠서 언제부터 언제까지 진행되는지를 막대 바로 칠해두는 식의 일정표를 말한다. 위아래 열에는 업무를 적고, 좌우 행에는 일, 주 등의 날짜를 적는다. 이 차트를 처음 고안한 사람의 이름이 간트Gantt이다.

• 다음을 포함하는 기술의 다양성: 관찰과 경청/ 구조화와 전략 구성/ 분석력/ 시각화와 스토리텔링/ 조직화와 관리/ 강하지 않은 자존심(지배적 성향의 팀원이 끼어 있으면 집단지성은 기대하기 힘들다)/ 공동장소와 협업이 가능한 물리적 공간/ 목표의 공유

복잡한 프로젝트를 할 때에는 핵심적인 부분에 기여할 기능적 전문가들이 필요할 수 있다. 하지만 이들이 팀에 지속적으로 필요한 것이 아니라면, 프로젝트를 시작할 때부터 팀에 두는 것은 프로젝트의 속도와 효율성을 저해하는 요소가 된다. 즉 팀을 만드는 것은 엄청난 자산임과 동시에 엄청난 책임이라는 뜻이다.

디자이너들은 프로젝트를 관리할 때 매우 높은 수준의 원칙을 세운다. 프로젝트에 집중하는 그들의 모습을 보면 예술가로서의 이미지

는 전혀 느껴지지 않는다. 팀 구성원이 지닌 다양한 기술에서 효과를 얻으려면 원활한 의사소통으로 갈등을 조정하고, 개인 업무와 협업 업무를 구분하여 잘 지휘할 필요가 있다. 우리는 프로젝트 관리 보조도구에 더해서 성공적인 협업을 위해 다음 세 가지 커뮤니케이션 항목을 추천한다. 간혹 이것들을 '3W'라고 묶어서 부르기도 한다.

- **협업할 장소**watering hole: 만나서 협업할 수 있게 공유된 물리적 공간. 커피와 과자가 준비되어 있으면 더 좋다. 그 공간이 전용 회의실이나 프로젝트 진행이 가능한 형태를 띠고 있다면 최고의 조건이다.
- **업무 진행사항을 알 수 있는 벽 또는 보드판**work-in-process wall: 업무 전체를 게시할 수 있을 만큼 충분히 큰 벽의 일부. 포스트잇과 기록한 메모들이 차곡차곡 쌓여서 진행된 대화를 언제든 열람할 수 있고, 이를 기반으로 자유로운 의견이 계속해서 오고갈 수 있도록 해야 한다.
- **주간 회의**weekly check-in: 회의 장소에 올 수 없는 구성원도 전화나 화상 회의 등을 통해 참여할 수 있는 60분짜리 주간 회의. 이는 강조해야 할 부분을 표면화하고 협업을 구성하는 시간이다. 이때 필요한 준비물은 보여주기 위한 것이 아니라 기능적이어야 한다. 하지만 순서는 항상 동일하게 진행하는 것이 바람직하다. 그래야 준비가 쉽고 자신의 역할에 금방 익숙해진다.

프로젝트가 '무엇이 보이는가'에서 '무엇이 떠오르는가'로, '무엇이 끌리는가'와 '무엇이 통하는가'로 이동할수록 팀원에게 요구되는 사항은 더욱 많아진다. 그럴 때 3W는 질서와 연속성을 제공해 단계를 전환할 때 안정시키는 효과를 줄 수 있다.

외부와의 의사소통은 내부보다는 빈번하지 않겠지만 이 또한 마찬가지로 중요하다. 대부분의 프로젝트에는 디자인씽킹 프로세스상의 네 가지 질문, 즉 '무엇이 보이는가', '무엇이 떠오르는가', '무엇이 끌리는가',

속도감 있는 혁신을 위한 10가지 팁

디자인씽킹으로 성장한 리더들을 조사하는 동안 한 가지 궁금증이 일었다. 그들 중 어느 누구도 프로젝트에서 '속도'를 핵심 요소로 언급하지 않았다는 것이다. 모든 일을 빠른 속도로 처리하는 듯 보였던 사람들마저도 그랬다. 하지만 실제 현장에서의 업무 속도는 성장을 추구하는 리더들과 직접적인 관련이 있는 듯하다. 이를 확인하기 위해 맥도날드와 카이저 퍼머넌테 등 12개 회사를 조사했다. 이들 회사는 저마다 프로세스의 속도를 높이는 '컨닝페이퍼'를 보유하고 있었고, 어떤 팀이든지 이를 공유 받을 수 있었다. 그 일부를 소개한다.

1. 불붙은 갑판burning platform*을 출발점으로 선택하자.
2. 열정을 자극하는 인간 중심의 이야기를 하자.
3. 속도에 신경 쓰자. '언제까지'라는 단어를 모든 대화의 일부로 하자.
4. 대담한 목표 수립에 동의하자.
5. 빠른 의사결정 구조에 동의하자. (누가 언제까지 결정하고 어떤 기준을 사용할 것인가?)
6. 공개적으로 기한을 설정하자. (너무 공개적일 필요는 없다!)
7. 토의하지 말자. 실험하자. (하면서 배우자.)
8. '그 정도면 충분하다'고 할 때까지 아이디어를 공유하자. (바보처럼 보일 용기를 갖자.)
9. 동료가 자신의 아이디어를 평가하도록 하자.
10. 실패에 대한 사실을 그대로 말하자. (그리고 거기서 배운 점도.)

---

* '불붙은 갑판'은 조직이 기반부터 송두리째 흔들리는 위기상황을 비유적으로 표현한 것으로 무조건 그 불을 끄려 하거나 그 위에서 우물쭈물 하지 말고 과감히 (혁신의) 바다로 뛰어들어야 살아남을 수 있다는 의미다.

'무엇이 통하는가'에 맞는 확인 과정이 있어야 한다. 이때 프로젝트 관리 보조도구를 활용하면 편리하다(부록에 있는 설명과 양식을 주의 깊게 검토해보라.)

세간의 이목을 끌 만한 프로젝트는 대체로 외부로부터 들어오는 각종 의견과 조언에 휘말리기 십상이다. 만약 프로젝트 스폰서(후원해줄 경영진)가 긍정적이고 열정적이라면, 이런 것들을 프로젝트를 수행하는 팀으로부터 '요약 정보' 형태로 받아보길 원할 것이다. 반대로 스폰서가 겁 많고 소심한 중년 아저씨에 가깝다면, 프로젝트팀은 "시장은 얼마나 큰가?", "예산 범위 이내에서 진행할 수 있는 것이 확실한가?", "오늘은 뭐라도 보고할 만한 사항 없는가?"와 같은 질문에 답하기 위해 수시로 불려갈 수도 있다.

이때 프로젝트가 투명하게 진행되어 왔다면, 어떤 유형의 스폰서든 문제될 것이 없다. 설령 그 스폰서가 주간 회의 때마다 참석하고 싶어 하는 적극적이고 세심한 유형이라도 말이다. 그들이 참석한다 해도 평소 하던 회의의 형식은 그대로 유지하자. 회의를 (겉으로 화려해 보이는) 발표회로 바꾸려는 유혹에 넘어가지 말자.

4. **추진력을 관리하기.** 디자인 프로젝트에서 '추진력'은 별로 인정받지 못하는 자원이다. 프로젝트가 계속 진행되고 있고 사람들이 생산적이라고 느끼는 한, 긍정적이고 신나는 분위기는 계속 유지된다. 그러므로 제일 좋은 추진력 구축의 재료는 속도감이라 할 것이다. 팀원들이 빠른 진행에 대해 불평할 수는 있지만, 그런 류의 불평은 굼벵이가 기어가듯 일이 천천히 돌아갈 때 들리는 아우성에 비하면 재잘거리는 정도에 불과하다.

일이 느릿느릿 진행되는 세 가지 이유를 꼽자면, 첫째가 느린 의사결정이고, 둘째도 느린 의사결정, 마지막 역시 느린 의사결정이다.

속도감은 스스로 발생되지 않는다. 추진위원회를 조직한다고 해서 생기는 것도 아니다. 회의 또한 마찬가지다. 아무리 좋은 회의였다고 해도 추진력이 절로 생기는 건 아니다. 추진력은 프로젝트 구성원들이 가치 창조를 위한 새로운 아이디어에 몰입할 때, 또는 노력의 결실을 향하여 함께 독려하며 일할 때 생긴다. 추진력은 감정적으로 들뜬 상태의 에너지를 연료로 하기 때문에 그리 오래 지속되지는 않는다. 심지어 팀원들이 자신의 업무로 돌아가는 순간 소멸되기도 한다. 성장의 리더라면 이 에너지를 보충할 수 있어야 한다. 아무리 최고의 브레인스토밍 시간에 생긴 신나는 분위기라 해도 이후 한 달 동안 침묵한다면 추진력은 절대 살아남지 못한다.

속도감은 사람들을 두근거리게 한다. 그 이유를 정확히 설명할 수는 없지만, 디자인 프로젝트를 성공적으로 이끌었던 팀들의 자료가 이를 뒷받침한다. 2008년 혁신 전략 컨설팅 업체인 피어 인사이트^{Peer Insight}는 세계 500대 기업 중 26곳에서 진행했던 42개의 위험성 높은 혁신 프로젝트의 산출물을 대상으로 연구를 진행한 바 있다. (생산라인 확장에 관한 것들은 제외했다. 생산 규모 또는 속도의 양적 증대 또는 감소는 대체로 혁신과 무관하기 때문이다.) 이 연구 결과에 따르면, 프로젝트의 실행 속도와 시장에서의 결과물 간에 놀라우리만치 높은 상관관계가 있음이 밝혀졌다. 시장에서 (회사가 자체적으로 설정했던 목표 대비) '매우 우수한' 결과를 달성했던 프로젝트는 개발에 평균 11.8개월이 소요됐다. '좋은' 결과를 달성했던 프로젝트는 16.6개월이 소요되었다. '그저 그런, 별로인, 실패한' 등으로 판단되는 디자인 프로젝트는 20.8개월이 걸렸다.

여기서 말하는 속도는 단순히 시장에 투입하기까지 걸린 전체 시간만을 의미하지 않는다. 예를 들어 고객의 문제를 완벽히 이해하기도 전에 잘 못 구상한 해결책을 들고 시장 환경 속으로 뛰어드는 것은 디자인씽킹 이 의도하는 바가 아니다. 반면 학습의 속도나 추정치의 생성, 검증을 포 함한 진보적인 단계를 반복하는 순환주기의 단축 등은 이에 해당된다. 디자인씽킹이 이루어지는 과정에는 '빠름'과 '느림' 사이에 흥미로운 긴 장감이 감돌기도 한다. 디자이너들은 문제가 생기면, 이를 연구하는 시 간을 충분히 갖는다. 그래서 그들의 해결책은 '무엇이 보이는가' 단계의 몰입에서 자연스레 떠오르는 경향이 보인다. 반면 관리자는 이와 정반 대이다. 이들에게 시작부터 심사숙고하는 데 시간을 보내는 것은 내키 지 않는 일이다. 그들은 바로 해결책을 도출하려고 서두른다. 하지만 이 렇게 만든 해결책이 진정한 혁신과 성장을 창출하는 사례는 극히 드물 다. 답변을 빨리 찾기 위한 조급함은 대개 가치 창출의 기회를 파악하지 못하고 부적절한 결론에 이르기 때문이다. 이런 방식은 결코 효율적이 라 할 수 없다. 그렇지 않은가?

고위 경영자들이 착각하는 것 중에 하나가 '리스크 관리'에서 추진력이 생기는 줄 알고 행동한다는 것이다. 가령 "검토 회의를 마쳤으니 이제 결과에 대한 책임은 그들에게 물어야겠군!"과 같은 것이다. 그러나 이런 과정은 디자인 프로젝트를 수행하는 팀에게는 별 의미가 없다. 파워포인 트 보고서 뭉치를 만드는 데는 도움이 될지 모르겠지만 대체로 투명성이 보장되지 않고 확실한 투자 관련 결정도 없으니 말이다.

공식적으로 프로젝트를 검토할 때, 팀 내부의 초점은 '고객의 시선'에 맞취야 한다. 고객의 시선은 가장 확실한 추진력의 원천이기도 하다. AARP 의 라이프튜너 팀은 내부에서 프로젝트를 검토한 대부분의 시간은 기억하지 못했지만, 고객과의 공동창조 시간이나 콘셉트를 최초로 검증했을 때의 고객반응을 절대 잊어버리지 않았다. 디자인 프로젝트를 진행하는 팀에게 콘셉트를 세상에 내놓는 작업은 아무리 작은 것이더라도 아드레날린이 분비되는 신나는 일이다. "참여한 고객들이 콘셉트에 대해 어떤 반응을 보였는가?"와 같이 적절한 질문에 중점을 두는 한, 프로젝트 관리팀의 검토회의는 분명 의미가 있다. 이것은 진심으로 믿어도 된다. 내부 검토시간을 원하는 시기에 적절히 배치하자. 실제 프로젝트 추진력은 고객들이 새로운 콘셉트와 상호작용하는 곳에 이정표처럼 서 있다. 프로젝트팀은 이를 적절히 관찰하면 된다.

5. **극심한 공포의 순간을 대비하기.** 디자인씽킹에 대해 이야기를 나누다 보면, 종종 장밋빛 미래 혹은 극심한 공포로 흐를 수 있다. 경험 많은 디자인 전문가는 이럴 때가 그 대화에서 신속히 벗어나야 할 때라는 것을 안다. 잭퀴의 말을 들어보자.

> "디자인씽킹을 실행하려고 하는 사람과 이야기를 나눌 때 대화의 소재가 지금까지 성취한 것들에 관한 자랑이거나 실패에 대한 부담감이어서는 안 됩니다. 오히려 상대에게 확신과 격려를 주는 말이어야 하지요."

사실 디자인 접근법으로 프로젝트를 하다 보면, 심한 부담감에 용기가 얼마나 남아있는지 테스트하는 것처럼 느껴질 때가 있다. 그래서 우리는

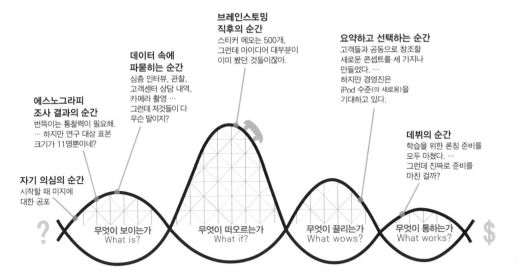

에스노그라피
조사 결과의 순간
번뜩이는 통찰력이 필요해.
… 하지만 연구 대상 표본
크기가 11명뿐이네?

**데이터 속에
파묻히는 순간**
심층 인터뷰, 관찰,
고객센터 상담 내역,
카메라 촬영 …
그런데 저것들이 다
무슨 말이지?

**브레인스토밍
직후의 순간**
스티커 메모는 500개,
그런데 아이디어 대부분이
이미 봤던 것들이잖아.

요약하고 선택하는 순간
고객들과 공동으로 창조할
새로운 콘셉트를 세 가지나
만들었다. …
하지만 경영진은
iPod 수준(의 새로움)을
기대하고 있다.

데뷔의 순간
학습을 위한 론칭 준비를
모두 마쳤다. …
그런데 진짜로 준비를
마친 걸까?

자기 의심의 순간
시작할 때 미지에
대한 공포

무엇이 보이는가
What is?

무엇이 떠오르는가
What if?

무엇이 끌리는가
What wows?

무엇이 통하는가
What works?

존경 받는 디자인씽킹 전문가 그룹에게 극심한 공포를 느낀 순간이 언제
인지 말해달라고 부탁했다. 다음은 그중 가장 많이 언급되었던 상위 6개
사례이다. 디자인씽킹 프로세스상의 시간 순으로 소개한다.

자기 의심의 순간: 다음과 같은 의문이 불현듯 들 때가 있다. "내가 '무
엇'을 약속한 거지? '언제'까지? '무슨 자원'을 이용해서 진행해야 하느
냐고?" 프로젝트를 시작하거나 재개한 직후, 승리의 감격을 즐길 것을
기대했지만, 실제로는 미지에 대한 공포를 겪는다.

- 해야 할 일: 호흡을 가다듬자. 롤러코스터가 아래로 가파르게 내려가
  기 전에 잠시 멈추는 것처럼 말이다. 이는 한일 월드컵 8강전에서 홍
  명보 선수가 결승 페널티킥을 차 넣기 직전에 가졌던 느낌과 같다.* 몇

---

* 원문의 미식축구 이야기를 비슷한 사례로 교체했다. 원래대로라면 "이는 마치 조 몬태나가 슈퍼볼

분 사이에 경기장에 들어서서 계획을 실행하고 숨이 막힐 정도의 속도로 학습하고 마음껏 즐기게 될 것이다.

에스노그라피 조사 결과의 순간: 고객에 관한 저니맵과 에스노그라피 조사 결과를 검토하는 동안 실행팀은 고객의 숨어 있는 니즈가 머릿속에 생생히 보일 것이다. 반면 프로젝트 스폰서인 경영진은 한참 뒤 그 조사가 11명의 고객을 표본으로 했고, 고객 각자가 전혀 비슷해 보이지 않는다는 사실을 알게 된다. 경영진은 다음과 같이 질문한다. "자네는 우리가 이것만 가지고 의사결정을 내릴 수 있다고 생각하나?"

• 해야 할 일: 경영진을 이해하자. 경영진에게는 디자인 프로젝트에서 이루어진 에스노그라피 조사 결과를 파악할 시간이 45분 정도밖에 주어지지 않았다. 실행팀이 최소 45시간, 심지어 45일 이상 보내는 동안 말이다. 그러므로 경영진에게 지금은 정량적인 증거를 살펴보는 것이 아님을 상기시켜주자. 이 조사연구는 새로운 아이디어의 영감을 얻기 위한 것이지 증명하기 위한 것이 아니다. 그 증명 작업은 나중에 하게 된다.

데이터 속에 파묻히는 순간: 집중적인 관찰과 고객 인터뷰, 여기에 추가 조사까지. 이 모두가 산더미 같은 데이터를 생산한다. 도대체 어디부터

우승을 거머쥘 수 있었던 그 터치다운 드라이브를 이끌기 직전의 느낌 같은 것이다."라는 문장이고, 이는 1989년에 벌어졌던 프로 미식축구의 결승전인 슈퍼볼에서 경기 종료 30초를 남기고 역전 득점을 성공시킨 결정적인 장면을 예시로 든 것이다.

손을 대야 할지 모를 정도로 많아질 수도 있다.

- 해야 할 일: 일단 분류 작업부터 시작하자. 책상 위에 큰 파일철을 몇
개 만들고, 자신이 잘 이해하는 방식으로 데이터를 큰 더미로 묶어보
자. 그 다음 넓은 빈 벽을 찾아 그곳에 데이터를 붙여보자. 좌판을 새
로 만들어 펼쳐놓는 작업인 셈이다. 믿음을 갖자. 패턴은 곧 나타난다.

브레인스토밍 직후의 순간: 일반적으로 브레인스토밍에서는 최소 100
가지, 때로는 500가지 이상의 아이디어가 만들어진다. 하지만 프로젝
트 참여자들은 이렇게 말할 수 있다. "재미있군. 그런데 500만 달러짜
리 사업 아이디이가 될 만한 깃은 없는 거 같은데?", "이 아이디어 중에
서 80%는 어디서 본 듯한 거야. 나머지 20%는 그림의 떡이나 다름없
고 말이지."

- 해야 할 일: 미리 참여자들에게 이렇게 이야기를 하여 신뢰감을 형성
한다. "여기는 향후의 사업 방향을 설정하는 자리가 아닙니다. 이전까
지 시도해본 적 없는 혁신적인 조합을 미리 만들어보는 자리지요. 이
아이디어들을 형식에 맞게 제련하는 것은 다음 단계의 프로세스에서
해야 할 일이고, 우리는 그 결과를 모두에게 공유할 것입니다. 어떤 아
이디어가 이미 거론된 적 있는지는 중요하지 않습니다. 혁신은 대개
이전까지 아무도 생각해본 적이 없는 아이디어를 생산하는 작업이 아
니라, 몇 가지 요소를 결합하여 혁신적인 사업을 설계함으로써 고객
들이 얻는 가치를, 그리고 우리가 얻는 이익을 창조하는 것입니다. 계

속 관심을 가지고 놀랄 준비를 해주십시오."

요약하고 선택하는 순간: 요소들을 혁신적으로 결합한 콘셉트를 세 가지 정도 만들고 이를 고객과의 공동창조 시간에 공유할 수 있게 프로토타입을 만들었다. 이를 본 경영진이 말한다. "설마 이게 전부는 아니겠지?" 마치 기준을 통과하지 못한 15~20가지를 더 검토하면 완벽한 무언가를 발견할 수 있을 것처럼 말이다.

- 해야 할 일: 서로의 관점 차이를 인정하자. 경영진은 이 분야에 수십 년간 종사하며 다져진 방식, 즉 자료에 근거해 머릿속으로 상황을 판단하는 방식에 의존한 것이다. 이는 외부에서 단서를 얻는 디자인씽킹 방식과는 맞지 않는다. 이럴 때 해야 할 일은 지금 보여주는 결과물이 지금까지 충족되지 않았던 고객이 원하는 가치를 얼마나 잘 담은 콘셉트인지를, 또 그것이 경영진이 이미 4주 전에 합의했던 디자인 기준에 기반을 두어 진행한 것임을 잘 설명하는 것이다.

데뷔의 순간: 이는 프로젝트와 실행팀이 학습을 위한 론칭을 이용해 처음으로 실전에 나서기 직전 발생한다. 그리고 실전에 나서기 직전에 취소시키려는 사람이 종종 경영진일 때도 있다. 이때 실행팀은 이런 말을 듣는다. "아직 준비가 부족해."

- 해야 할 일: 학습을 위한 론칭 도구가 프로젝트 리스크를 어떻게 줄여주는지 학습 가이드(마지막 프로젝트 관리 보조도구)에 관한 이야기로 되

돌아가보자. 지금 당신은 감당할 수 있는 정도의 실행계획과 참여의 지를 가진 고객, 즉 학습 목표를 공유한 참여자를 갖추었다. 지금은 '완벽함의 추구'가 방해물로 작용하지 않게 하자.

디자인씽킹을 조직 내에 전파하기

이제 모든 과정을 통틀어 가장 큰 도전 과제에 직면할 단계에 왔다. 바로 '디자인씽킹 프로세스를 자신의 조직 내에 전파하는' 일이다. 디자인씽킹의 사도라는 새로운 역할에 걸맞게 사명감을 가지고 아직 깨우치지 못한 대중을 확 바꿔보겠다는 사람이 있다면 딱 한 단어로 말하겠다.

"멈추시오!"

자신과 달리 조직 내의 다른 사람들은 디자인씽킹의 신봉자가 아니다. 디자인씽킹의 정의와 접근법이 전통적인 분석적 접근법과 어떻게 다른지에 관한 추상적인 논쟁은 100원짜리 동전 한 개만큼도 득이 되지 않는다. 그렇게 해서는 사람들을 참여하게 할 수 없다.

그러니 디자인씽킹을 시작하되 사람들에게는 결과물로 말하자. 초기에는 이를 고객 만족도 향상이나 혁신활동, 또는 새로운 성장 기회를 파악하기 위한 도구라고 하자. 혹은 문제 해결을 위한 조금 다른 접근법이나 전략적 사고의 새로운 방법이라고 설명하자. 어떻게 하든 사업에 미치는 영향과 그 결과에 관해 이야기하는 것이다. 고위 경영자뿐만 아니라 목표를 공유하는 사람들까지도 솔깃해 할 단어를 선택한다.

P&G에 디자인씽킹을 성공적으로 도입했던 클라우디아 코치카[Claudia

Kotchka 역시 처음부터 디자인씽킹이라고 명명하거나 왜 해야 하는지에 관한 논쟁으로 시간을 허비하지 않았다.

"P&G에서 디자인씽킹이라는 말을 쓰기까지는 정말 오랜 시간이 걸렸어요. 우리는 그저 '혁신과 문제 해결을 위한 색다른 방법이 있다'고만 했습니다. 각 사업 단위에서 잘 훈련된 직원 10명을 뽑아서 아주 힘든 과제를 안겨주었고, 그들에게 디자인씽킹 방법론을 이용하고 있다는 사실은 절대 언급하지 않았어요. 그 방법론을 무엇이라 부를지는 중요하지 않았습니다. 그들이 알아야 할 것들은 다른 사고방식으로 문제를 접근하는 방법과 기본 단계들뿐이었기 때문이죠."

디자인씽킹을 처음 접한 사람들 대부분이 새로운 용어에 몰두하느라 일상적인 업무를 등한시하고 이 새로운 사고^{思考}의 전도사가 되고 싶은 강한 충동을 느낀다. 어떤 식으로든 이러한 새로운 열정은 받아들이자. 하지만 이야기할 때는 일반 언어를 쓰는 것이 좋다. 관계 형성에 가장 효과적인 방법은 전적으로 커뮤니케이션 방식에 달려 있다.

1. 인간을 중심에 두고 이야기를 하자.
2. 이야기에 데이터를 보충하자.
3. 과정에 투명성을 제공하자.
4. 학습한 내용은 물론, 가능하다면 성과를 공유하자.

인간을 중심에 두고 이야기를 하자는 의미는 스토리텔링으로 시작하자는 의미다. 스폰서와 고객, 파트너와 투자자와 소통할 때 이야기에 현실감을 느끼게 하면 '디자인적 사고'를 더 빠르게 전파할 수 있고, 시도해볼 기회조차 얻지 못했던 프로젝트들도 다시 시도할 확률이 높아진다.

데이브 제럿은 자동차 판매 전시장에서 만화 프로토타입(스토리보드)을 지속적으로 보여주었다. 브리보 시스템즈의 오스카 팀은 그릴 위에 숯 포장을 올린 그림을 엄청나게 많이 보여주었고, 크리스티 주버는 투약 일정에 맞춰 허리띠를 두른 간호사의 그림을 수없이 제시했었다. 이런 이야기와 그림은 추상적인 아이디어를 가시적이고 유의미하게 만들어줄 뿐만 아니라 편안함을 이끌어낸다. 이야기와 데이터가 따로 놀지 않도록 주의하자. 각각은 서로에게 필요하다. 긴 이야기를 잘 엮으면 청중들은 처음부터 분석적으로 따지지 않는다. 데이브 제럿은 만화 프로토타입의 제작 과정을 이야기할 때, 실제로 제작했으면 2만 5천 달러쯤 들었을 소프트웨어 시제품과 비교하는 내용을 끼워 넣곤 했다.

디자인 프로젝트가 시작되었을 때, 관계 형성을 위해 중요한 사항 중 하나는 투명성이다. 직사광선을 그대로 쬐듯 불편하고 익숙지 않은 과정에서는 절대 신뢰감을 조성할 수 없다. '속도감 있는 혁신을 위한 10가지 팁'(p.288 참조)은 투명성의 원칙을 많이 반영했다. 고위 관리자 또는 경영진을 위해 속도를 늦추지 말자. 그러나 모든 사항을 눈으로 볼 수 있게 만들고 그들이 어느 때고 사전 고지 없이 방문할 수 있도록 하자.

관계를 형성하기 위한 마지막 핵심은 성과를 공유하는 것이다. 이 요소는 네 번째 프로젝트 관리 보조도구인 학습 가이드와 함께 하면 관리하기가 수월하다. 프로젝트가 성공했을 때 결과를 공유하는 것은 쉽다. 라이프튜너가 2010년 국제 디자인 시상식의 웹사이트 부문 수상자로 호명되었을 때, 다이앤 타이의 AARP 팀은 어떤 기분이었을까? 이와는 대조적으로 이 사회에 불려가 메이택이 제조 파트너십을 중지했고 오스카가 사실상 실패라고 말해야 했을 때 마크 스테인은 어떤 느낌이었을까?

학습 목표를 충족했다면, 상업적인 산출물이 부족하더라도 그대로 두자. 브리보 시스템즈의 벤처 투자자들은 가설 내에서의 전자상거래에 전략적으로 초점을 맞췄다. 그리고 오스카의 경험은 시장 크기에 있어 가치 있는 교훈을 주었다고 판단했다. 모든 디자인 프로젝트는 성공을 거두었든 실패를 했든 프로젝트 초기에 세웠던 목표를 달성하기 위한 전략 관련 질문에 답할 수 있어야 하며, 디자인씽킹 프로세스에는 지식 자본의 전략적 가치를 전달하는 일을 포함해야 한다.

하트포드의 기업혁신 부문장인 재클린 르세이지 크라우스[Jacqueline LeSage Krause]는 산출물이 무엇이든 프로젝트 결과를 투명하게 공유해야 한다는 확고한 신념을 가진 사람이다.

"우리 회사의 특징 중 하나는 '미지의 공간[white space]'을 탐구하는 활동에 참여한다는 것입니다. 그래서 우리가 진행할 프로젝트 중 상당수는 '실패한 프로젝트'라 불리지만, 여전히 진행 과정에 있게 되는 것이지요. 시장에서의 성과가 무엇이든 우리는 그 프로젝트를 수행하면서 학습한 것들과 여러 사업 단위에 제공한 아이디어들을 수확으로 받아들입니다. 우리는 팀원에게 이렇게 말하죠. '우리는 빠르게 학습하는 조직이다. 우리가 유일하게 실패로 간주하는 것은 학습에서의 실패뿐이다.' 그래서 우리는 '어떻게 하면 그곳에 빠르게 도달할 수 있을까?'와 '다음 단계에서 배울 필요가 있는 핵심적인 것은 무엇인가?'를 알아내는 데 초점을 맞춥니다. 지식의 형태로 회수되는 수익은 우리 회사의 팀 단위 핵심 성과지표 중 하나예요."

디자인적 사고는 디자인적 실행의 시작이다

이 책을 쓰겠다고 결정했을 때, 여러 전문 디자이너들은 하지 말라고 조언했다. "디자인적 사고 같은 것이 세상에 어디 있어. 그냥 디자인하는 거지."라고 말하는 사람도 있었다. 어떤 디자이너는 자신이 바라는 건 그저 관리자들이 좋은 디자인에 감사를 표하는 거라고도 했다. 이런 시각은 제1장(CHAPTER 01)에서 보여주었던 애플이 그린 '실타래'를 생각나게 한다. 디자인씽킹 프로세스로도 엉킨 실타래를 풀고, 투명하게 만들어 보여줄 수 있으며, 배경이 다른 수많은 관리자들 누구나가 활용할 수 있다는 것을 보여주었기를 바란다.

그렇게 함으로써 강조하고 싶은 진실이 있다. 문제 해결 도구로서의 디자인은 운동과 같다. 자신이 디자인씽킹을 잘 활용할 수 있을지 알아보려면 직접 시도해봐야 한다. 그것이 우리가 '집에서라도 해보라'고 강하게 권했던 이유이다. 그리고 성장의 기회를 아주 작은 것이라도 선택하고 협력자를 찾고 '무엇이 보이는가' 단계에 몰두해보게 했던 이유이기도 하다. 그 시점부터 여러분은 이미 경기장 안에 들어와 있었던 셈이다. 빠른 학습의 세계가 여러분 앞에 펼쳐져 있다. 그리고 '무엇이 떠오르는가'와 '무엇이 끌리는가', '무엇이 통하는가' 단계가 금세 다가올 것이다. 이제 여러분의 성장을 위한 혁신 프로젝트가 예전과 똑같지 않을 것임을 약속한다.

APPENDIX:
부록

The Project Management Aids

프로젝트 관리
보조도구

우리의 주변 환경은 불확실성으로 가득하지만, 디자인 프로젝트를 관리할 때는 그렇게 되어서는 안 된다. 프로젝트 관리 보조도구(이하 PMA)는 디자인 프로젝트를 최대한 명확하고 투명하게 통제할 수 있도록 도움을 준다. 고위 경영진에게 정례 보고해야 할 때 특히 그 귀중한 가치를 절감하게 될 것이다.

첫 번째 PMA인 **디자인 개요**^{Design Brief}는 '무엇이 보이는가' 단계를 시작할 때 가장 많은 도움이 된다. 현재 시점에서의 현실을 탐구하려 할 때, 이 PMA는 자신이 지향하는 목표와 제약조건을 명확하게 보여준다. 디자인 과제를 파악하여 정리하고, 프로젝트의 범위를 정의해주며, 다음과 같은 핵심적인 질문을 던지도록 유도한다. '이 과업을 통해 얻으려 하는 것은 무엇인가?', '프로젝트의 성공은 어떤 형태가 될 것인가?', '프로젝트가 부가가치를 창출했는지 아닌지를 어떻게 알 수 있을까?'

'무엇이 떠오르는가' 단계로 넘어가기 전에 탐구를 통해 학습한 것들이 무엇인지 잘 정리하는 것은 중요하다. 두 번째 PMA인 **디자인 기준**^{Design Criteria}은 '무엇이 보이는가' 단계에서 포착해낸 중요한 단서들과 패턴들을 앞으로 만들어낼 콘셉트를 평가할 때 활용할 수 있도록 일련의 기준으로 만드는 작업을 돕는다.

앞에서 이미 살펴보았듯이, '무엇이 떠오르는가' 단계에서 '무엇이 끌리는가' 단계로의 이동은 순탄하지 않을 수도 있다. 몇 가지 어려운 의사결정을 해야만 하기 때문이다. 세 번째 PMA인 **냅킨 피치**^{Napkin Pitch}는 가장 유망한 콘셉트의 구성 요소를 펼쳐 보여줌으로써 이 과정을 좀 더 수월하게 해준다.

마지막으로, 핵심 가설들을 확인하고 실제 고객들에게 내놓을 몇 가지 프로토타입을 개발하고 나면, 학습을 위한 론칭 단계의 준비가 다 된 것이다. 이 프로젝트에 대한 투자는 이미 최고점을 찍은 상태일 것이다. 그렇기 때문에 흥분과 불안감 역시 최고조에 달해 있을 것이다. 이는 프로젝트팀이나 경영진인 스폰서 모두에게 해당되는 사항이다. 네 번째 PMA인 **학습 가이드**^{Learning Guide}는 이 흥미진진한 마지막 구간을 잘 헤쳐 나가게 할 나침판이다. 이 PMA를 통해 시장 환경에 초기 진출해 있는 동안 무엇을 학습하려는 의도인지, 비용을 어느 정도까지 투입할 수 있는지 등을 구체화할 수 있다.

다음 페이지부터는 각 PMA별로 상세히 설명할 것이다. 또한 디자인 프로젝트를 직접 관리할 때 도움이 되도록 각 PMA별 탬플릿도 소개할 것이다.

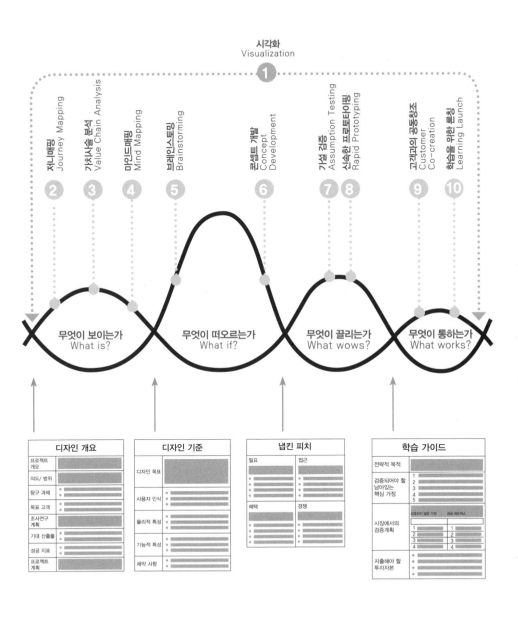

시각화
Visualization

①

저니매핑
Journey Mapping

가치사슬 분석
Value Chain Analysis

마인드매핑
Mind Mapping

브레인스토밍
Brainstorming

콘셉트 개발
Concept Development

가설 검증
Assumption Testing

신속한 프로토타이핑
Rapid Prototyping

고객과의 공동창조
Customer Co-creation

학습을 위한 론칭
Learning Launch

② ③ ④ ⑤   ⑥   ⑦ ⑧   ⑨ ⑩

무엇이 보이는가
What is?

무엇이 떠오르는가
What if?

무엇이 끌리는가
What wows?

무엇이 통하는가
What works?

디자인 개요

프로젝트 개요	
의도/ 범위	
탐구 과제	
목표 고객	
조사연구 계획	
기대 산출물	
성공 지표	
프로젝트 계획	

디자인 기준

디자인 목표	
사용자 인식	
물리적 특성	
기능적 특성	
제약 사항	

냅킨 피치

필요	접근
혜택	경쟁

학습 가이드

전략적 목적	
검증되어야 할 남아있는 핵심 가정	1 2 3 4 5
시장에서의 검증계획	
지출해야 할 투자자본	

PMA 1: 디자인 개요Design Brief

디자인 개요는 디자인 프로젝트를 진행하는 동안 북극성이 되어줄 것이다. "지금 우리가 어디로 가고 있지?"라는 질문에 대한 일관된 답을 제공해주기 때문이다. 디자인 개요는 프로젝트 실행팀이 가고 있는 방향과 이유를 말해주고, 피해야 할 함정이 무엇이며, 어떤 자원이 필요한지 알려준다. 또한 일정을 수립하고, 중요한 사건을 지정하고, 해당 프로젝트를 평가하게 될 측정 기준을 보여준다.

간결함이 훌륭한 디자인 개요의 핵심 속성 중 하나가 되는 것은 당연한 일이다. 길어봐야 두세 페이지 정도밖에 되지 않을 이 문서는 프로젝트팀이 창조성을 발휘하도록 아주 많은 재량권을 부여해주어야 한다. 이제는 고전이 된 TV드라마 〈미션 임파서블Mission: Impossible〉은 매회의 오프닝 부분에서 디자인 개요에 해당되는 지령을 보여주곤 했다. 우리는 드라마 속에서처럼 지령이 담긴 문서가 일정 시간이 지나면 자동으로 파기될 필요가 없기를 바란다. 오히려 디자인 개요는 프로젝트 기간 내내 도움이 될 수 있을 것이다.

사용할 시기: 프로젝트를 시작할 때 이 디자인 개요를 활용하자. 그리고 핵심적인 사건이 진행될 때마다 이 개요를 다시 들여다보자. 숙련된 디자이너는 개요 없이 업무를 시작하지 않는다. 만약 자신이 미처 완성되지 않은 디자인 개요를 받아든 디자인 프로젝트 실행팀의 팀장이라면, 가장 먼저 해야 할 업무는 이 문서를 보강하는 것이다.

디자인 개요가 프로젝트 리스크를 줄여주는 이유: 우리는 앞서 디자인씽킹이 알려지지 않은 가능성을 탐색할 때 아주 유용한 문제 해결 방법이라고 했다. 사실 탐험가들도 종종 길을 잃고 헤맨다. 불멸의 사나이 요기 베라(Yogi Berra)가 말했듯이*, "어디로 가고 있는지 모른다면, 아마도 (도착해야 할 곳이 아닌) 다른 곳에 도착하게 될 것이다." 이는 디자인 프로젝트에 늘 존재하는 위험요소이다.

디자인 개요는 이 위험성을 관리하는 도구가 되어준다. 프로젝트가 낯선 지역을 지도로 그리고, 기회를 파악하기 위해 문제를 재구성하고, 대안적인 미래를 상상하는 과정을 수반하므로, 진행 방향과 일정과 반복 작업에 지치지 않는 인내심을 지속적으로 확인해야만 한다. 디자인 개요는 프로젝트 전반에 관한 지침을 제공한다.

---

* 요기 베라는 1940년대부터 1960년대까지 미국 메이저리그 뉴욕 양키스의 포수로 선수 생활을 했고, 메이저리그 역사상 최고의 포수 중 하나로 손꼽히는 레전드급 선수이다.

디자인 개요

작성 예제 p. 75

프로젝트 개요 Project Description	• 비즈니스 상에서의 문제는 (또는 기회 요소는) 무엇인가? • 지금 당장 '엘리베이터 피치'를 한다고 생각하고, 해당 프로젝트를 몇 개의 문장으로 설명해보자.
의도/범위 Intent/Scope	• 이 프로젝트의 범위는 어디서부터 어디까지인가? • 이 프로젝트를 잘 수행하는 데에는 어떤 노력이 적합한가?
탐구 과제 Exploration Questions	• 조사연구를 거쳐 답을 얻고자 하는 핵심 질문은 무엇인가? 이 질문 리스트에는 고객을 더 잘 이해하기 위한 그들의 니즈와 새롭게 부각되고 있는 기술적 가능성들, 그리고 새로운 비즈니스 모델 등이 포함될 수 있다.
목표 고객 Target Users	• 누구를 위한 디자인인가? 가급적이면 최대한 구체적이 되도록 하자. 어떤 사람들을 이해해야 할 필요가 있는가? 왜 그들이 중요한가?
조사연구 계획 Research Plan	• 기회의 공간Opportunity Space을 어떻게 탐구할 것인가? 여기에서는 일정과 주요 단계가 포함된 조사계획(표)이 필요할 것이다. 이는 최초 조사와 후속 조사 모두 마찬가지다.
기대 산출물 Expected Outcomes	• 어떤 결과물을 보고 싶은가?
성공 지표 Success Metrics	• 성공 여부를 어떻게 측정할 것인가?
프로젝트 계획 Project Planning	• 어떤 자원이 투입되어야 하는가? 그 이유는 무엇이며, 어느 시기에 필요한가? • 시간의 급박함을 유발할 수 있는 요소는 무엇인가? 이 개요를 충족하기 위한 적절한 기간은 어느 정도로 잡아야 하는가?

PMA 2: 디자인 기준_{Design Criteria}

디자인 기준은 프로젝트가 완료되었을 때의 이상적인 모습을 간결하게 표현해주는 보조도구다. 이는 '무엇이 보이는가' 단계에서 결론을 찾아내고, 해결책을 어떻게 평가할 것인지에 관한 기준점을 제공한다. 디자인 기준이 해결책을 만드는 방법이나 이유를 말해주는 수단은 아니라는 점에 주목하자. 그 대신 이상적인 해결책의 속성(요소)이 무엇인지 설명해준다. 디자인 기준에는 해결책을 만들기 위한 적절한 제약조건들과 목표(포부)들이 요약되어 있다. 디자인 개요에서 해당 프로세스의 시작 시점에서는 빠져 있었던 정보들을 추가해 확장시킨 내용도 포함되어 있다.

사용할 시기: '무엇이 보이는가' 단계와 '무엇이 떠오르는가' 단계 사이에서 가교 역할을 할 수 있도록 디자인 기준을 만든다. 이는 때때로 경영진 혹은 다른 이해관계자들과 의사소통할 때 디자인 프로젝트의 방향과 진행 상황에 관한 지표로 활용되기도 한다.

디자인 기준이 프로젝트 리스크를 줄여주는 이유: '무엇이 보이는가' 단계를 진행하는 동안 수많은 정보 속에서 새로운 단서들을 수집하게 될 것이다. 하지만 그 결과 디자인 프로젝트는 정보의 과부하로 몸살을 앓게 된다. 디자인 기준은 (프로젝트 실행팀) 내부로 들어오는 데이터를 걸러내어 적절한 신호와 잡음을 구분하고, 이상적인 해결책을 위한 진정으로 신뢰할 수 있는 정보가 어떤 것인지 알려준다. 간결한 디자인 기준을 작성하지 못하는 프로젝트는 선장 없는 배와 마찬가지다. 그저 정보의 바다 위를 이리저리 떠다닐 뿐, 육지에 결코 발을 디딜 수 없게 된다.

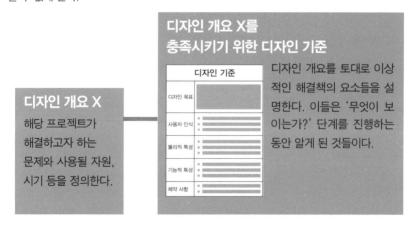

디자인 개요 X를 충족시키기 위한 디자인 기준

디자인 개요를 토대로 이상적인 해결책의 요소들을 설명한다. 이들은 '무엇이 보이는가?' 단계를 진행하는 동안 알게 된 것들이다.

디자인 개요 X
해당 프로젝트가 해결하고자 하는 문제와 사용될 자원, 시기 등을 정의한다.

디자인 기준	
디자인 목표	
사용자 인식	
물리적 특성	
기능적 특성	
제약 사항	

디자인 기준

작성 예제 p. 148

디자인 목표 Design Goal	• 목표 고객에게서 배운 사항에는 무엇이 있는가? • 목표 고객을 위해 디자인이 꼭 충족시켜줘야 할 니즈(기능적, 감정적, 심리적, 사회적 니즈)에는 무엇이 있는가? • (프로젝트팀이 속한) 조직에서 그런 니즈들에 관해 고민하는 것이 전략적으로 중요한 이유는 무엇인가?
사용자 인식 User Perceptions	• (프로젝트팀이 제안한) 새로운 상품이 목표 고객의 행복과 안녕에 얼마나 중요한가? • 목표 고객에게서 성공하기 위해 꼭 필요한 미적인 요소가 있는가? • 목표 고객은 새로운 상품이 특정한 사회적, 윤리적, 환경친화적 요소들을 지니기를 기대하는가? • 목표 고객에게 사용 편의성$^{Ease-of-use}$은 무슨 의미를 갖는가?
물리적 특성 Physical Attributes	• 새로운 상품의 사용(법)에 관한 정보를 (목표 고객들에게) 수집하고 저장하고 전송해줘야 하는가? • 새로운 상품이 특정 환경 또는 특정 상황에서 사용되도록 디자인되어야 할 필요가 있는가? • 설치나 사용, 운송 등과 관련하여 무게 또는 크기에 대해 고민할 필요가 있는가? • 저장용량이나 주파수 대역폭, 접속 용이성 등의 이슈가 있는가?
기능적 특성 Functional Attributes	• 새로운 제품의 디자인은 구체적인 사용법의 사례들을 충분히 제공해줄 필요가 있는가? 목표 고객이 중요하게 생각하는 순서대로 리스트를 만들어보자. • 디자인 과정에서 호환성 또는 표준화 이슈를 고민해야 하는가?
제약 사항 Contraints	• 새로운 상품의 최종 단계가 특정 일자까지 완성되어야 하는가? • 현재의 비즈니스 환경에 놓여있는 제약조건에는 무엇이 있는가? (새로운 상품은 기존 제조시설을 기반으로 제작되어야 한다든지, 기존 상품보다 수익 마진을 더 높여야 한다든지, 적절한 기술 수준을 맞춰야 한다든지 등) • 환경보호나 산업규제 등의 우려사항이 있는가? (소매점 선반의 높이 규정, 산업안전보건공단의 규정 등)

PMA 3: 냅킨 피치Napkin Pitch

냅킨 피치는 새로운 콘셉트들을 요약해서 전달하기 위한 단순하고 일관성 있는 형식을 제공한다. 이 이름은 좋은 아이디어라면 간편하게, 때로는 냅킨의 뒷면에 써서 전달할 수 있을 정도로 간단할 수 있다는 개념에서 비롯되었다. 냅킨을 프린터 기기에 넣으면 안에서 물려버리기 때문에, 다시 말해 냅킨에 쓴 내용은 보존 및 공유가 어렵기 때문에 그 콘셉트를 한 페이지짜리 템플릿으로 변환하는 것이다. 젖은 손의 물기를 닦는 데 이 한 페이지만으로는 부족할 수 있다. 하지만 냅킨 피치는 자신과 자신이 속한 실행팀이 다수의 디자인 프로젝트를 동시다발적으로 진행할 수 있게 해주는 훌륭한 수단이 될 것이다.

냅킨 피치는 하나의 콘셉트를 대상으로 목표 고객과 그들의 충족되지 않은 니즈, 그리고 실행팀이 개발할 상품이 그들에게 새로운 가치를 창출해주는 이유 등을 설명해준다. 또한 향후 제작하고 구입하고 협력해야 될 요소들과 이용하게 될 유통 경로, 주시해야 할 잠재적 경쟁자 등을 설명해주기도 한다.

사용할 시기: 냅킨 피치는 콘셉트 개발의 마지막 단계에서 사용하자. '무엇이 떠오르는가?' 단계에서 도출해낸 콘셉트 중에서 '무엇이 끌리는가?' 단계에서 더 깊이 탐구해보고자 하는 것들을 하나의 후보자 명단으로 요약하기 위해서 사용한다.

냅킨 피치가 프로젝트 리스크를 줄여주는 이유: 디자인씽킹은 다수의 선택사항을 탐구하고 고객들을 대상으로 그 유효성을 검증하는 방식이다. 이런 특성은 선형적인 프로젝트를 진행할 때는 접할 수 없었던 높은 수준의 복잡성을 수반한다. 냅킨 피치는 단순함을 강화해서 프로젝트의 이해 관계자들이 자신의 생각이나 아이디어가 더 높은 평가를 받을 수 있도록 속임수를 쓰려는 유혹을 피하게 해준다. 이에 못지않게 중요한 점은 콘셉트를 분리된 틀에 채워넣음으로써 협업하는 사람들이 프로토타입을 만들 때 필수요소에 초점을 맞출 수 있게 해준다는 것이다.

냅킨 피치: 콘셉트 이름

작성 예제 p. 188~189

필요Need:
- 어떤 고객들이 이 콘셉트를 원하는가?
- 충족되지 않은 니즈 중 어떤 것(들)이 제공되는가?

접근Approach
- 어떤 자산 또는 자본이 이 콘셉트(의 실행)에 영향을 줄 것인가?
- 어떻게 가치를 창출할 것인가?
- 우리 회사는 어떻게 지속 가능한 이점을 창출할 것인가?

혜택Benefit
- 고객들은 어떤 형태로 혜택을 얻을 것인가?
- 우리 회사는 어떤 형태로 혜택을 얻을 것인가?
- 다른 이해관계자들은 어떤 혜택을 얻을 것인가?

경쟁Competition
- 어떤 기업들이 현재 이 니즈에 관한 서비스를 제공하고 있는가?
- 우리의 시장 진입에 대해 그 기업들은 어떻게 반응할 것인가?

PMA 4: 학습 가이드 Learning Guide

학습 가이드는 프로젝트의 전략적 의도를 다시 환기한 다음, 남아있는 핵심 가설들을 검증하기 위한 지표들을 정의해주는 도구이다. 이는 모두의 마음속 깊은 곳에서 우러나는 "이 콘셉트가 실제로 전혀 통하지 않으면 어쩌지?"라는 두려움의 목소리에 정면으로 맞서기 위해 사용된다. 학습 가이드는 다음과 같은 항목을 정의하기에 아주 훌륭한 방법론이 된다.

a. 새로운 콘셉트의 총체적 의도
b. 검증되어야 할 핵심 가설들
c. 지출해야 할 비용
d. 회수되어야 할(이익으로 남아야 할) 자본

프로젝트가 계속 진행되지 못하는 경우에도 기업들은 이 학습 가이드를 '위험 회피'에 대응하는 방안으로 활용한다. 프로젝트 실행팀들은 종종 '실패'를 피해 안전하게 업무를 진행하려는 경향을 보이기 때문이다. 사실상 학습 가이드는 "핵심 가설들로부터 더 많이 학습할 수 있는 한, 그것에 쏟은 노력은 절대 실패로 보지 않는다."라고 말해주는 승인의 한 형태인 것이다.

사용할 시기: 학습 가이드는 고객들을 공식적인 공동창조 회의에 참여하게 하기 위해 사용되므로 준비된 자원을 소모하기 직전에 활용한다. 평균 수준 이상으로 구체화된 프로토타입을 제작해야 하거나 학습을 위한 론칭을 시작하기 전이라면 학습 가이드를 다시 한 번 작성해본다. 확실하지 않은 무언가에 '실제 비용'(보통은 수천만 원 이상)을 지불할 때마다 학습 가이드를 이용해서 투자 관련 의사결정을 내리는 건 현명한 행동이다.

학습 가이드가 프로젝트 리스크를 줄여주는 이유: 디자인씽킹의 성공 여부는 적은 규모의 투자를 빠르게 실행하는 능력에 달려 있다. 학습 가이드는 그 각각의 투자가 핵심 가설들을 검증하는 데 초점을 두는 방법이다. 각 자원의 투자를 소규모로 유지해주는 방법이다. 그래서 결과물이 마음에 들지 않으면 부담 없이 해당 프로젝트에서 손을 뗄 여유를 갖도록 해준다.

학습 가이드

작성 예제 p.232

전략적 의도 Strategic Intent	해당 프로젝트가 무엇을 달성하기 위해 시작되었는지 최대 2-3문장 정도로 설명한다. 고객의 관점에서와 회사의 관점 모두 작성한다.
검증되어야 할 남아있는 핵심 가정 Remaining Key Assumptions to Be Tested	기존에 가지고 있던 데이터만으로는 검증해볼 수 없었던 콘셉트에 관한 핵심 가설들을 리스트로 만들어본다. (가설 검증에 관한 자세한 내용은 제9장을 참고하자.)
시장에서의 검증 계획 In-Market Test Plan	이 구간을 진행하면서 답을 찾아내야 할 가장 중요한 가설이 어떤 것인지 정의한다. 각각의 가설마다 하나 이상의 측정치를 구체적으로 정해서 성공적인 검증이 되기 위한 요건을 정의한다.

검증되지 않은 가설	성공 판단 지표
검증할 핵심 가설에 관한 간략한 설명	어떤 방식으로 측정할 것이며, 성공과 실패를 가늠하는 경계점이 무엇이 되어야 하는지 정의한다.

지출해야 할 투자비용 Financial Capital to Be Expended	• 가설 검증의 결과에 따라 해당 콘셉트에 대한 향후 투자를 중단한다고 했을 때 회사가 수용할 수 있을 만한 수준의 가설 검증 비용은 얼마인가. • 고객과의 공동창조 작업이 되었든, 학습을 위한 공식적인 론칭 작업이 되었든 시장 환경 내에서 핵심 가설들을 검증하는 '무엇이 통하는가' 단계를 진행하는 동안 사용 가능한 투자 자원(예산, 인력 등)이 어느 정도인가를 기술한다.

비폭력대화센터가 발표한
인간의 보편적 욕구

비폭력대화센터^{The Center for Nonviolent Communication} (이하 CNVC)는 비폭력 원칙의 확산에 헌신하는 비영리법인이다. 우리는 모두 비슷비슷한 인간의 기본 욕구를 가지고 있고, 우리의 행동 각각은 그 욕구 중 하나 이상을 충족하려는 것이라는 게 CNVC의 생각이다. 다음은 CNVC에서 제공하는 인간의 보편적 욕구 리스트이다. 이는 디자인 프로젝트에서 아주 훌륭한 출발점이 된다.
(이 책에는 한국 비폭력대화센터에서 제공하는 내용을 담았다.)

욕구가 충족되었을 때
- **감동받은**/ 뭉클한, 감격스런/ 벅찬/ 환희에 찬/ 황홀한/ 충만한
- **고마운**/ 감사한
- **즐거운**/ 유쾌한/ 통쾌한/ 흔쾌한/ 기쁜/ 행복한/ 반가운
- **따뜻한**/ 감미로운/ 포근한/ 푸근한/ 사랑하는/ 정을 느끼는/ 친근한/ 훈훈한/ 정겨운
- **뿌듯한**/ 산뜻한/ 만족스런/ 상쾌한/ 흡족한/ 개운한/ 후련한/ 든든한/ 흐뭇한/ 홀가분한
- **편안한**/ 느긋한/ 담담한/ 친밀한/ 친근한/ 긴장이 풀리는/ 안심이 되는/ 차분한/ 가벼운
- **평화로운**/ 누그러지는/ 고요한/ 여유로운/ 진정되는/ 잠잠해진/ 평온한
- **흥미로운**/ 매혹된/ 재미있는/ 끌리는
- **활기찬**/ 짜릿한/ 신나는/ 용기 나는/ 기력이 넘치는/ 기운이 나는/ 당당한/ 살아있는/ 생기가 도는/ 원기가 왕성한/ 자신감 있는/ 힘이 솟는
- **흥분된**/ 두근거리는/ 기대에 부푼/ 들뜬/ 희망에 찬

욕구가 충족되지 않았을 때
- 걱정되는/ 까마득한/ 암담한/ 염려되는/ 근심하는/ 신경 쓰이는/ 뒤숭숭한
- 무서운/ 섬뜩한/ 오싹한, 주눅든/ 겁나는/ 두려운/ 간담이 서늘해지는/ 진땀 나는

- 불안한/ 조바심 나는/ 긴장한, 떨리는/ 안절부절못한/ 조마조마한/ 초조한
- 불편한/ 거북한/ 겸연쩍은/ 곤혹스러운/ 떨떠름한/ 언짢은/ 괴로운/ 난처한/ 멋쩍은/ 쑥스러운/ 답답한/ 갑갑한/ 서먹한/ 숨막히는/ 어색한/ 찝찝한
- 슬픈/ 가슴이 찢어지는/ 구슬픈/ 그리운/ 눈물겨운/ 목이 메는/ 서글픈/ 서러운/ 쓰라린/ 애끓는/ 울적한/ 참담한/ 처참한/ 안타까운/ 한스러운/ 마음이 아픈/ 비참한/ 처연한
- 서운한/ 김빠진/ 애석한/ 냉담한/ 섭섭한/ 야속한/ 낙담한
- 외로운/ 고독한/ 공허한/ 적적한/ 허전한/ 허탈한/ 막막한/ 쓸쓸한/ 허한
- 우울한/ 무력한/ 무기력한/ 침울한/ 꿀꿀한
- 피곤한/ 고단한/ 노곤한/ 따분한/ 맥 빠진/ 맥 풀린/ 지긋지긋한/ 귀찮은/ 무감각한/ 지겨운/ 지루한/ 지친/ 절망스러운/ 좌절한/ 힘든/ 무료한/ 성가신/ 심심한
- 혐오스런/ 밥맛 떨어지는/ 질린/ 정떨어지는
- 혼란스러운/ 멍한/ 창피한/ 놀란/ 민망한/ 당혹스런/ 무안한/ 부끄러운
- 화가 나는/ 끓어오르는/ 속상한/ 약 오르는/ 분한/ 울화가 치미는/ 핏대서는/ 격노한/ 분개한/ 억울한/ 치밀어 오르는

욕구 목록
- **자율성:** 자신의 꿈/ 목표/ 가치를 선택할 수 있는 자유/ 자신의 꿈/ 목표/ 가치를 이루기 위한 방법을 선택할 자유
- **신체적·생존:** 공기/ 음식/ 물/ 주거/ 휴식/ 수면/ 안전/ 따뜻함/ 신체적 접촉(스킨 쉽)/ 성적 표현/ 부드러움/ 편안함/ 돌봄을 받음/ 보호받음/ 애착형성/ 의존(생존과 안전)/ 자유로운 움직임 (이동)/ 운동
- **사회적·정서적·상호의존 :** 주는 것/ 봉사/ 친밀한 관계/ 유대/ 소통/ 연결/ 배려/ 존중/ 상호성/ 공감/ 이해/ 수용/ 지지/ 협력/ 도움/ 감사/ 인정/ 승인/ 사랑/ 애정/ 관심/ 호감/ 우정/ 가까움/ 나눔/ 소속감/ 공동체/ 안도/ 위안/ 신뢰/ 확신/ 정서적 안전/ 자기 보호/ 일관성/ 안정성/ 정직/ 진실/ 예측가능성
- **놀이·재미:** 쾌락/ 흥분/ 즐거움/ 재미/ 유머
- **삶의 의미:** 기여/ 능력/ 도전/ 명료함/ 발견/ 회복/ 깨달음/ 자극/ 효능감/ 인생예찬(축하, 애도)/ 기념/ 중요성/ 참여/ 희망/ 주관을 가짐(자신만의 견해나 사상)
- **진실성:** 진실/ 성실성/ 존재감/ 일치/ 개성/ 자기존중/ 비전/ 꿈
- **아름다움·평화:** 아름다움/ 평탄함/ 홀가분함/ 여유/ 평등/ 조화/ 질서/ 평화/ 영적 교감/ 영성
- **자기구현:** 성취/ 배움/ 생산/ 성장/ 창조성/ 치유/ 숙달/ 전문성/ 목표/ 가르침/ 자각/ 자기표현

Further Reading

함께 읽으면 좋은 도서목록

- The Art of Innovation: Lessons in Creativity from IDEO, America's Leading Design Firm. Tom Kelley, with Jonathan Littman. Crown Business, 2001
- The Back of the Napkin: Solving Problems and Selling Ideas with Pictures. Dan Roam. Portfolio, 2008.
- Believe Me: Why Your Vision, Brand, and Leadership Need a Bigger Story. Michael Margolis. Get Storied Press, 2009.
- Blink: The Power of Thinking Without Thinking. Malcolm Gladwell. Little, Brown, 2005.
- "Buchanan's design thinking matrix: implications for SMMEs." Ria (HM) van Zyl. Presented at the International DMI Education Conference "Design Thinking: New Challenges for Designers, Managers and Organizations." 2008
- Business Model Generation: A Handbook for Visionaries, Game Changers, and Challengers. Alexander Osterwalder and Yves Pigneur. Wiley, 2010.
- Change by Design: How Design Thinking Transforms Organizations and Inspires Innovation. Tim Brown. HarperBusiness, 2009.
- Creating Breakthrough Products: Innovation from Product Planning to Program Approval. Jonathan Cagan and Craig Vogel. FT Press, 2001.
- Design-Driven Innovation: Changing the Rules of Competition by Radically Innovating What Things Mean. Roberto Verganti. Harvard Business Press, 2009.
- The Design of Business: Why Design Thinking Is the Next Competitive Advantage. Roger Martin. Harvard Business Press, 2009.
- Design Thinking: Integrating Innovation, Customer Experience, and Brand Value. Thomas Lockwood, editor. Allworth Press, 3rd edition, 2009.
- Designing Interactions. Bill Moggridge. The MIT Press, 2007.
- "The Experience Cycle." Hugh Dubberly and Shelley Evenson. In Interactions, 2008.
- Experience Design. Nathan Shedroff.

Waite Group Press, 2001.
- A Fine Line: How Design Strategies Are Shaping the Future of Business. Hartmut Esslinger. Jossey-Bass, 2009.
- The Game-Changer: How You Can Drive Revenue and Profit Growth with Innovation. A.G. Lafley and Ram Charan. Crown Business, 2008.
- Glimmer: How Design Can Transform Your Life, and Maybe Even the World. Warren Berger. The Penguin Press, 2009.
- How Breakthroughs Happen: The Surprising Truth About How Companies Innovate. Andrew Hargadon. Harvard Business School Press, 2003.
- Innovation to the Core: A Blueprint for Transforming the Way Your Company Innovates. Peter Skarzynski and Rowan Gibson. Harvard Business School Press, 2008.
- Made to Stick: Why Some Ideas Survive and Others Die. Chip Heath and Dan Heath. Random House, 2007.
- Making Meaning: How Successful Businesses Deliver Meaningful Customer Experiences. Steve Diller, Nathan Shedroff, and Darrel Rhea. New Riders Press, 2005.
- Massive Change. Bruce Mau, Jennifer Leonard, and Institute Without Boundaries. Phaidon Press, 2004.
- Open Innovation: The New Imperative for Creating and Profiting from Technology. Henry Chesbrough.

Harvard Business School Press, 2003.
- The Opposable Mind: Winning Through Integrative Thinking. Roger Martin. Harvard Business School Press, 2007.
- Positive Turbulence: Developing Climates for Creativity, Innovation, and Renewal. Stanley S. Gryskiewicz. Jossey-Bass, 1999.
- "Seizing the White Space: Innovative Service Concepts in the United States." Tim Ogilvie, Jeneanne M. Rae, and Stephen Ezell. Tekes, 2007.
- Sketching User Experiences: Getting the Design Right and the Right Design. Bill Buxton. Morgan Kaufmann, 2007.
- The Ten Faces of Innovation: IDEO's Strategies for Beating the Devil's Advocate and Driving Creativity Throughout Your Organization. Tom Kelley, with Jonathan Littman. Doubleday, 2005.
- Ten Rules for Strategic Innovators: From Idea to Execution. Vijay Govindarajan and Chris Trimble. Harvard Business School Press, 2005.
- A Whole New Mind: Why Right-Brainers Will Rule the Future. Daniel H. Pink. Riverhead Books, 2005.
- "Wicked Problems in Design Thinking." Richard Buchanan. In Design Issues, Vol. 8, no. 2 (1992): 5-21.
- Wired to Care: How Companies Prosper When They Create Widespread Empathy. Dev Patnaik, with Peter Mortensen. FT Press, 2009.

Bibliography

출처/참고문헌

SECTION 1

1. In Hugh Dubberly, "How Do You Design? A Compendium of Models," March 2005, p. 10. http://www.dubberly.com/wp-content/uploads/2008/06/ddo_designprocess.pdf.
2. Stephen Fry, "The iPad Launch: Can Steve Jobs Do It Again?" Time, April 1, 2010. http://www.time.com/time/business/article/0,8599,1976935-3,00.html.
3. See Owen Edwards, Elegant Solutions (Three Rivers Press, 1989), pp. 1-8.
4. Richard Buchanan and Victor Margolin (eds.), Discovering Design: Explorations in Design Studies (University of Chicago Press, 1995).
5. See, for example, Robert S. Kaplan and David P. Norton, The Strategy-Focused Organization: How Balanced Scorecard Companies Thrive in the New Business Environment (Harvard Business School Press, 2000); and Michael C. Mankins and Richard Steele, "Turning Great Strategy into Great Performance," Harvard Business Review, July–August 2005.
6. J.N. Wright, "Mission and reality and why not?" Journal of Change Management, 3(1): 30–45 (2002).
7. From Duncan's remarks at the Institute for Design Strategy Conference, Chicago, May 2005.
8. See Jeanne Liedtka, Robert Rosen, and Robert Wiltbank, The Catalyst: How You Can Become an Extraordinary Growth Leader (Crown Business, 2009).
9. See www.freddieyauner.co.uk.
10. Richard Neustadt and Ernest May, Thinking in Time: The Uses of History for Decision Makers (Free Press, 1986).

SECTION 2

1. Lenny T. Mendonca and Hayagreeva Rao, "Lessons from Innovation's Front Lines: An Interview with IDEO's CEO," McKinsey Quarterly, November 2008. http://www.mckinseyquarterly.com/Lessons_from_innovations_

front_lines_An_interview_with_IDEOs_
CEO_2185.
2. In Jonah Lehrer, How We Decide
(Houghton Mifflin, 2009), p. 196.
3. See Richard Thaler and Cass
Sundstein, Nudge: Improving
Decisions About Health, Wealth, and
Happiness (Yale University Press, 2008).
4. In Ellen Langer, Mindfulness (Addison
Wesley, 1989).
5. Bruno Wicker, Christian Keysers,
Jane Plailly, Jean-Pierre Royet,
Vittorio Gallese, and Giacomo
Rizzolatti, "Both of Us Disgusted in
My Insula," Neuron 40 (3): 655-664,
October 2003.
6. Dan Roam, The Back of the Napkin:
Solving Problems and Selling Ideas
with Pictures (Portfolio, 2008), p. 141.
7. Jill Bolte Taylor, My Stroke of
Insight: A Brain Scientist's Personal
Journey (Penguin, 2006), p. 19.
8. See Benson P. Shapiro, V. Kasturi
Rangan, and John J. Sviokla, "Staple
Yourself to an Order," Harvard
Business Review, July-August 1992.

SECTION 3
1. Linda Verlee Williams, Teaching
for the Two-Sided Mind (Simon &
Schuster, 1983).
2. Stanley Gryskiewicz, "Trial by Fire
in an Industrial Setting: A Practical
Evaluation of Three Creative
Problem-Solving Techniques," in K.
Gronhaug and G. Kaufmann (eds.),

Innovation: A Cross-Disciplinary
Perspective (Oxford University Press,
1988).

SECTION 4
1. Neustadt and May, Thinking in Time,
p. 251.

SECTION 5
1. In Rob Koplowitz, "How Social
Technologies Can Kickstart
Innovation," CIO, September
16, 2010. http://www.cio.com/
article/615114/How_Social_
Technologies_Can_Kickstart_
Innovation.
2. In Patricia Seybold, Outside
Innovation: How Your Customers Will
Co-Design Your Company's Future
(Collins, 2006).

SECTION 6
1. Jessie Scanlon, "LifeTuner:
How AARP Came to Serve
Twentysomethings," BusinessWeek,
November 11, 2009. http://
www.businessweek.com/
innovate/content/nov2009/
id20091110_992142.htm
2. See Liedtka, Rosen, and Wiltbank,
The Catalyst.

디자인씽킹, 경영을 바꾸다

초판 1쇄 발행 2016년 6월 10일
초판 3쇄 발행 2017년 4월 10일

지은이 진 리드카, 팀 오길비
옮긴이 김형숙, 봉현철
펴낸이 윤주용

펴낸곳 초록비책공방
출판등록 2013년 4월 25일 제2013-000130
주소 서울시 마포구 월드컵북로 400 문화콘텐츠센터 5층 19호
전화 0505-566-5522 팩스 02-6008-1777
메일 jooyongy@daum.net

ISBN 979-11-86358-15-3 (03320)

「국립중앙도서관 출판예정도서목록(CIP)

디자인씽킹, 경영을 바꾸다 / 지은이: 진 리드카, 팀 오길비 ; 옮긴
이: 김형숙, 봉현철. -- 서울 : 초록비책공방, 2016
    p. ;   cm

원표제: Designing for growth : a design thinking tool kit for
managers
원저자명: Jeanne Liedtka, Tim Ogilvie
권말부록: 프로젝트 관리 보조수단 등
참고문헌 수록
영어 원작을 한국어로 번역
ISBN 979-11-86358-15-3 03320 : ₩16800

경영 혁신[經營革新]

325.19-KDC6
658.4063-DDC23   CIP2016011596